PSICOSSOMA II
PSICOSSOMÁTICA PSICANALÍTICA

PSICOSSOMA II
PSICOSSOMÁTICA PSICANALÍTICA

Rubens Marcelo Volich
Flávio Carvalho Ferraz
Maria Auxiliadora de A. C. Arantes
ORGANIZADORES

SÔNIA MARIA RIO NEVES • CHRISTOPHE DEJOURS
• WILSON DE CAMPOS VIEIRA • MÁRCIA DE
MELLO FRANCO • FERNANDO ROCHA • DECIO GURFINKEL •
PAULO ROBERTO CECCARELLI • ÂNGELA FIGUEIREDO DE
CAMARGO PENTEADO • WAGNER RANÑA • LÍDIA
ROSALINA FOLGUEIRA DE CASTRO • DOMINGOS PAULO
INFANTE • LENY SATO • MARCÍLIA DE ARAÚJO MEDRADO
FARIA • BERNARDO BITELMAN • MILTON DE ARRUDA
MARTINS • SIDNEI JOSÉ CAZETO

© 1998, 2010 Casapsi Livraria e Editora Ltda.
É proibida a reprodução total ou parcial desta publicação, para qualquer finalidade, sem autorização por escrito dos editores.

1ª Edição
1998

2ª Edição
2002

3ª Edição
2007

1ª Reimpressão
2010

2ª Reimpressão
2013

Editor
Ingo Bernd Güntert

Produção Gráfica
Renata Vieira Nunes

Capa
Roberto Strauss, a partir do quadro "O quarto de Van Gogh em Arles", 1889, de Van Gogh

Preparação dos Originais
Suely Campos Cardoso

Revisão Gráfica
Ivete Batista dos Santos

**Dados Internacionais de Catalogação na Publicação (CIP)
Angélica Ilacqua CRB-8/7057**

Psicossoma II : psicossomática psicanalítica / Rubens Marcelo Volich, Flávio Carvalho Ferraz, Maria Auxiliadora de A. C. Arantes, organizadores. -- São Paulo : Casa do Psicólogo®, 2013.

2ª reimpr. da 3. ed. de 2007.
ISBN 978-85-7396-549-0

1. Medicina psicossomática; 2. Psicanálise; 3. Distúrbio do sono na infância; 4. Pediatria e psicanálise; 5. Vida e morte no trabalho. I. Volich, Rubens Marcelo II. Arantes, Maria Auxiliadora de Almeida Cunha III. Ferraz, Flávio Carvalho

12-0399	CDD-616.8917

Índices para catálogo sistemático:
1. Psicossomática : psicanálise

Impresso no Brasil
Printed in Brazil

Reservados todos os direitos de publicação em língua portuguesa à

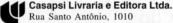

Casapsi Livraria e Editora Ltda.
Rua Santo Antônio, 1010
Jardim México • CEP 13253-400
Itatiba/SP – Brasil
Tel. Fax: (11) 4524-6997
www.casadopsicologo.com.br

Sumário

Apresentação... 9
Rubens Marcelo Volich
Flávio Carvalho Ferraz
Maria Auxiliadora de Almeida Cunha Arantes

Prefácio 21
Rubens Marcelo Volich

Parte I – Novas perspectivas em psicossomática

1. Introdução – Breve panorama histórico da Psicossomática Psicanalítica.. 41
Sônia Maria Rio Neves

2. Biologia, psicanálise e somatização 45
Christophe Dejours

3. Procedimentos calmantes e autocalmantes 59
Wilson de Campos Vieira

Parte II – Psicanálise e psicossoma

4. Introdução – Psicanálise e psicossoma: um mapeamento do campo em que se dão as articulações ... 75
Márcia de Mello Franco

5. Sobre impasses e mistérios do corpo na clínica psicanalítica 85
Fernando Rocha

6. Psicanálise e psicossoma: notas a partir do pensamento de Winnicott 105
Decio Gurfinkel

7. Os destinos do corpo 127
Paulo Roberto Ceccarelli

Parte III – Psicossomática da criança

8. Introdução – Notas sobre o desenvolvimento do campo da psicossomática da criança 137
Ângela Figueiredo de Camargo Penteado

9. Pediatria e psicanálise 143
Wagner Ranña

10. O estudo dos distúrbios do sono na infância e suas contribuições para a compreensão da psicossomática do adulto 161
Lídia Rosalina Folgueira de Castro

11. O fenômeno psicossomático na infância: notas a partir de um referencial lacaniano 175
Domingos Paulo Infante

Parte IV – Saúde mental, psicossomática e trabalho

12. Introdução – Vida e morte no trabalho 183
Maria Auxiliadora de Almeida Cunha Arantes

13. O mal-estar no trabalho 193
    Flávio Carvalho Ferraz

14. Trabalho como categoria explicativa dos problemas psicossomáticos e de saúde mental 207
    Leny Sato

15. O trabalho e o processo saúde-doença 215
    Marcília de Araújo Medrado Faria

Parte V — A psicossomática na formação e a formação em psicossomática

16. Introdução — Psicossomática: um percurso na formação 233
    Bernardo Bitelman

17. Reflexões sobre a formação do médico 239
    Milton de Arruda Martins

18. A psicossomática na formação do psicólogo 247
    Sidnei José Cazeto

19. Uma voz no fim do túnel: reflexões sobre a formação em psicossomática 253
    Rubens Marcelo Volich

Sobre os autores 267

Apresentação

Rubens Marcelo Volich
Flávio Carvalho Ferraz
Maria Auxiliadora de Almeida Cunha Arantes

Na esteira da I Guerra Mundial e da Revolução Socialista na Rússia, repensavam-se em toda a Europa, especialmente nos países do antigo Império Austro-Húngaro, os modelos sociais, os ideais culturais e a relação do homem com seu semelhante. Nesse contexto, realizou-se, na Hungria, em 1918, um estudo visando à reforma do ensino da medicina. Um abaixo-assinado com mais de mil nomes foi endereçado ao reitor da Universidade de Budapeste solicitando a integração da psicanálise nos estudos médicos. Durante o breve governo bolchevique de Béla Kun, de março a agosto de 1919, S. Ferenczi foi o responsável pelo ensino desta disciplina.

Foi assim que, em março de 1919, Freud foi levado a publicar na revista húngara *Gyógyászat* (A terapêutica) um artigo com o enigmático título *Kell-e az egyetemen a psychoanalysist tanitani?*,[1] no qual considerava o interesse da introdução da psicanálise no mundo acadêmico.[2] Nesse artigo, ele assinalava que há algumas décadas se levantava contra o ensino médico a objeção justificada de que ele trazia ao estudante uma informação unilateral nos campos da anatomia, da física e da química, omitindo a importância dos fatores psíquicos referentes aos fenômenos vitais, às doenças e à terapêutica. Segundo Freud, essa insuficiência trazia como conseqüência uma ca-

---
1. "Deve-se ensinar a psicanálise na universidade?".
2. Freud, S. (1896) Sobre o ensino da psicanálise nas universidades. *In*: *Edição Standard Brasileira das Obras psicológicas completas*. Rio de Janeiro, Imago, v. 17, 1978.

rência fundamental do médico, que se torna incapaz de interessar-se pelos problemas mais essenciais da vida do homem, seja ele são seja doente. Através dessa atitude, o médico torna-se "desajeitado no tratamento do doente, junto ao qual qualquer charlatão ou curandeiro poderá ser mais eficiente".[3]
Oitenta anos depois, tendo passado por várias outras guerras, revoluções, reconstruções e reflexões sobre a barbárie e a capacidade de criação do Homem, o mundo se prepara para adentrar um novo século com conquistas fantásticas no campo da medicina. O desenvolvimento dos recursos diagnósticos e terapêuticos e as perspectivas da biologia molecular prometem ao ser humano não apenas a cura da maior parte de seus males, mas também a eliminação de um grande número de doenças através de sua detecção e do tratamento precoce. A medicina preditiva se constitui, por exemplo, como um novo campo propondo-se a "detectar em indivíduos saudáveis uma certa suscetibilidade para desenvolver uma determinada doença, ou, ao contrário, a não suscetibilidade à mesma, em função da inexistência de genes específicos, ou pela presença de genes que possam protegê-los contra ela".[4] Segundo J. Dausset, esta abordagem permitiria que, no século XXI, o médico gradativamente se tornasse um conselheiro "ajudando seus pacientes saudáveis a permanecê-lo, e administrando a longo prazo seu capital-saúde como se aconselha a administração de uma carteira de títulos financeiros, [o que] permitiria atingir no ano 2050, pelo menos nos países super-ricos, [...] um dos velhos sonhos da humanidade, [...] uma vida longa e sem nenhum desamparo físico, que terminasse bruscamente aos 100 – 120 anos por morte natural".[5]
Apesar do fascínio dessas imagens, as pessoas continuam a adoecer, a sofrer e a sentir-se desamparadas diante de seus males. Ao mesmo tempo, o próprio médico se sente, muitas vezes, desorientado diante da evolução de seu paciente ou das reações deste à doença, ao tratamento e à própria pessoa de seu terapeuta.

---

3. Freud, S. (1919) Faut-il enseigner la psychanalyse à l'université? *Oeuvres Complètes – Psychanalyse*, v. 15, Paris, PUF, p. 112.
4. Dausset, J., La médecine prédictive et son éthique. *Path. Biol.*, 1997, 45, n.° 3, p. 199 e 204. s.
5. *Ibid.*

Em 1998, com certeza, não mais vivemos na Viena de Freud ou na Budapeste de Ferenczi. Uma petição como a recolhida pelos estudantes de Budapeste talvez não conseguisse reunir em nossos dias mais que algumas centenas de assinaturas. Apesar disso, cabe refletir sobre a atualidade do artigo de Freud.

Uma pesquisa do Conselho Interinstitucional Nacional de Avaliação do Ensino Médico (CINAEM), realizada entre 1991 e 1997 em 48 das 80 faculdades de medicina brasileiras, indica o contraste existente entre o alto nível de conhecimentos técnicos dos recém-formados e a grande dificuldade destes para entrar em contato com seus pacientes. Essa pesquisa aponta a deficiência da formação humanista dos médicos (em grande parte fruto de uma estrutura curricular tecnocêntrica), a inadequação da estrutura curricular das faculdades à realidade de saúde da população em geral e, em particular, a falta de integração das escolas médicas com as regiões onde elas se encontram. Ela indica a disparidade existente entre a alta capacitação técnica dos médicos e sua dificuldade de relação com seus pacientes e com seus próprios colegas, concluindo que "o ensino médico deve contemplar as dimensões biológica, psíquica e social do ser humano".

Com uma diferença de oitenta anos, as conclusões da pesquisa do CINAEM levantam as mesmas objeções ao ensino da medicina que Freud apontava em seu artigo. Entretanto, ao longo desse tempo, nenhuma experiência duradoura buscou aplicar as sugestões freudianas para superar a fragmentação dos estudos médicos e a negligência dos fatores psíquicos inerentes à doença e ao adoecer: a possibilidade ao longo da faculdade de medicina de se examinarem as relações entre "a vida física e a vida psíquica" considerando a ótica do inconsciente e a metapsicologia. Segundo Freud, "mais do que todo outro sistema, a psicanálise poderia ensinar uma psicologia adaptada aos estudantes de medicina".[6]

A psicossomática psicanalítica é herdeira desta perspectiva freudiana. Ela se propõe a diminuir a distância entre o impressionante desenvolvimento dos recursos técnicos da medicina e o desamparo

---

6. *Op. cit.*, p. 113.

sentido por um número significativo de pacientes diante da incompreensão de seu sofrimento pelos médicos. Ao acentuar a importância da dimensão subjetiva na experiência da doença e dos tratamentos, ao chamar a atenção para o papel dos mecanismos psíquicos que participam na etiologia da patologia e ao insistir na importância da dimensão relacional tanto do adoecer como do processo terapêutico, a psicossomática psicanalítica busca evidenciar a dimensão inconsciente implícita em tais dinâmicas, favorecendo assim uma aproximação maior entre médico e paciente que conduza a uma relação mais humana e a uma abordagem terapêutica plena.

Por outro lado, a psicossomática psicanalítica amplia o campo da compreensão do sofrimento psíquico quando, por exemplo, retoma os sonhos como balizamento para aí discutir as conseqüências do não-sonhar. "A pobreza da vida onírica pode ser um índice decisivo de uma deficiência mais ou menos permanente nos processos de simbolização, o que implica uma propensão mais ou menos estrutural para a somatização condicionada pela fraqueza, ineficiência ou ausência de defesas psíquicas; se o sonho é a via régia no estudo do inconsciente, o trabalho do sonho pode ser tomado como um instrumento precioso de pesquisa sobre o pré-consciente e sobre as falhas de simbolização."[7] É exatamente esta falha de simbolização que levou os teóricos da psicossomática, mais precisamente Pierre Marty, a construírem a afirmação de que a falta de sonhos e de seus equivalentes, como a fantasia e a criatividade, determina que o soma seja a via privilegiada ou exclusiva de descarga da excitação psicossomática, uma vez que os recursos psíquicos e simbólicos não se prestam a este fim, por uma falha permanente ou momentânea, devida a problemas do desenvolvimento ou a situações traumáticas.

Este esquadrinhamento do não sonhar e de suas implicações somáticas constitui uma ponte pênsil entre a psique e o soma, ampliando as possibilidades da clínica da psicossomática e, também, da psicanálise.

---

7. Gurfinkel, D., Psicanálise, regressão e psicossomática. *In*: Ferraz, F. C. & Volich, R. M. (orgs.), *Psicossoma – Psicossomática psicanalítica*, São Paulo, Casa do Psicólogo, 1997.

No terreno da compreensão da criança, do bebê e do recém-nascido, a psicossomática psicanalítica sente-se mais à vontade para estudar as manifestações somáticas nesta fase, entendendo-as como reveladoras do empobrecimento da relação mãe–bebê, constituinte do psiquismo infantil.

Pré-requisito para o desenvolvimento dos processos de simbolização, as relações nesta etapa são um campo fértil para os teóricos da psicossomática, o que é revelado pela expressiva produção e pelo instigante desenvolvimento desta área de pesquisa e sua repercussão no tratamento e no cuidado da criança.

Ao afirmar que as relações intersubjetivas são responsáveis pela constituição psíquica, abrem-se novas alternativas para compreender o adoecimento do homem e da mulher que trabalham. Os profissionais, tanto psicanalistas quanto médicos, podem ampliar as hipóteses de atenção clínica, incorporando a vertente psicossomática de análise destas manifestações, oriundas das relações de trabalho e do ambiente em que se exercem.

Podemos dizer que a psicossomática psicanalítica é um "acontecimento" que pode ser utilizado como um operador que transita entre a falha da simbolização, a dor e o adoecimento, tentando dar conta das expressões sintomáticas que "diferentemente das neuroses, não se passam no campo simbólico e sim no real do corpo".[8] Contudo, o que está acontecendo no corpo de um sujeito afetado psicossomaticamente deverá "ser criado no campo transferencial, levando à possibilidade de uma produção simbólica e não a uma circulação no simbólico desse sujeito".[9]

A psicossomática se preocupa com a cura, pois o sofrimento psicossomático se situa, com melhor desenho, entre a psique e o soma, e tem por isso o privilégio de poder beber nas águas da psicanálise e da medicina, utilizando recursos teórico-clínicos de ambos os saberes para iluminar suas próprias construções.

---

8. Lima, A. S., Devir e acontecimento. *In*: Ferraz, F. C. & Volich, R. M. (orgs.), *Psicossoma – Psicossomática psicanalítica*, São Paulo, Casa do Psicólogo, 1997.
9. *Ibid.*

Com o propósito de ampliar as margens desta emergente disciplina, alunos, ex-alunos e professores do curso de Psicossomática do Instituto Sedes Sapientiae de São Paulo vêm, há cinco anos, aprofundando a reflexão e sua experiência clínica a partir das concepções da psicossomática psicanalítica, tendo como eixo principal as teorias desenvolvidas pelos pesquisadores do Instituto de Psicossomática de Paris (IPSO), fundado por Pierre Marty, médico e psicanalista.

Os textos reunidos nesta coletânea são fruto do amadurecimento desse trabalho no curso e no Departamento que vem se formando a partir dele. A vontade de estabelecer uma reflexão aprofundada sobre as questões levantadas pela prática clínica, pelo estudo e pelo ensino, através do intercâmbio de idéias com colegas de outras instituições, incitou à realização de dois simpósios que contaram com a participação de um público numeroso e interessado.

No primeiro Simpósio, realizado em 1995, foi desenvolvido um amplo panorama das origens e do campo da psicossomática psicanalítica, que resultou na publicação do primeiro trabalho coletivo, *Psicossoma – Psicossomática psicanalítica*.[10] Em 1997, foi realizado um segundo encontro em que se discutiram de forma mais específica e profunda alguns temas da psicossomática, ao mesmo tempo que foram introduzidos alguns novos temas desse campo, como as relações entre as condições de trabalho e o adoecer, ou ainda sobre as particularidades da formação no campo da psicossomática. É o conjunto desses trabalhos, organizados em cinco partes, que o leitor encontrará a seguir.

Assim, no prefácio, Rubens Marcelo Volich apresenta um panorama do campo da psicossomática, discutindo os fundamentos psicanalíticos da clínica neste campo.

Na sessão "Novas perspectivas em psicossomática", introduzida por Sônia Maria Rio Neves, Wilson de Campos Vieira desenvolve uma análise das diferenças entre as posições teóricas de Pierre Marty

---

10. Ferraz, F. C. & Volich, R. M. (orgs.), *Psicossoma – Psicossomática psicanalítica*, São Paulo, Casa do Psicólogo, 1997.

e Michel Fain, principalmente no que diz respeito à pulsão de morte.

Vieira retraça o percurso conceitual de Fain, passando pela visão do modelo pulsional, da neurose traumática e dos procedimentos calmantes e autocalmantes, dinâmicas que permitem também compreender os embates decisivos entre as instâncias psíquicas, e, em particular, o papel do ego ideal.

Em um artigo especial, adaptado de uma concorrida conferência proferida em abril de 1997 no Instituto Sedes Sapientiae, a convite de nosso Curso, Christophe Dejours, psiquiatra e psicanalista francês, membro do Instituto de Psicossomática de Paris e professor do Conservatoire National des Arts et Métiers, expõe as principais linhas de seu pensamento. Ele nos permite conhecer os meandros e as implicações das noções de subversão libidinal e de atuação expressiva, a perspectiva sugerida pela dimensão relacional do adoecer, e os obstáculos que encontramos ao buscar compreender as relações entre psicanálise e biologia.

Na sessão "A psicanálise e o psicossoma", introduzida por Márcia de Mello Franco, Fernando Rocha convida-nos a refletir, a partir do relato de um final de análise, sobre a transformação do corpo biológico em corpo psico-lógico. Partindo das experiências primitivas de constituição do sujeito, Rocha apresenta a função da censura da amante, descritas por M. Fain e D. Braunshweig, nesse processo de transformação. O autor mostra como sua paciente pode mudar, através do processo analítico, sua maneira de lidar com situações de perda e separação, criando vias de simbolização que passaram a proteger o seu corpo biológico, direcionando a vivência do conflito para o nível do psiquismo. Decio Gurfinkel, por sua vez, apresenta as modificações que cabem ser feitas em uma "teoria da mente", a partir da consideração do funcionamento psicossomático tal como concebe Winnicott. Ele discute o desenvolvimento e a psicopatologia do funcionamento mental no contexto do psicossoma e suas implicações na produção de transtornos mentais ou psicossomáticos. Através dessa discussão, Gurfinkel aborda também o caráter adaptativo de alguns desses transtornos, descritos por Winnicott, J. McDougall, e C. Bollas, ao mesmo tempo que sugere, como Winnicott, que o transtorno psicossomático poderia caracterizar a busca do restabelecimento da conexão psique–soma perdida por conseqüência de uma patologia dissociativa da mente. Paulo Roberto Ceccarelli discute em seu trabalho o paralelismo existente entre a constituição dos "destinos do corpo" e a construção da identidade sexual. Ele aponta a convergência existente entre os momentos de definição dessa identidade e os momentos de estruturação das dinâmicas psicossomáticas através da erogenização do corpo do bebê pela relação com a mãe. Através das fantasias parentais e do discurso, forjam-se o corpo biológico e o corpo erógeno, e os sintomas, de um e de outro, ficam marcados pela cadeia de significantes que transcende o sujeito. A compreensão dessas relações pode ser ampliada pela perspectiva psicanalítica.

Na sessão "Psicossomática da criança", introduzida por Ângela Figueiredo de Camargo Penteado, Wagner Ranña utiliza as perspectivas conceituais de Kreisler, Winnicott, Spitz, Soulé e Debray sobre o infantil para refletir sobre a relação terapêutica e a noção de sucessão sindrômica na prática pediátrica. Ranña ressalta a importância de considerar as séries sintomáticas em um contexto intersubjetivo, tanto no que diz respeito à gênese desses sintomas a partir das relações parentais e familiares, como em sua resolução no âmbito das interações terapêuticas. Lídia Rosalina Folgueira de Castro demonstra a importância da compreensão dos distúrbios do sono na criança como paradigma terapêutico e teórico da psicossomática. O modelo fisiológico do sono, bem como a sua relação com a função onírica permitem a Castro explicitar a função central desses processos na regulação de excitações do organismo e da dinâmica psíquica, bem como a dimensão relacional que determina o bom desempenho dessas funções. O terror noturno, o sonambulismo e o nanismo por sofrimento psicológico evidenciam as conseqüências nefastas das falhas na constituição dos sonhos, cuja importância na etiologia patológica foi posta em destaque por P. Marty e seus colaboradores. Domingos Paulo Infante, por sua vez, desenvolve, a partir do referencial lacaniano, alguns elementos para tentar compreender o gozo específico envolvido no fenômeno psicossomático. Analisando alguns pontos das teorias psicossomáticas clássicas, Infante propõe retomar a perspectiva pulsional, bem como as dimensões real, simbólico e imaginário como referências para compreender a estruturação das funções corporais, e sua perturbação.

Na sessão "Psicossomática, saúde mental e trabalho", introduzida por Maria Auxiliadora de Almeida Cunha Arantes, Flávio Carvalho Ferraz analisa a significação do trabalho para o homem partindo da perspectiva histórica, econômica e ideológica, e chegando, através do conceito de alienação, à leitura psicanalítica. Esta perspectiva situa o trabalho como fruto do processo civilizatório individual e coletivo, como parte do processo que visa à realização do potencial humano através de processos como a reparação, o brincar e a sublimação. A dificuldade ou a possibilidade de realizar-se através do trabalho obedece, assim, à mesma dinâmica que determina as capacidades do sujeito de manifestar ou sentir seus afetos, estar em contato com suas produções subjetivas. A perturbação desses processos encontra-se na raiz dos mecanismos adaptativos e reativos, como a "doença normótica" descrita por Bollas, bem como nas descrições de Dejours da "psicopatologia do trabalho". Leny Sato, em seu trabalho, apresenta uma pesquisa sobre a relação entre problemas de saúde e as condições de trabalho de motoristas de ônibus urbano. Ela indica como a medida de controle que eles sentem ter sobre o processo de trabalho, o ambiente urbano e o contato com o público é um fator determinante da alta morbidade desta categoria profissional. A ausência de controle explica não apenas a alta incidência de patologias, mas também o desenvolvimento de mecanismos adaptativos – "jeitinhos" – como tentativa de diminuir o estresse resultante desta condição. Ao mesmo tempo, esses motoristas são capazes de desenvolver uma "epidemiologia do senso comum" que indica uma certa percepção da existência, sobretudo no outro, de um "limite subjetivo" cuja ultrapassagem leva ao desenvolvimento das patologias. Por sua vez, Marcília de Araújo Medrado Faria apresenta situações com as quais médicos e profissionais de saúde defrontam nas suas práticas envolvendo saúde mental e trabalho, bem como os principais conceitos e métodos que tentam articular as relações entre o trabalho e o processo saúde–doença. Ela mostra como as condições e a organização do trabalho moderno podem ser, direta ou indiretamente, desencadeantes e coadjuvantes de muitas síndromes não apenas psíquicas, da ordem das neuroses ou da depressão, por exemplo, mas também orgânicas como as lesões por esforços repetitivos (LER), doenças cardiovasculares e gastrointestinais, sem contar as "doenças profissionais" reconhecidas, desencadeadas por fatores tóxicos como o amianto, mercúrio, carvão. Ela aponta, ao mesmo tempo, o papel de dinâmicas individuais e coletivas, como o funcionamento operatório e a alienação, na etiologia de tais síndromes.

Na última parte desta coletânea, "A psicossomática na formação e a formação em psicossomática", introduzida por Bernardo Bitelman, Milton de Arruda Martins questiona as principais tendências atuais da prática e da formação médicas. Ele considera que, apesar do fascínio atual pelas perspectivas da biologia molecular e da esperança que ela suscita de previsão de doenças e comportamentos, a medicina do século XXI deverá ser a medicina da multicausalidade e do diálogo interdisciplinar. Para tanto, a formação do médico deve orientar-se para a superação da visão fragmentada do ser humano e para a busca de uma integração cada vez maior entre as diversas áreas de conhecimento do humano e da natureza. Visando exatamente esse objetivo, Martins descreve a experiência que vem sendo realizada no Departamento de Clínica Médica da Faculdade de Medicina da Universidade de São Paulo, onde a introdução da figura do tutor no ensino dos alunos tenta promover essa integração, inclusive através de um acompanhamento mais próximo dos alunos e residentes. Sidnei José Cazeto discute em seu artigo a introdução da psicossomática na formação do psicólogo. Ele descreve as concepções mais freqüentes que encontra entre os alunos de graduação sobre esse tema, que se constituem como verdadeiras "teorias psicossomáticas de manejo cotidiano, utilizadas *ad hoc*, conforme a conveniência e necessidade". Cazeto demonstra a necessidade de realizar um verdadeiro trabalho de desconstrução desta psicossomática irrefletida, com vistas a questionar os pré-conceitos, flexibilizar as crenças estabelecidas, inclusive no que diz respeito ao estatuto da psicossomática enquanto disciplina ou especialidade, e na sua relação com a Psicologia, a Medicina, e a Psicanálise. Rubens Marcelo Volich realiza uma reflexão sobre a formação em psicossomática a partir da consideração de que os caminhos que percorremos para concretizar nossas escolhas profissionais não se restringem apenas a seus aspectos técnicos ou curriculares, mas que esses processos são indissociáveis das dinâmicas estruturantes da identidade de cada um. Concentrando sua análise na concepção de um curso de psicossomática pós-universitário, ele o apresenta como lugar de convergência de discursos e práticas oriundos de diferentes campos de saber, aberto a todos aqueles que se deparam com a questão do desenvolvimento humano, da saúde e do adoecer. Descrevendo as principais linhas mestras e estudos que deveriam caracterizar esse curso, Volich acentua ainda a importância de que ele possa promover nesse processo um trabalho permanente de elaboração pessoal e de possibilidade de confrontação com as dúvidas que surgem ao longo do exercício profissional.

Ao longo da leitura desses trabalhos, vamos, gradativamente, sendo tomados por uma sensação "estranhamente familiar". No final do século passado, Freud denunciava as conseqüências nocivas, para o tratamento do paciente, do pudor, da resistência e da negação sistemática da consideração da sexualidade na etiologia das neuroses,[11] mas também de outras patologias. Cem anos depois, o reconhecimento do papel da sexualidade no desenvolvimento, na vida e mesmo no adoecimento do ser humano parece despertar menos resistências. Porém, neste novo final de século, temos a sensação de que o pudor e a cegueira dos terapeutas – médicos, psicólogos e outros – deslocaram-se para a impossibilidade de reconhecer a função da subjetividade nas dinâmicas vitais do homem.

Assim, através de uma perspectiva integradora e de interlocução com outros campos de saber, a psicossomática psicanalítica propõe-se promover a consideração desta dimensão de subjetivação e de

---

11. Freud, S. (1898) A sexualidade na etiologia das neuroses. *In: Edição Standard Brasileira das Obras psicológicas completas*. Rio de Janeiro, Imago, 1990, v. 3, p. 249.

interação no adoecer, na cura e no processo terapêutico, buscando uma relação menos alienada do indivíduo com sua vida, com seu corpo e com aqueles que o rodeiam. Confrontando a clínica e a prática do ensino com um corpo conceitual que há mais de quarenta anos vem se consolidando no panorama psicanalítico, as contribuições dos autores deste volume apresentam grande diversidade de temas e de problemas que deixam ainda abertas inúmeras questões. Longe de se proporem como respostas definitivas, tais contribuições buscam, sobretudo, suscitar a reflexão e o diálogo para o desenvolvimento de novas concepções nesse campo. Neste sentido, sintonizam-se com a proposta do fundador da psicanálise, que até o final de sua obra, insistia em afirmar que "sem especulação e teorização – quase disse fantasia –, não daremos outro passo à frente".[12]

---

12. Freud, S. (1937). Análise terminável e interminável. *In: Edição Standard Brasileira das Obras psicológicas completas*. Rio de Janeiro, Imago, 1990, v. 23, p. 257.

Prefácio
Fundamentos psicanalíticos da clínica psicossomática[1]

Rubens Marcelo Volich

Seria a psicossomática mais uma especialização na abordagem do adoecer humano? A considerar nosso panorama cultural e científico imediato, a resposta é sem dúvida positiva. No Brasil, e em São Paulo em particular, podemos constatar uma oferta crescente de cursos de Psicossomática dos mais diversos níveis – introdutórios, de extensão, especialização, pós-graduação, etc. –, que, ao mesmo tempo em que respondem a uma demanda existente, acabam também por intensificar esta mesma demanda.

O discurso cultural há muito incorporou o verbo "somatizar". As diferentes entonações com que suas conjugações são pronunciadas podem revelar desde o desprezo pela queixa daquele que sofre, até uma tentativa de sugerir uma explicação salvadora para uma doença cuja etiologia e desenvolvimento teimam em permanecer refratários a todos os procedimentos médicos.

No meio médico, constatamos um movimento progressivo no sentido de reconhecer os componentes emocionais presentes na dinâmica de algumas doenças, componentes estes que justificariam a

---

1. Uma primeira versão destas reflexões foi apresentada no II Congresso de Psicopatologia Fundamental, organizado pelo Laboratório de Psicopatologia Fundamental do Programa de Estudos Pós-Graduados em Psicologia Clínica da PUC-SP em abril de 1997 em São Paulo, tendo sido publicada no *Boletim de Novidades Pulsional*, 106, janeiro, 1998, p. 48-60.

indicação de uma terapêutica "específica" de cunho psicossomático, geralmente exercida por um outro profissional, "especialista" neste campo.

No meio psicológico e psiquiátrico, podemos observar um aumento significativo do número de profissionais destas áreas, que trabalham nas mais variadas instituições de saúde, desde aquelas que prestam assistência primária à população – como os centros de saúde, unidades de base, etc. – até os hospitais terciários, e centros de pesquisa que tratam de patologias mais complexas. Nessas instituições, esses profissionais participam geralmente de uma divisão de trabalho que os torna responsáveis pelo "acompanhamento psicológico" do doente, acompanhamento este que os médicos não se consideram "competentes", ou alegam "não terem tempo" para realizar.

Sem deixar de reconhecer o progresso representado pelo reconhecimento crescente dos aspectos emocionais implícitos na etiologia de uma patologia somática, e também decorrentes desta, não podemos evitar de nos perguntarmos sobre os pressupostos e as implicações de tais procedimentos, e se estes procedimentos são suficientes para sustentar a Psicossomática como uma "especialidade".

Sem dúvida, este questionamento é um convite fascinante para algumas viagens que nos conduziriam ao campo da filosofia, da epistemologia, da crítica social, da ideologia determinante da ordem médica e de sua história, bem como de nossas concepções sobre o adoecer e a cura. Nosso enquadre de discussão impõe sem dúvida alguns limites para um projeto tão ambicioso, que por si justificaria a realização de todo um simpósio. Entretanto, após sobrevoar rapidamente o campo da psicossomática, tal como geralmente ele se apresenta, gostaria de questionar a natureza deste campo a partir da perspectiva psicanalítica, em particular aquela desenvolvida desde os anos 50 por Pierre Marty e seus colaboradores, mais conhecidos como constituindo a "Escola de Psicossomática de Paris".

O acréscimo do adjetivo "psicanalítica" já evidencia a necessidade de reconhecermos que a psicossomática está longe de ser um campo homogêneo. Constatamos que o simples fato de admitir a existência de relações entre a psique e o corpo parece ser suficiente para que um profissional, um grupo, ou mesmo uma teoria se autodenomine "psicossomática". Encontramos assim teorias psicossomáticas cognitivistas, comportamentais, ioga, relaxamento e hipnose psicossomáticas. Se o sobrenome define uma filiação, ele não é suficiente para definir a identidade do sujeito. O mesmo ocorre com as teorias. O acréscimo de um adjetivo pode contribuir para situá-las dentro de um panorama científico, mas é absolutamente insuficiente para informar sobre sua estrutura interna, seus postulados, seus fundamentos.

Para responder a nossa questão inicial, é necessário investigar a própria natureza do campo psicossomático, o que implica, como sugere o psicanalista Pierre Fédida, examinar as condições de "intercientificidade" deste campo:[2] seus modelos teóricos, sua relação com a clínica, seus "limites de operatividade", e, sobretudo suas possibilidades de troca com outros campos de conhecimento.

O campo da psicossomática

Tentemos então percorrer brevemente o campo da psicossomática. Apesar de todos os seus desenvolvimentos, ela foi desde suas origens marcada pelas descobertas freudianas. Não esqueçamos que Freud iniciou sua carreira como um brilhante neurologista, tendo também se interessado pela oftalmologia, pesquisando os efeitos anestésicos da cocaína. Porém, o desafio lançado pela histeria de conversão o colocou diante dos limites de suas concepções neurológicas, determinando seu interesse por aquela patologia cuja sintomatologia orgânica não apresentava nenhuma correspondência com a estrutura anatômica dos órgãos afetados. Questionando as vias que levam o conflito psíquico a se manifestar na esfera somática, aceitando acolher aquilo que a ciência de sua época rejeitava – os sonhos, os lapsos, a histeria e, inclusive, uma outra anatomia, imagi-

---

2. Fédida, Pierre, D'une psychopathologie générale à une psychopathologie fondamentale. Note sur la notion de paradigme, *in Crise et Contre-Transfert*, PUF, 1992, Paris, p. 295.

nária –, Freud descobre o inconsciente, e funda a psicanálise. De ponta a ponta – nas suas descobertas sobre os sonhos e sobre a sexualidade, nos modelos do aparelho psíquico e das pulsões, sua obra apresenta uma reflexão sobre as relações entre o psíquico e o somático. O modelo etiológico da histeria e da neurose atual se constituiu como as primeiras referências da psicanálise para pensar a participação dos fatores psíquicos nas doenças orgânicas.

Todos os pioneiros da psicossomática tiveram um contato pessoal ou através do movimento psicanalítico com as formulações freudianas, reconhecendo inclusive as contribuições destas para suas teorias. Autores como Georg Groddeck, Félix Deutch, e Franz Alexander, fundador da Escola de Chicago, empenharam-se desde a década de 1920 em aplicar os conceitos psicanalíticos para desenvolver uma abordagem psicossomática da patologia orgânica.

A Escola de Chicago imprimiu à psicossomática marcas que persistem até os nossos dias influenciando a maneira de trabalhar e de pensar de algumas gerações de terapeutas. Flanders Dunbar, O. English, Ruesch e Alexander, principalmente, dirigiam seus trabalhos no sentido de buscar estabelecer relações entre conflitos emocionais específicos e estruturas de personalidade com alguns tipos de doenças somáticas, como a úlcera, alergias, enxaquecas, asma e distúrbios digestivos. Além da especificidade de certos tipos de personalidade e as manifestações somáticas, este grupo também se preocupou em compreender as relações entre as reações emocionais e respostas do sistema vegetativo e do sistema nervoso central.[3]

Partindo da fisiologia, H. Selye descreve em 1936 a Síndrome Geral de Adaptação como um conjunto de reações fisiológicas não específicas que visa preparar o organismo para defender-se das agressões. Esta síndrome comporta três fases: alarme diante da ameaça, resistência à ameaça e esgotamento. A patologia orgânica pode decorrer tanto da incapacidade do organismo em desencadear essas reações de defesa, como da persistência destas reações, além

---

3. Alexander, Franz, *La médecine psychosomatique*, 1968, Payot, Paris.

do necessário. Tendo também celebrizado a noção de estresse, Selye caracteriza este fator como o elemento, real ou imaginado, que desencadearia de forma aguda ou crônica a Síndrome Geral de Adaptação.[4]

Desde os anos 40, tem sido constatado do ponto de vista epidemiológico, o aumento da incidência de patologias somáticas entre as pessoas que apresentam estados depressivos. Estas observações conduziram a um incremento das pesquisas buscando compreender as relações entre as emoções e o sistema imunológico e detectar estruturas e mecanismos de natureza celular, fisiológica e anatômica que poderiam mediatizar a percepção de eventos internos e externos, sua elaboração e as reações do organismo. Principalmente a partir dos anos 70, definiu-se um novo campo de pesquisa, denominado Neuropsicoimunologia.[5] V. Riley descreve em 1981 o desenvolvimento dos tumores malignos transplantados em camundongos colocados em situações de estresse. R. Ader e seu grupo em 1981, e Y. Shavit em 1984 relatam os efeitos do estresse inevitável sobre o sistema imunológico. A descoberta de redes neurobiológicas complexas, ao mesmo tempo que os resultados de alguns estudos epidemiológicos bem conduzidos, reforçou a hipótese de que fatores psicológicos podem intervir na gênese de doenças graves como o câncer.

Algumas teorias psicossomáticas de orientação psicanalítica permaneceram fortemente marcadas pelo modelo da histeria, considerando o sintoma somático como resultante de um conflito inconsciente, possuindo uma significação simbólica. Assim, Angel Garma, por exemplo, considera os distúrbios gástricos apresentados por certos pacientes como resultantes dos conflitos suscitados "pela impossibilidade de elaboração da introjeção maciça da mãe má".[6]

---

4. Selye, H., The general adaptation syndrome and the disease of adaptation, *Journal of Clinical Endocrinology*, 6, 1946, p. 117.
5. Bartrop, R. L., Luckhurt, E., Lazarus, L, Depressed lymphocyte function after Bereavement, *Lancet*, 1, 1977, p. 834-6.
Schleifer, S. J., Keller, S. E., Siris, S. G., Depression and immunity lymphocyte Function, *Archives of General Psychiatry*, 42, 1985, p. 129-33.
6. Garma, Angel, Les images inconscientes dans la genèse de l'ulcère peptique, *Revue Française de Psychanalyse*, 25, 1961, p. 843-52.

As concepções do Instituto de Psicossomática de Paris

Na França, desde os anos 50 um grupo de psicanalistas, liderados por Pierre Marty, ampliou de maneira significativa a teoria e a clínica psicossomáticas, introduzindo uma continuidade conceitual e clínica entre a abordagem médica e psicanalítica da sintomatologia, tanto psíquica como somática.

Os trabalhos dos clínicos e dos pesquisadores do Instituto de Psicossomática de Paris continuam trazendo contribuições importantes não apenas para os grupos de patologias com relação às quais classicamente se reconhece a participação dos fatores psicoemocionais como as alergias, as lombalgias, as cefaléias e enxaquecas, a hipertensão e os distúrbios gastrointestinais, mas também no tratamento de doenças graves como o câncer, e mesmo os efeitos da soropositividade do HIV.

A contribuição da psicossomática psicanalítica para a compreensão das patologias somáticas se manifesta essencialmente nos seguintes campos:
- na dimensão etiológica da patologia;
- na atenção às relações precoces da criança com seus pais;
- no âmbito terapêutico.

A economia psicossomática

A teoria freudiana apresenta essencialmente dois modelos para compreender a sintomatologia somática: o da conversão histérica e o da neurose atual. A conversão histérica se caracteriza como uma conversão somática da energia psíquica. O sintoma corporal tem, do ponto de vista etiológico, uma relação com os conflitos sexuais infantis, e se constitui como uma formação de compromisso simbólica, resultante do conflito entre o infantil, a pulsão e o recalque.[7] É seu

---

7. Freud, S. e Breuer, J., Estudos sobre a histeria (1895), *Edição Standard Brasileira*, II, Imago, p. 13-376.

caráter simbólico que o torna suscetível à terapêutica psicanalítica. Segundo Freud, na neurose atual encontramos manifestações de uma angústia difusa e uma sintomatologia funcional (vertigem, taquicardia, cefaléia, etc.). Tais sintomas, entretanto, não possuem sentido simbólico, nem relação com o infantil. Eles seriam apenas reações à estase libidinal, à impossibilidade de descarga de excitações do presente que se acumulam em função do bloqueio das satisfações libidinais.[8] O sintoma somático possui uma função econômica de gestão das excitações e da angústia, sem possuir uma significação simbólica, o que o torna refratário à cura analítica.

Estes modelos constituíram o ponto de partida para os trabalhos de Pierre Marty, Michel Fain, Christian David, Michel de M'Uzan e Léon Kreisler, entre outros. Seu objetivo inicial foi melhor compreender as patologias somáticas cuja dinâmica não correspondiam ao modelo da conversão histérica, utilizando o conceito psicanalítico de neurose atual.

Gradualmente, foi se desenvolvendo um corpo clínico e teórico que considera a sintomatologia somática a partir de uma concepção essencialmente metapsicológica, e sobretudo econômica. Tenta-se assim compreender os destinos da excitação pulsional no organismo e suas possibilidades de descarga. A patologia somática não conversiva é o resultado da impossibilidade de elaboração da excitação através dos recursos psíquicos do indivíduo, em função de uma estruturação deficiente, no plano representativo e emocional, do aparelho mental.[9]

Assim, as teorias do IPSO partem das concepções psicanalíticas "clássicas" para desenvolver um corpo teórico que busca definir a função do aparelho psíquico e suas funções como reguladores do funcionamento psicossomático, e sobretudo dos destinos da excitação no organismo. A perturbação deste funcionamento pode, segundo as características do desenvolvimento e o momento de vida de cada indivíduo, resultar tanto em patologias "psíquicas" como "somáticas". Essas teorias ressaltam a dialética contínua existente

---

8. Freud, S., Sobre os critérios para destacar da neurastenia uma síndrome particular intitulada de "neurose de angústia" (1895), *Edição Standard Brasileira III*, Imago, p. 109-42.
9. Marty, P., *A psicossomática do adulto*, Porto Alegre, Artes Médicas, 1994.

entre soma e psique, entre as diversas etapas do desenvolvimento individual, e sobretudo nas relações interpessoais.

A perspectiva evolucionista

Para compreendermos esta essência dialética, é importante considerarmos um dos eixos centrais desta teoria, sua perspectiva evolucionista.

Do ponto de vista filogenético, a evolução dos seres vivos permite perceber nos seres mais complexos e mais tardios do ponto de vista evolutivo, características que são a repetição dos seres mais simples e primitivos. Da mesma forma, a ontogênese mostra que o desenvolvimento do ser humano parte de seu elemento mais essencial, a reprodução celular, para atingir níveis evolutivos cada vez mais complexos. Durante a gestação, percebemos que a partir de uma única célula indiferenciada, desenvolvem-se gradativamente estruturas distintas como os tecidos, os órgãos, o feto como um todo.

Seria o caso de considerarmos que as estruturas mais complexas do embrião, e posteriormente do homem, talvez guardem uma espécie de "memória fisiológica" destas origens. Grupos de órgãos que se desenvolvem a partir de uma mesma camada do zigoto poderiam guardar entre si uma relação "funcional", que se manifestaria por ocasião de uma perturbação do organismo.

Ao nascer, o bebê é um ser completo do ponto de vista biológico, mas imaturo e desamparado do ponto de vista de sua sobrevivência. Para continuar vivo, e mesmo para desenvolver-se, ele necessita da presença de outro ser humano. Esta presença, geralmente assegurada pela mãe, lhe garante não apenas a satisfação de suas necessidades vitais, mas funciona também como uma "película" que o envolve, assegurando ao mesmo tempo uma proteção contra os estímulos que o bebê ainda não é capaz de assimilar. Esta presença protetora é também uma fonte de estímulos necessários à maturação e ao desenvolvimento do bebê, inclusive do ponto de vista fisiológico. Sabemos por exemplo que tanto a epiderme como o sistema nervoso se originam do ectoderma. A pele é, desde a vida intra-uterina, um órgão sensorial, um dos principais órgãos que são estimulados no contato entre a mãe e o bebê. Neste sentido, como ressalta A. Montagu, esta estimulação epidérmica exerce uma função importante no processo de mielinização do sistema nervoso.[10]

É esta relação com um outro que propicia, após o nascimento, o processo de maturação do bebê, o desenvolvimento da motricidade, das relações com os demais humanos, da linguagem até o desenvolvimento do aparelho psíquico, a criação mais elaborada do desenvolvimento. Neste sentido, o aparelho psíquico não é um acessório de luxo do desenvolvimento humano, mas ele exerce uma função essencial de assimilação e elaboração dos estímulos provenientes da realidade externa e do meio interior.

Se o curso normal do desenvolvimento humano aponta para a formação de estruturas, de dinâmicas e de funções cada vez mais complexas, é necessário considerar que o objetivo deste desenvolvimento é sobretudo assegurar o equilíbrio de um organismo permanentemente solicitado por estímulos internos e externos. Entretanto para atingir tal equilíbrio, algumas vezes podemos constatar que o organismo responde a essas solicitações através de respostas anacrônicas, primitivas, menos elaboradas do que é ou já foi capaz. Percebemos assim que o ser vivo não é apenas objeto de organizações, de hierarquizações e de associações, mas também objeto de movimentos regressivos e destruição e de desorganização. A patologia também faz parte dos meios do indivíduo para regular sua homeostase, ou suas relações com o meio.[11]

A noção de mentalização

Dentro de uma perspectiva econômica, o organismo se confronta permanentemente entre a emergência e o afluxo de excita-

---
10. Montagu, Ashley, *Tocar*, 1986, Summus Editorial, São Paulo.
11. Marty, P., *A psicossomática do adulto*, Porto Alegre, Artes Médicas, 1994.

ções e a necessidade de descarregá-las. Para isso, ele conta essencialmente com três vias : a via orgânica, a ação e o pensamento, que representam, nesta ordem, o grau hierárquico progressivo da evolução das respostas do indivíduo.

Naturalmente, quando solicitado, o organismo buscará responder com seus recursos mais evoluídos. O ideal consiste em esperar que os recursos psíquicos sejam aqueles que orientem as reações do sujeito, mesmo quando, em última instância, a resposta necessária implique uma resposta orgânica. Consideremos por exemplo uma situação extrema, em que em uma estrada de duas mãos, o motorista percebe um veículo desgovernado aproximando-se do seu em sentido contrário. Logicamente, sua reação instintiva será desviar-se do veículo que o ameaça. Entretanto, ele pode simplesmente jogar seu carro de forma automática, irrefletida, para qualquer direção diferente da do outro veículo, ou, apesar do tempo ínfimo de que ele talvez disponha para realizar esta manobra, tentar considerar, na ação de desviar-se, qual a direção mais propícia a causar o menor dano possível aos passageiros que viajam consigo, ou aos demais veículos à sua volta. As duas respostas evitam a colisão com o veículo desgovernado, mas a segunda, além desta, pode também diminuir outros danos pessoais ou materiais.

Este exemplo angustiante talvez pareça caricato, uma vez que sem dúvida tal situação exige principalmente o melhor desempenho reflexo possível. Mas apesar de aparentemente ser um refinamento, a possibilidade de pensar e "escolher" entre diferentes direções possíveis traz algo a mais, demonstra o ganho e o interesse da intervenção do raciocínio, de operações mentais para além dos nossos comportamentos automáticos.

Compreendemos assim a função e a importância atribuída pela Psicossomática Psicanalítica ao aparelho mental, à mentalização do sujeito como reguladores da economia psicossomática. A mentalização consiste em operações simbólicas através das quais o aparelho psíquico garante a regulação das energias instintivas e pulsionais, libidinais e agressivas. A atividade fantasmática, o sonho, a criatividade são atividades essenciais ao equilíbrio psicossomático. A estruturação ou o funcionamento deficiente do aparelho psíquico traz como conseqüência a utilização de recursos mais rudimentares, da ordem da motricidade ou mesmo de reações orgânicas como meios de regulação da energia do indivíduo.

O pensamento operatório e a depressão essencial

Com efeito, podemos constatar em um grande número de pacientes que apresentam uma sintomatologia somática não conversiva um empobrecimento de sua capacidade de simbolização das demandas pulsionais e de sua elaboração através da fantasia.[12] Notamos também uma ausência quase absoluta de sonhos, de sintomas neuróticos, de lapsos, de devaneios, ou de atividade criativa, pouco contato com seus desejos, uma utilização empobrecida da linguagem, com uma aderência extrema ao fatual e à realidade material.[13] Tais características, reforçadas por um pensamento extremamente pragmático, favorecem uma adaptação extrema ao seu meio social, o que leva M. Sami Ali a denominar tais dinâmicas patologias da adaptação.[14] No lugar de manifestações psíquicas ou emocionais, encontramos freqüentemente expressões corporais, mímicas faciais, manifestações sensomotoras e dores físicas. As relações interpessoais são caracterizadas pela indiferenciação, por um rebaixamento dos investimentos objetais, inclusive na transferência terapêutica.

---

12. Marty, P., *A psicossomática do adulto*, Porto Alegre, Artes Médicas, 1994.
13. Vários autores descrevem características semelhantes apresentadas por esses pacientes, como Joyce McDougall que os descreve como pacientes "desafetados" e Sifneos, que os denomina alexitímicos.
Cf. McDougall, J., *Teatros do Eu – Ilusão e verdade no palco psicanalítico* (1982), 1992, Francisco Alves, Rio de Janeiro.
Sifneos, E., The Prevalence of 'alexythymic' Characteristics in Psychosomatics Patients, *Psychterapy and Psychosomatics*, 22, 1973.
14. Sami Ali, M., *Pensar o somático – Imaginário e patologia*, 1995, Casa do Psicólogo, São Paulo.

Este conjunto de manifestações, caracterizadas essencialmente pelo excesso de importância ao fatual e ao presente, por comportamentos automáticos e adaptativos, por uma ruptura com o Inconsciente e com a sexualidade, por uma alienação da própria história, pela negligência do passado e incapacidade de projeção para o futuro, foi descrito por Pierre Marty sob a denominação de Pensamento Operatório.[15] As dinâmicas afetivas específicas de tais pacientes foram conceitualizadas por P. Marty sob o nome de Depressão Essencial.[16] Diferentemente da depressão neurótica, do luto ou da melancolia, a Depressão Essencial não denota nenhum trabalho de elaboração. Ela se apresenta como uma "depressão sem objeto", constituindo a essência mesma da depressão caracterizada principalmente por um rebaixamento do tônus libidinal e por um desamparo profundo, freqüentemente desconhecido do próprio sujeito. Este não apresenta nenhuma queixa, quando muito uma profunda fadiga e a perda de interesse por tudo que o rodeia.

O Pensamento Operatório e a Depressão Essencial são os aspectos mais visíveis das deficiências de funcionamento das dinâmicas psíquicas, que, persistindo, podem evoluir para um quadro de patologia somática. A Depressão Essencial é freqüentemente precedida por angústias difusas, angústias arcaicas e automáticas que indicam as deficiências do funcionamento defensivo do Eu. A vida operatória é uma tentativa de colmatar esses acessos de angústia instalando um equilíbrio frágil através de atividades utilitárias que visam garantir as operações mínimas necessárias à sobrevivência do indivíduo. Entretanto, estes dispositivos podem tornar o sujeito vulnerável às afeções somáticas, aos riscos de acidente por atos impulsivos e comportamentos perigosos como um resultado da incapacidade do Eu de encontrar vias mentais para lidar com o afluxo de excitações.

---

15. Marty, P. et de M'Uzan, M., La Pensée Opératoire, *Revue Française de Psychanalyse*, 1963, 27, p. 345-56.
16. Marty, P., La Dépression Essentielle, *Revue Française de Psychanalyse*, 1966, 32 (3), p. 595-8.

Patologia da normalidade, normalidade da patologia

As três vias possíveis de escoamento das excitações – orgânica, motora e pensamento – são também os caminhos potenciais da patologia. Um indivíduo bem estruturado no plano mental poderá desenvolver a partir de uma situação conflitual uma perturbação psíquica, da ordem das neuroses ou das psicoses. Um outro indivíduo, com uma estruturação deficiente de seu aparelho psíquico, poderá ficar impedido de reagir a uma situação traumática através de produções mentais como sonhos, delírios ou mecanismos de defesa psíquicos, utilizando então a motricidade ou as vias orgânicas como canais de descarga da excitação acumulada. Assistiremos então à manifestação de desvios do comportamento, como as reações psicopáticas, ou ainda, como último recurso, ao aparecimento de perturbações funcionais somáticas. É importante considerar, como dissemos, que toda patologia – mental, somática ou comportamental – apesar de seu caráter desviante e regressivo, é ainda uma tentativa de estabelecimento de um equilíbrio do organismo, que não consegue enfrentar as tensões internas ou externas às quais está submetido através de recursos mais evoluídos.

A gravidade de uma patologia é função tanto dos recursos do indivíduo para enfrentar tais tensões como da duração e da intensidade destas tensões. O organismo tentará enfrentar essas situações através de seus recursos mais evoluídos, mas diante dos insucessos de suas iniciativas ele poderá recorrer regressivamente a recursos cada vez mais primitivos até conseguir uma situação de equilíbrio. A manutenção destes equilíbrios regressivos dependerá da duração da tensão ou da capacidade do organismo de reorganizar-se para responder de maneira mais elaborada a tais situações.

A perspectiva psicanalítica da psicossomática permite assim compreender tanto o desenvolvimento como a patologia segundo uma relação dialética contínua entre psique e soma, duas dimensões de um funcionamento único do organismo. Ela permite romper com os modelos dualistas que privilegiam uma ou outra dessas dimensões. Torna-se então impossível sustentar a existência de limites rígidos entre o normal e o patológico, uma vez que ambos se mesclam com vistas a assegurar a vida do indivíduo. Em toda reação "normal" encontramos componentes desviantes ou desorganizados, assim como a patologia é por sua vez composta de um mínimo de organização para que a sobrevivência do sujeito seja ainda possível.

Da mesma forma, perde o sentido a tentativa de estabelecer uma causalidade unívoca, emocional ou orgânica, para a compreensão da etiologia, bem como a distinção entre distúrbio funcional e lesional, critérios freqüentemente utilizados para discriminar entre sintomas conversivos, distúrbios orgânicos "verdadeiros" e as doenças ditas "psicossomáticas". Assim como fatores emocionais e fisiológicos interagem na dinâmica etiológica, esta mesma dinâmica pode desencadear um sintoma funcional em um dado momento e, mais tarde, produzir uma verdadeira lesão.

A psicossomática psicanalítica nos permite também perceber as limitações das teorias agressológicas que imputam a um certo acontecimento traumático ou ao estresse a etiologia de uma patologia. O adoecer deixa de ser considerado como a conseqüência de um evento único, para ser compreendido como a resultante dinâmica de um conjunto vetorial composto tanto por forças do sujeito, como do meio no qual ele vive. Uma pessoa bem estruturada no seu funcionamento, com recursos suficientes para elaborar e escoar a excitação acumulada, pode suportar altos níveis de tensão e acontecimentos traumáticos sem perturbações mais graves para seu equilíbrio, enquanto que uma outra, de estrutura mais frágil, pode adoecer diante de acontecimentos ou vivências aparentemente insignificantes.

A essência psicanalítica da psicossomática

É na atitude diante deste panorama, talvez perturbador para alguns, em que se desvanecem os limites entre normal e patológico, entre causa e efeito, entre as categorias nosográficas, entre corpo e alma, que é questionada a essência da psicossomática. É aqui que se afirma a exigência da clínica psicanalítica.

Aferrar-se à manutenção incondicional desses limites, negligenciar a observação clínica ou fenomenológica, instituir a rigidez de fronteiras entre diferentes campos de conhecimento, por razões ideológicas ou de mercado, pode ser uma maneira de tentar garantir uma certa tranqüilidade – ilusória, sem dúvida – diante das intensas e permanentes transformações de nosso mundo e de nossa época. É segundo esta perspectiva que se justifica tanto a visão Taylorista da divisão de trabalho, como as visões corporativas ou classistas de organização social, e também a "independência" das categorias profissionais. Dentro desta visão, estaria justificada a psicossomática como uma "especialidade", com um campo de trabalho bem delimitado, com suas Associações que velam pelo respeito destes limites – se possível por uma ampliação de seu "mercado" – tentando legiferar e regulamentar o exercício profissional.[17]

Uma outra postura é introduzida, como vimos, pela perspectiva psicanalítica. Se Freud se empenha, em 1914 e em 1927, em refletir sobre as implicações de nosso narcisismo individual e coletivo, e sobre o significado e a função do pensamento científico e religioso, é para demonstrar o caráter ilusório e efêmero destas estratégias para lidar com o nosso desamparo fundamental.[18] A fluidez dos limites e a

---

17. De uma maneira mais ampla, fica evidente, dentro desta perspectiva, o caráter antinômico de qualquer tentativa de "especialização" dentro do campo da psicanálise. O que caracteriza a clínica psicanalítica é uma posição privilegiada de escuta, observação e descoberta do inconsciente. "O sintoma, seja ele psíquico, somático ou social, é um momento de 'crise' (crítico), condensando em si ruptura e continuidade da continuidade (subjetiva, orgânica, social) rompida." O sintoma, a patologia, o contexto individual, institucional ou etário no qual o psicanalista exerce seu ofício são dimensões contingentes de uma prática que *necessita de algumas referências* para se situar e acontecer. O campo de trabalho do psicanalista (com psicóticos, neuróticos, drogaditos, pacientes que 'somatizam', crianças, adolescentes ou adultos) é apenas "um recorte entre muitos do campo de 'acontecimentos' possíveis da vida de um sujeito, a partir do qual a dimensão 'pática' se oferece à sua experiência. Parte de um todo da existência humana que traz em si condensadas tanto a estrutura como a essência desse todo".
Cf. Volich, R. M., *O que há de fundamental nas (psico)patologias da mama?*, outubro de 1997. Texto inédito.
18. Freud, S., Sobre o Narcisismo: Uma Introdução (1914), *Edição Standard Brasileira* XIV, Imago, p. 85-122. Freud, S., O futuro de uma ilusão (1927), *Edição Standard Brasileira* XXI, Imago, p. 13-74.

inter-relação de fatores e de campos revelada pela perspectiva psicanalítica da psicossomática é nesse sentido uma oportunidade de abertura para o conhecimento e para uma verdadeira comunhão entre pesquisadores de diferentes campos de saber. Rechaçando a "linha cuidadosa" do paralelismo, "uma falsa doutrina da desconfiança epistemológica que na verdade dissuade de ir mais longe",[19] esta perspectiva é também sintônica ao projeto de psicopatologia fundamental, definido por P. Fédida :

> Conviria pensar o projeto de uma psicopatologia fundamental como um projeto de natureza intercientífica, onde a epistemologia comparativa dos modelos e seu funcionamento teórico crítico exerceria o papel determinante de uma consciência de seus limites de operatividade e de sua capacidade de se transformar uns pelos outros. *Neste caso, o fundamental seria aqui um ideal de comunicação mais que o objeto de uma esperança de 'ciência unificada'.* [20]

A perspectiva psicanalítica configura assim a psicossomática como um campo operador para refletir sobre alguns avatares da existência do Homem: suas origens, seu desenvolvimento, seus males, suas produções individuais, sociais e culturais, frutos de seu desenvolvimento através do embate permanente entre as instâncias pulsionais de vida e de morte.

A visão da psicossomática psicanalítica pode alimentar a reflexão de outros campos de conhecimento, ampliando sua compreensão de seus objetos de estudo, e introduzindo uma perspectiva de interlocução entre esses campos. Ela pode alimentar a medicina ampliando sua compreensão da etiologia, do papel do infantil, das primeiras relações entre a mãe e o bebê, da sexuali-

---

19. Cf. Fédida, Pierre, D'une psychopathologie générale à une psychopathologie fondamentale. Note sur la notion de paradigme, in *Crise et Contre-Transfert*, PUF, 1992, Paris.
"Quando nos referimos às interrogações sobre as relações psique–soma ou alma e cérebro ou psíquico–biológico, permanecemos sobre a linha cuidadosa das preliminares paralelistas. O paralelismo é uma falsa doutrina da desconfiança epistemológica, que na verdade, dissuade de ir mais longe" (p. 299). Grifado pelo autor.
20. Fédida, Pierre, *ibid.*, p. 295. Grifado pelo autor.

dade no desenvolvimento e na patologia, e ainda conceber de outra forma a função terapêutica da relação médico–paciente. Ela pode alimentar a psicanálise oferecendo outras perspectivas para se pensar o sintoma somático, as indicações de análise, a técnica analítica, bem como contribuindo com a ampliação da teoria, da metapsicologia e mesmo da nosografia psicanalíticas. Ela pode também alimentar as ciências sociais oferecendo um modelo que permite compreender como as dinâmicas internas do sujeito determinam suas produções sociais e culturais, e como estas mesmas produções determinam as direções do desenvolvimento e do adoecer do sujeito.

Mas, naturalmente, a psicossomática psicanalítica também se enriquece e se transforma se considerar em seus desenvolvimentos as descobertas produzidas em todos esses campos. No campo médico, principalmente, é necessário elaborar e assimilar na teoria psicossomática as descobertas mais recentes da biologia molecular, da neuroimunologia, e das mudanças algumas vezes radicais constatadas nos últimos anos em todas as técnicas terapêuticas.

Em função de tudo isso, a prática da psicossomática não pode se restringir a uma atividade de consultório particular. Para que estas trocas e a função de interlocução sejam possíveis, é necessário que ela seja exercida em conjunto com outros profissionais, em um contexto institucional – de saúde, de educação, e mesmo empresarial – em enquadres interdisciplinares.[21]

Em se fazendo presente nesses contextos, insistindo sobre a importância da mentalização, do pensamento e dos afetos, como elementos reguladores fundamentais do funcionamento individual, a psicossomática psicanalítica pode se constituir não apenas como uma abordagem terapêutica para a preservação da saúde de cada ser. Ela pode também promover outros modos de relação pessoais e profissionais, questionando desta forma as implicações de um modelo social

---

21. Volich, R. M., A técnica por um fio... – Reflexões sobre a terapêutica psicossomática. *In*: Ferraz, F. C. & Volich, R. M. (orgs.), *Psicossoma – Psicossomática psicanalítica*, São Paulo, Casa do Psicólogo, 1997.

determinado pelo ritmo frenético e excitante da produção, do consumo e das quinquilharias materiais. Ela pode nos permitir sonhar com uma sociedade que reconheça a função do conhecimento, da cultura, da arte como verdadeiras criações profiláticas que aquém do prazer, são sobretudo vitais para o Homem, como ser e como espécie.

PARTE I
NOVAS PERSPECTIVAS EM PSICOSSOMÁTICA

INTRODUÇÃO
Breve panorama histórico da psicossomática psicanalítica

Sônia Maria Rio Neves[1]

A psicossomática vem ocupando um lugar de interesse crescente nos dias atuais; publicações, eventos, cursos atestam este dado. Ao mesmo tempo, observa-se que há uma diversidade de enfoques neste campo e que os modelos teóricos que permeiam essas diferentes concepções variam não só historicamente como também dentro de nossa própria época. Que fatores têm contribuído para o interesse e para o desenvolvimento da psicossomática atual? Em que direções têm se dado estes desenvolvimentos? Estas são questões relevantes, porém amplas, que exigiriam uma análise aprofundada que excederia os limites deste texto. Eu destacaria apenas a influência da conjuntura sociocultural de cada período histórico na freqüência e intensidade dos diversos quadros patológicos; as histerias, provavelmente, estão para o final do século XIX como as afecções psicossomáticas para o término deste.

Vou me ater a traçar algumas linhas do percurso da psicossomática a partir do desenvolvimento da psicanálise. Penso que esta perspectiva é útil para retomar certos elementos históricos e situar algumas das novas orientações em psicossomática, que serão desenvolvidos nos capítulos seguintes.

O desenvolvimento da psicanálise deu ênfase à influência dos

---

1. Agradeço a Sidnei José Cazeto por seu texto inédito, apresentado como conferência no I Congresso Mercosul de Psicossomática e IV Seminário Sul-Brasileiro de Psicossomática (Santa Catarina, 23/03/97), que contribuiu para a elaboração desta introdução.

fatores psíquicos nas doenças somáticas. Um exemplo de estudos nesta direção é encontrado na publicação de *O livro d'Isso*, por Groddeck, em 1923.

Um pouco mais tarde, Franz Alexander (1989) e seus colaboradores da Escola de Chicago desenvolveram uma teoria que procurava verificar as relações entre as emoções reprimidas e sua repercussão no plano físico, levando aos sintomas. O que há de comum nestes dois modelos é a idéia de que um determinado conteúdo psíquico (simbólico para Groddeck e afetivo para Alexander) pode provocar um sintoma somático.

A partir dos anos 50, com os trabalhos de Spitz (1988), observou-se a decisiva influência que a ausência da figura materna exerce no plano da psicopatologia e, indo um pouco além, constatou-se que esta ou outras ausências no psiquismo aumentavam a predisposição à doença.

Neste contexto surgiu, em 1962, a Escola Psicossomática de Paris, representada por Pierre Marty, Christian David, Michel Fain e Michel M'Uzan. Em 1972 foi criado o Instituto de Psicossomática (IPSO), sob a direção de Pierre Marty, com a tríplice finalidade de formar psicossomaticistas, promover a pesquisa e fornecer atendimento clínico.

Basicamente, o modelo teórico proposto por Marty (1993) ressalta a idéia de que, a um menor grau de atividade mental, corresponderia uma maior vulnerabilidade somática, isto é, diante de um traumatismo, um indivíduo com uma atividade mental pouco desenvolvida não teria recursos mentais suficientes para lidar com o excesso de estimulação, e esta desorganização passaria a atingir as funções somáticas, menos evoluídas.

Fica evidente que Marty (1993) utiliza como referencial teórico básico a teoria psicanalítica das pulsões; dá ênfase aos aspectos econômicos da vida pulsional e a toda a complexidade que ela envolve; retoma a idéia de trauma presente em Freud; retoma a noção evolucionista. Cada um destes aspectos abre espaço para várias perspectivas em psicossomática, complementares ou não à teoria de Marty.

A utilização da teoria das pulsões e a noção evolucionista presentes na obra de Marty (1993) favorecem estudos ligados principalmente ao desenvolvimento do indivíduo. Assim, a psicossomática da criança é uma vertente fecunda em que se entrelaçam os conceitos de Marty e as ricas observações de Spitz (1988); as obras *A criança e seu corpo*, de Kreisler, Fain e Soulé (1981) e, mais recentemente, *Le nouvel enfant du désordre psychosomatique*, de Kreisler (1993), são exemplos deste desdobramento.

A importância das relações primitivas com a mãe leva às abordagens terapêuticas da relação mãe–bebê. Rosine Debray, com seu livro *Bebês e mães em revolta* (1981), é uma boa referência deste enfoque.

Num outro vértice temos Michel Fain (1993), com uma abordagem complementar à de Marty; a noção de trauma, originária da psicanálise, é correlata à ênfase do ponto de vista econômico da metapsicologia psicanalítica; a idéia de uma sobrecarga de excitação que ultrapassa os limites do ego para responder, quer por imaturidade, no caso do bebê, quer por um desenvolvimento precário, no adulto, deixou aberto um campo para vários conflitos interessantes, um dos quais definido por M. Fain sob o título de procedimentos autocalmantes.

Além destas perspectivas citadas, mais próximas da teoria de Marty (1993), deve-se destacar um outro enfoque que, partindo da noção de vazio representacional e da dificuldade em utilizar recursos mentais para lidar com sobrecargas de estimulação, vai em outra direção: Christophe Dejours (1995), por exemplo, tem trabalhado atualmente com a importância das relações intersubjetivas e com a noção de intencionalidade do sintoma, conceito fenomenológico diferente de intenção.

Seguindo um caminho próximo ao de Dejours – no que tange a algum significado não simbólico do sintoma – mas com um percurso teórico diferente, temos Joyce McDougall e sua obra *Teatros do corpo* (1989).

Finalizando, não poderia deixar de me referir às várias repercussões que estas novas abordagens têm no trabalho clínico, algumas delas tratadas nos capítulos subseqüentes deste livro.

Referências bibliográficas

Alexander, F. *Medicina psicossomática – princípios e aplicações*. Porto Alegre, Artes Médicas, 1989.

Debray, R. *Bebês/mães em revolta*. Rio de Janeiro, Campus, 1981.

Dejours, Ch. "Doctrine e théorie em psychosomatique". *Rev. Fr. Psychosom.*, 5:59-80, 1995.

Fain, M. Spéculations métapsychologiques hardeuses à partir de l'étude des procédés autocalmants. *Rev. Fr. Psychosom.*, 4:59-67, 1993.

Groddeck, G. *O livro d'Isso*. São Paulo, Perspectiva, 1988.

Kreisler, L. *Le nouvel enfant du désordre psychosomatique*. Paris, Dunot, 1993.

Kreisler, L.; Fain, M.; Soulé, M. *A criança e seu corpo*. Rio de Janeiro, Zahar, 1981.

Marty, P. *A psicossomática do adulto*. Porto Alegre, Artes Médicas, 1993.

McDougall, J. *Teatros do corpo*. São Paulo, Martins Fontes, 1989.

Spitz, R. *O primeiro ano de vida*. São Paulo, Martins Fontes, 1993.

Biologia, psicanálise e somatização[1]

Christophe Dejours[2]

O tema que me foi proposto, "Biologia, psicanálise e somatização", é um pouco difícil para mim. Isto porque a relação entre biologia e psicanálise é um problema teórico que é quase ontológico ou epistemológico: é muito apaixonante, mas é também bastante austero. Por outro lado, a somatização só pode aparecer neste título como um convite à crítica, uma vez que pessoalmente eu não acredito na somatização. Não acredito na somatização, se nós compreendermos por este termo a doença somática como efeito de um acontecimento psíquico funcionando como causa. Aceitar o termo somatização seria dar uma resposta sobre as relações entre biologia e psicanálise, ou entre corpo e psique, à qual, justamente, eu não adiro. Quer dizer, um dualismo entre psique e soma.

Para tentar justificar essa posição, gostaria de apresentar meu percurso na psicossomática a partir da obra de Pierre Marty, Michel Fain e Michel de M'Uzan, com quem discuti durante vários anos. Depois de ter sido um torcedor da teoria que eles construíram, algumas divergências foram aparecendo, cujo ponto de partida é uma tragédia clínica que vou relatar.

A idéia fundamental da teoria de P. Marty é que as descompensações somáticas acontecem quando o funcionamento psíquico entra em pane, seja pela forma de um pensamento operatório seja de uma depressão essencial, que constituem os conceitos mais revolucionários da teoria de Marty. Ao contrário, um bom funcio-

---
1. Conferência proferida no Instituto Sedes Sapientiae, a convite do Curso de Psicossomática, no dia 11 de abril de 1997.
2. Tradução e adaptação de Rubens Marcelo Volich.

namento psíquico – contanto que possamos saber o que é um bom funcionamento psíquico, quer dizer um funcionamento rico em fantasias, em sonhos, em sintomas, em retorno do recalcado, etc. – constitui uma verdadeira proteção, segundo Marty, contra as doenças somáticas. Essas considerações formam a base, as verdadeiras fundações da teoria. Algumas personalidades ou algumas estruturas mentais são vulneráveis à doença somática. Outras, ao contrário, são protegidas contra ela, como as neuroses mentais, as psiconeuroses de transferência (a fobia, a histeria, a neurose obsessiva), mas também as psicoses bem organizadas.

Um ponto essencial da teoria é que existe uma regularidade entre a estrutura de personalidade e a forma de descompensação somática (e não as descompensações psicopatológicas) que permite uma previsibilidade. No final de sua obra, Marty (1989) se concentra bastante no desenvolvimento de uma classificação psicossomática, que descreve estruturas e funcionamentos psíquicos, passíveis de serem diagnosticados através da investigação psicossomática e que permitem prever o futuro.

Mas, voltemos nossa atenção para a "tragédia" de que lhes falei: era um paciente que estava em análise comigo havia muitos anos e que, do ponto de vista da teoria de Marty, tinha um funcionamento psíquico excelente, quase exemplar: muitas produções oníricas e outras formas de retorno de recalcado, que me levavam a pensar que este paciente estava totalmente protegido das doenças somáticas. Este paciente era médico, vinha regularmente às suas sessões e, num certo dia, faltou. Foi a primeira vez em três anos e meio, e ele nem me avisou. Imediatamente me preocupei, e imaginei que ele talvez estivesse morto, que tivesse sofrido um acidente. Uma semana mais tarde, recebi um telefonema de alguém em nome do paciente, no qual foi explicado que ele estava hospitalizado em uma UTI, com uma hemorragia cataclísmica, fruto de uma crise de retocolite hemorrágica. Este episódio era, na verdade, uma tempestade num céu azul, na minha opinião, absolutamente imprevisível.

Somente mais tarde fiquei sabendo que o pai deste paciente,

que na época estava com oitenta anos, tinha sido hospitalizado uma semana antes, por uma hemorragia digestiva, marcando a entrada pela primeira vez numa retocolite hemorrágica, o que é extremamente raro nessa idade do pai. O filho, médico, corre para perto do pai, a saúde do pai melhora, e o filho descompensa.

Hoje em dia eu lhes conto isso tranqüilamente, mas na época eu fiquei verdadeira e profundamente desestabilizado por esta experiência. A história deste paciente me perseguiu durante anos, até hoje, porque colocava em questão as fundações sobre as quais eu sustentava minha própria prática. E quando perdemos a confiança na própria teoria, é muito difícil continuar a exercer esta profissão, tudo se torna angustiante. Não sabemos mais no que podemos confiar e esperamos todos os tipos de complicações com os outros pacientes. Desta vez, a crise do meu paciente desencadeou uma crise em mim. Felizmente, eu não fiz uma retocolite hemorrágica. Mas não estava nada bem. Eis o que eu concluo hoje desta história.

Primeiramente, eu não acredito na previsibilidade em psicanálise e, geralmente, no mundo humano. Mesmo que existam regularidades, por um lado eu recuso a previsibilidade e, por outro, reconheço que o que domina a clínica é a surpresa. Mas mesmo a surpresa só é possível se ainda existe um mínimo de predição que faz com que esperemos uma outra coisa que não aquilo que surpreende. Acredito então que é necessário, em psicossomática e em psicanálise, formular uma predição, mas visando se preparar para uma surpresa e estando pronto a acolhê-la. Nós não partimos às cegas num trabalho psicanalítico, mas devemos esperar que as coisas não se passem como prevíamos. Meu debate com Marty gira em torno do que eu chamo reabilitar o acontecimento.

O segundo ponto que podemos extrair desta vinheta clínica é o que eu chamo de primado da intersubjetividade sobre a intra-subjetividade. Penso que é o encontro com o outro que é perigoso. Nada é mais perigoso do que encontrar alguém, encontrá-lo verdadeiramente, em particular no amor. E, como muitos entre nós pressentimos, sistematicamente falhamos neste encontro. É uma espécie de prevenção eficaz contra os acidentes psicopatológicos e somáticos.

A posição que eu defendo é constituída como uma crítica ao solipsismo, presente na obra de Marty, mas que, em certa medida, também é presente na obra de Freud. Consiste em analisar os movimentos psíquicos unicamente em função do que se passa no interior do sujeito tomado isoladamente, e, portanto, a não considerar o exterior, inclusive o outro. O exterior é apenas considerado como pretexto, como uma oportunidade, contingente, de revelar alguma coisa cujo núcleo, o motor, se encontra no interior do sujeito.

Afirmar o primado da intersubjetividade é colocar em questão, de certa forma, o privilégio, sem dúvida excessivo, que a teoria de Marty atribui à teoria do traumatismo. A teoria do traumatismo é verdadeira, sem dúvida; mas não podemos explicar tudo desta maneira. Uma outra maneira de dizê-lo é afirmar que o sintoma somático é endereçado a um outro: eu adoeço *por* alguém. A crise somática acontece no âmbito de uma relação com o outro, quando esta relação me coloca num impasse psíquico que, evidentemente, é devido a mim, mas que também é um pouco devido ao outro.

O paciente de que lhes falei fez, manifestamente, uma descompensação para seu pai, endereçada ao seu pai. Poderia endereçar-se ao pai como poderia endereçar-se ao objeto de amor. Mas sustentar esta posição é muito embaraçoso para um psicanalista, porque quer dizer também que, quando um paciente somatiza durante uma análise, ele o faz para o psicanalista, assim como, em psicanálise, admitimos que os sonhos do paciente são feitos para o analista e que são animados pela transferência. Penso efetivamente que a Psicanálise, e o trabalho do psicanalista em especial, são autenticamente perigosos. Quando nós nos deitamos no divã, assumimos um risco, inclusive um risco de vida. Porque não sabemos se vamos cair numa falha psicossomática, que talvez possa nos matar.

O terceiro elemento das minhas divergências com Marty é que penso que o sintoma somático poderia ter um significado, que seria justamente ligado à dinâmica intersubjetiva. Se o sintoma psicossomático pode ter um significado (o que estava em jogo durante a somatização), se formos capazes de analisar o que se passava naquela relação, seja com o outro, seja como analista na transferência, eu poderia então compreender o sentido do sintoma. Mas isso não quer dizer que possamos voltar atrás e atribuir ao sintoma somático um sentido, como se faz na histeria. O sintoma somático não é uma conversão: ele não vem do recalque.

O lugar do corpo em psicossomática

É necessário, então, juntar outras peças a esta construção teórica, para que esta tese seja uma outra coisa que não uma simples declaração doutrinária dogmática.

Duas coisas: a primeira diz respeito ao lugar do corpo ou da carne, e a segunda diz respeito às relações entre causa, sentido e intencionalidade.

Vou falar principalmente do primeiro ponto: o lugar do corpo em psicossomática. A biologia e a psicanálise não estudam a mesma coisa. Depois de haver trabalhado dez anos sobre esta questão, parece-me que toda tentativa de estabelecer uma articulação – uma continuidade – entre biologia e psicanálise é vã. Ao contrário, o que caracteriza a relação entre biologia e psicanálise é a descontinuidade, que toma uma forma particular que vou especificar, mas que não é uma articulação. Por exemplo: a biologia se esforça por compreender os processos de memória e de aprendizagem. Por sua parte, a psicanálise não pode colocar a questão da memória. Ela se interroga sobre as perturbações de memória, sobre as amnésias, sobre as deformações das lembranças, mas não sobre a memória positiva. São duas coisas completamente diferentes. Duas ordens de fatos que não são comparáveis. Outro exemplo: a propósito do sonho e do sono, a biologia se interessa pela análise do sono, o que se chama "hipnologia", o sono paradoxal e o sono lento. Mas, a partir da biologia, é impossível aceder ao sonho, até no seu conteúdo imagético formal, a partir de considerações sobre o ritmo cortical ou subcortical e inversamente. O sonho não é o sono paradoxal. Inicialmente, sonhamos no sono lento. Esta concepção que esteve muito na moda, segundo a qual existe uma equivalência entre sonho e sono paradoxal, está em vias de ser abandonada atualmente pelos biólogos. Os psicossomaticistas têm razão. Nem todo o mundo sonha. O sonho continua sendo fundamentalmente um fenômeno subjetivo e não existe equivalência possível entre a forma subjetiva do sonho, as imagens que surgem durante a noite, e a natureza do sonho.

Eu gostaria de precisar um pouco as coisas a respeito do debate sobre a neuropsicoimunologia, que vem se tornando uma espécie de novo horizonte, uma nova esperança de pesquisa entre biologia e psicanálise.

Quando estudamos linfócitos, estudamos linfócitos isolados ou em grupo, mas pertencentes a um indivíduo tomado isoladamente. O problema é que nós adoecemos e que, portanto, nosso sistema imunológico erra; ou, falando mais tecnicamente, ele se deprime no momento em que o sujeito está comprometido numa relação com outro. Não existe, por enquanto, uma biologia da intersubjetividade. Não sabemos estudar os linfócitos em função do que se passa numa relação. Não quero dizer que não vamos conseguir isso, mas, por enquanto, nós não conseguimos. Todavia, é verdade que existem trabalhos de biólogos que começam, atualmente, a colocar este problema em campos específicos da biologia, em particular no campo da memória e dos comportamentos agressivos, que, como vocês sabem, são ligados ao nível do hipocampo, da amígdala e do giro singular.

Como responder a esse paradoxo, a esta distância entre aquilo que a biologia estuda e aquilo que a psicanálise e a psicossomática estudam?

A solução deste paradoxo é considerarmos que temos dois corpos. Entre estes dois corpos existe, na verdade, uma relação mas não uma continuidade. E essa relação seria uma relação de subversão. A idéia é a seguinte: nós remontamos à concepção de Freud sobre o que ele chamou de "as grandes funções orgânicas". É uma noção bastante difícil, muito pouco estudada pela biologia contemporânea, mas que foi muito estudada pela fisiologia clássica, principalmente por Claude Bernard. Já faz algumas décadas que a biologia se encaminhou para alguns desenhos que se orientam para o estudo do nível celular e físico-químico. As grandes funções não são mais estudadas. É como se esta parte da fisiologia fosse, atualmente, definitivamente conhecida.

Uma função implica o uso de vários órgãos, colocados a serviço da autoconservação. Por exemplo, a nutrição implica a boca, a língua, o estômago, o tubo digestivo, o ânus, etc. A subversão se aplica não à função no seu conjunto, mas sobre os órgãos desta função. Por exemplo: a subversão da boca consiste em a criança dizer de uma outra forma à sua mãe, no momento em que ela vai lhe dar a mamadeira: não é verdade que a minha boca serve à nutrição, ela me serve para mastigar/mascar, ela me serve para cuspir, e já que estou falando disso: *plaft!* E o bebê regurgita o leite sobre o belo vestido da mãe. Isso é um jogo, uma brincadeira. Não é certo que a mãe compreenda isso, mas talvez fosse isso o que a criança queria dizer. Dessa maneira, a criança se liberta, de uma certa forma, de sua fome. Em vez de comer, ela brinca. Mas, para poder brincar dessa maneira com o jogo da boca, ela precisa de um companheiro de jogo, é necessário que a mãe queira brincar com o bebê. Se ela quiser brincar com o bebê, porque ela tem tempo, porque ela está relaxada, porque ela não fica angustiada se o seu bebê não tomar a mamadeira imediatamente, se ela não se sente imediatamente uma mãe má, então eles brincam durante cinco, dez, quinze minutos e, depois, o bebê toma a mamadeira. Devagarinho, a criança pode solicitar à sua mãe brincar com diferentes partes de seu corpo, brincadeiras durante as quais, não somente ela brinca, mas também adquire um controle com relação às exigências de autoconservação, a urgência de satisfazer suas necessidades. Devagarinho, todo o corpo pode ser colonizado, até que se constitua o que se chama o segundo corpo, ao qual damos o nome de corpo erógeno. É este corpo que servirá, em seguida, à vida erótica. É com o jogo da boca que mais tarde ele saberá fazer muitas coisas interessantes para os pequenos jogos da sexualidade. Este segundo corpo é o corpo que habitamos; não é mais o corpo fisiológico, é um corpo que foi arrancado ao corpo biológico, mas é um corpo que nos faz verdadeiramente humanos e que nos liberta do reino animal. É assim que a mulher se liberta do ciclo menstrual, para ritmar sua vida sexual. Ela pode ter desejos eróticos em outros momentos que não aqueles implicados pelo cio, período do ciclo menstrual que coincide, no mamífero, com o período da excitação sexual. Fora do cio, *pas de rapport sexuel*.[3]

O estro (cio) é um termo da biologia; é o comportamento que corresponde ao período da ovulação. É quando a fêmea está caçando. Vocês conhecem as gatas que miam durante a noite. As mulheres não são como as gatas, depois da menopausa uma mulher também pode ter relações sexuais e uma vida sexual completa.

Esta é uma emancipação incrível com relação à ordem fisiológica. Dito de outra forma, esta subversão, que chamo de subversão libidinal, é, ao mesmo tempo, a condição da liberdade. Esta noção é oriunda, e vocês reconhecem isso, da noção de apoio, presente em Freud, nos *Três ensaios sobre a teoria da sexualidade* (1905).

Eu simplesmente generalizo esta noção, mas também faço dela o fundamento do funcionamento psíquico. A origem da vida psíquica se encontra no corpo erógeno. Na teoria que proponho, é justamente este corpo erógeno que é primordial. Os fracassos da subversão se traduzem, então, por não permitirem completar o desenvolvimento psíquico. Esta é a diferença com relação à teoria de Marty, na qual não existe, finalmente, o corpo, nem biológico, nem psíquico. Quero dizer com isso que a teoria de Marty faz um uso um pouco livre demais da biologia, um pouco como se pudéssemos construir, a partir da psicossomática, uma espécie de "mitologia biológica". Acredito que o corpo fisiológico permanece, que ele implica enormes restrições, que é o fundamento da vida, mas que a liberdade está do lado

---

3. Alusão à famosa frase de Jacques Lacan que afirmava *il n'y a pas de rapport sexuel* (a relação sexual não existe). (N. do T.)

do corpo erógeno. Porém, se o corpo erógeno existe do ponto de vista conceitual, na prática ele não é um conceito operacional.

Os pontos de referência práticos para Marty dizem respeito, unicamente, aos mecanismos de defesa psíquicos. O corpo erógeno é um cenário. Para tentar ter acesso ao significado do sintoma somático, eu proponho a seguinte idéia: a forclusão da função fora do corpo erógeno. Imagino que compreendam que esta subversão não é dada no nascimento, mas que o corpo erógeno tem que ser construído. E que toda esta construção depende da capacidade dos pais de brincar com o corpo da criança. Mas a maior parte dos pais não são capazes de brincar livremente com o corpo de seus filhos. Eles podem brincar com uma parte do corpo, mas não com outra, porque isto desencadeia neles a angústia. Por exemplo, eles podem alimentá-los, lavá-los, fazer a higiene tranqüilamente, mas não podem, absolutamente, suportar a irregularidade da eliminação fecal. E impõem, dessa forma, regras extremamente rígidas à criança sobre a continência e a limpeza. Nesse ponto, "mamãe não brinca mais". Nessas zonas do corpo, que são excluídas dos jogos com a mãe ou com o pai, a subversão não pode acontecer. Cristalizam-se neste lugar partes do corpo ou partes da função, que permanecem, de uma certa forma, na ordem animal. Do ponto de vista do futuro do adulto, estas zonas são excluídas da relação com o outro. Não se pode vir a incomodar o sujeito ou solicitá-lo mentalmente, pela imaginação ou pelo desejo, sobre estas zonas do corpo, porque, neste caso, corre-se o risco de um acidente somático. Em outras palavras, a doença somática não se localizaria em qualquer lugar do corpo, mas, preferencialmente, nessa zona forcluída da subversão libidinal, que se constitui numa zona de fragilidade.

A última noção que quero introduzir é a de atuação expressiva. Toda moção pulsional é dirigida ao outro. Ela sempre espera ser recebida por um outro. Existe, portanto, na moção pulsional uma dimensão psicodinâmica e expressiva.

Na relação com o outro eu mobilizo não somente pensamentos, idéias e desejos, mas também o meu corpo para expressar este pensamento e este desejo. De certa forma, eu mobilizo o corpo a serviço da significação. A significação não é o sentido, mas o fato de fazer, de transmitir o sentido. Quando eu busco expressar alguma coisa a alguém, eu busco não somente passar uma informação, o que é evidentemente uma visão simplista, mas eu busco agir sobre o outro, movê-lo, seduzi-lo ou amedrontá-lo, talvez adormecê-lo e, para isso, eu mobilizo todo o meu corpo, tudo aquilo que posso mobilizar de meu corpo. E esse corpo é o corpo erógeno. As partes que são forcluídas da subversão não podem servir à expressão.

Eu ilustro isso com um pequeno caso clínico: Mme. K. tem sessenta anos quando vem me consultar. É uma pessoa que fuma muito e, recentemente, descobriu um câncer de pulmão. Ela está convencida de que não sobreviverá à operação. Morrer seria indiferente para ela, se ela não tivesse este medo terrível. A única coisa que ela lamenta é não poder terminar sua obra, que é um trabalho de pesquisa teórica. Ela é de origem judaica e, como muitos de seus concidadãos da Europa Central, é atéia e progressista. Seu pai foi deportado pelos alemães e desapareceu com muitos membros da família nos campos de concentração. Ela foi salva pela rede Valemberg. No final da guerra, ela simpatiza com o movimento comunista, mas depois, no tempo de Stalin, afasta-se do comunismo, quando começa a compreender o stalinismo. Ela atravessa a fronteira da cortina de ferro, arrastando-se sob os fios de arame farpado, escapando das balas, e emigra para a França, onde faz uma carreira universitária brilhante. Durante toda a sua vida ela escondeu que era judia, mesmo para seu filho, que, portanto, não sabe que é judeu. Isto vai produzir algumas conseqüências importantes, pois ele vai se apaixonar por uma mulher que pertence a um partido político anti-semita. Existe, portanto, um problema com relação a sua identidade que não vou desenvolver, mas que se traduz, no dia-a-dia, por uma suscetibilidade anormal dessa mulher a todas as ameaças aos atentados à sua dignidade, quer dizer, a cada vez que não recebe as marcas de estima às quais acha ter direito, principalmente na sua vida profissional.

Neste momento as coisas estão muito mal para ela, uma vez

que esta paciente não sabe reagir a algumas situações quando essas ameaças vêm do seu meio profissional e, principalmente, quando vêm de seu marido.

Na concepção que eu defendo aqui, a escolha da função – quer dizer o sentido do sintoma – são as moções hostis que são perigosas e que fazem o papel principal nos processos psíquicos que acompanham os acontecimentos somáticos. Para ser mais preciso, o perigo não está na hostilidade em si, nem na violência, nem na agressividade. Ele se encontra na impossibilidade de colocar em cena o drama intrapsíquico vivido pela paciente e, portanto, na incapacidade de manifestá-lo ao outro. Em outras palavras, o drama existe, mas a dramaturgia está impedida. É o agir expressivo que não pode se manifestar. É verdade que esta paciente é incapaz de expressar sua hostilidade. Cada vez que passa por uma experiência de humilhação, ela experimenta um sentimento de mediocridade, de vergonha e de depressão, que acompanha sua incapacidade de mostrar o que sente.

Não podendo, entretanto, evitar ser solicitada, ela experimenta uma excitação que é deletéria, e ela não pode sentir raiva. Manifestar a cólera é um agir expressivo. Como se manifesta a sua cólera em relação ao outro? Uma outra maneira de dizê-lo: qual é a dramaturgia psicossomática da cólera? Nas nossas culturas, a expressão da cólera passa pela inalação brusca de ar, seguida pelo bloqueio do tórax na inspiração, acompanhada da suspensão da palavra, ao mesmo tempo que os olhos se injetam de sangue e o rosto fica rubro. A inspiração finalmente se faz brutalmente, geralmente concluída com uma vociferação ou com um grito. Isso funciona. Isso informa o outro de que ele está em vias de ultrapassar os limites e que, neste momento, eu não posso mais suportar. No melhor dos casos, esta expressão tem um valor de proteção, mas implica a mobilização de todo o corpo. A dramaturgia da cólera é, antes de tudo, respiratória e vocal, antes mesmo de ser motora.

Assim, Mme. K. não é capaz de esboçar esta atuação expressiva da cólera. Talvez vocês estejam pensando que estou exagerando, que podemos dificilmente aceitar um câncer de pulmão como conseqüência de uma incapacidade de se colocar em cólera. Mas a dramaturgia da cólera é um elemento determinante no domínio da relação com o outro, e, insisto, ela é insubstituível. Se este agir está impedido, o risco para a pessoa é não apenas o de não poder expressar a cólera, mas de passar diretamente a uma atuação. Existem boas cóleras que não são atuações, mas que são boas maneiras de agir sobre o outro, justamente sem bater nele. Para alguns pacientes que não podem manifestar a sua cólera, existe a escolha entre a violência agida e a inibição desta violência, com o risco, neste caso, da somatização. Considero o agir expressivo como uma das funções dialógicas necessárias à preservação da identidade e da saúde mental em todo o mundo. No lugar desse agir expressivo, Mme. K. acendia um cigarro. Esta situação que acabo de descrever não tem nada de excepcional. A estruturação da expressividade da cólera é extremamente difícil na criança. Muitos pais se sentem completamente desamparados diante de suas crianças em cólera. Mas é justamente a maneira como eles "brincam" com esta questão da cólera na criança que determina a estruturação e a utilização flexível da potência expressiva da cólera no adulto.

A forma como podemos ter acesso tecnicamente, na prática analítica, ao sentido do sintoma somático, é uma outra discussão.

Para finalizar, quero simplesmente assinalar que não é possível fazer uma teoria do sentido em psicossomática, se não fizermos ao mesmo tempo uma teoria do não-sentido. Existem, efetivamente, doenças somáticas que não têm sentido. São as doenças acidentais, quando, por exemplo, existe uma irradiação por um acidente nuclear. Quando nós nos situamos numa zona endêmica, por exemplo de paludismo; neste caso, todas as pessoas que estão nesta região do globo sofrem de paludismo. Se vocês trabalham numa mina de carvão, vocês podem ter uma silicose. Mas existe aí um paradoxo: a evolução desta doença reage, às vezes, àquilo que se passa no sujeito sob o ponto de vista psicodinâmico. Algumas vezes, nem sempre. Por quê?

Como é possível que, psiquicamente, eu possa ter uma ação

sobre a evolução de uma doença totalmente acidental, com relação à qual eu não tenho nenhuma responsabilidade, mesmo inconsciente? É sobre esta dificuldade que estou trabalhando. Penso que se pode fazer uma teoria dessas doenças acidentais, mas esta é uma outra história sobre a qual poderemos falar uma outra vez.

Referências bibliográficas

Freud, S. (1905) *Trois essais sur la théorie de la sexualité*. Paris, Gallimard, 1968.

Marty, P. et de M'Uzan, M., La pensée opératoire, *Revue Française de Psychanalyse*, 1963, 27, p. 345-56.

Marty, P., La dépression essentielle, *Revue Française de Psychanalyse*, 1966, 32 (3), p. 595-8.

Marty, P. e Stora, B., La classificación psicossomatica, Marty-IPSO, *Psicoterapia analitica*, 1989, n.° 1.

Procedimentos calmantes e autocalmantes

Wilson de Campos Vieira

Em um artigo anterior, intitulado "A psicossomática de Pierre Marty" (Vieira, 1997), ative-me mais às constatações empírico-clínicas daquele autor e apenas esbocei a construção teórica, que visa a integrar a teoria da evolução com a metapsicologia freudiana. Quanto a essas constatações empírico-clínicas, existe um acordo no Instituto de Psicossomática de Paris (IPSO), salvo no que toca a alguns detalhes; o mesmo não ocorre em relação à construção teórica.

Green (1995) considera a psicossomática e a compreensão da psicose os dois maiores avanços da psicanálise pós-freudiana. Ele afirma que

> mesmo que esta teoria (da psicossomática) mantenha-se controvertida e desperte numerosas críticas, fica que ela conseguiu constituir uma base de reflexão, daqui para a frente incontornável, onde aparecem singularidades no funcionamento psíquico muito diferentes das estruturas com as quais a psicanálise lida comumente (p. 310).

A orientação teórica dominante hoje no IPSO, ao menos na revista oficial deste Instituto (*Revue Française de Psychosomatique*), tem como mentor Michel Fain, que escreveu vários artigos em conjunto com Marty enquanto a investigação permanecia em um nível menos especulativo.

O ponto crucial da discórdia entre Fain e Marty está na concepção da pulsão de morte. Marty desgarrou-se da concepção freudiana, concebendo-a de um modo um tanto diferente: não a via como estando contra Eros, como dois gigantes em luta, Deus e o diabo. Para ele, sua ação não é permanente. A pulsão de morte faz-se presente quando Eros esgota-se no envelhecimento ou é inativado pelos traumatismos. Como a pulsão de morte não é constantemente ativa, não tem sentido, para Marty (1976) os intrincamentos pulsionais entre ela e pulsão de vida, que Freud (1920) pensava existir na sexualidade em geral e que seriam mais evidentes no masoquismo e no sadismo.

Quanto a Eros, Marty (1976) deu um conteúdo concreto à noção abstrata de Freud, a saber, a manutenção dos elementos vitais e sua união em associações cada vez mais amplas. Os elementos vitais para Marty são as funções somáticas e depois mentais que, no desenvolvimento, vão formando grupos funcionais hierarquizados e cada vez mais complexos, desde a concepção até as funções mentais, estas de mais longo percurso evolutivo. Para Marty (1976), Eros contém dois princípios: a manutenção de funcionamento – chamado de automação – e a abertura das funções para a construção de novos grupos funcionais, o princípio de programação. O envelhecimento é a perda gradativa e sucessiva da programação das funções. Ao mesmo tempo, a automação aumenta, passo a passo, seu terreno de ação. Muitos idosos têm dificuldade em constatar que o hábito vai tomando conta de suas vidas. Finalmente, também as automações vão cessando aqui e ali, levando à morte.

Desde o nascimento, as situações traumáticas tiram a força de Eros. Seu desaparecimento (que não é definitivo, a menos que o indivíduo venha a morrer) é acusado por uma forma de depressão descoberta por Marty (1966), a chamada "depressão essencial", que vem a ser uma pura perda de investimento, sem contrapartida em sentimento de falta de alguém, de inferioridade ou de culpa, sem astenia e sem poesia, como aparece, por exemplo, em Edgar Alan Poe. Se a depressão essencial instala-se duradouramente, a doença orgânica que aparece é de tipo grave. A "vida operatória" é a face não afetiva da depressão essencial (a "face" afetiva é quase indolor), que compreende uma automação extensa das atitudes, comportamento e pensamento. A vida operatória é como um envelhecimento precoce e total.

Na depressão essencial (e vida operatória) inicia-se um movimento "contra-evolutivo", que vai desfazendo na ordem inversa o que Eros construiu, e que se manifesta através de doenças quando atinge pontos vulneráveis, correspondentes às dificuldades individuais da construção evolutiva, que nunca estão ausentes. Estas dificuldades constituem "pontos de fixação", e este movimento contra-evolutivo corresponde à pulsão de morte. A morte em si é apenas uma conseqüência da desorganização contra-evolutiva e não um objetivo. Do contrário, a pulsão de morte não precisaria percorrer todo esse caminho, e sim poderia, se podemos dizer, matar o indivíduo mais facilmente.

Fain busca retornar a Freud e recuperar a concepção de pulsão de morte. Ele realça a atividade desta pulsão na "compulsão à repetição", mecanismo central da neurose traumática. De acordo com Freud, na neurose traumática os sonhos são repetições sem distorção da situação traumática vivida (catástrofes, situações de guerra); eles procuram "ligá-la" ao capital de representações mentais, uma vez que o trauma atingiu o indivíduo despreparado. Por um certo desvio desta concepção, Fain (1992) não realça o processo de ligação do trauma, mas o esgotamento da sensibilidade a ele, através de sua repetição onírica:

> O estudo destes estados traumáticos que revelam a tentativa do pré-consciente de retomar suas funções, sem momentaneamente conseguir, mostra simultaneamente o que é a metapsicologia da neurose traumática; em conseqüência de uma efração de excitação que bloqueia o funcionamento psíquico, somente está presente a excitação proveniente de uma realidade primária a qual respondem as medidas atenuantes da pulsão de morte. Podemos, neste nível, considerar que a pulsão de morte se opõe à excitação? À primeira

vista sim, se não levarmos em conta que o objetivo da pulsão de morte é a inexcitabilidade. Conseqüentemente, ela aspira ao nada tanto quanto o efeito destruidor do traumatismo, uma vez que ela escapa às condições de ligação necessárias à constituição das pulsões sexuais (p. 16).

Fain aponta para o objetivo de inexcitabilidade – de mortificação da sensibilidade – da pulsão de morte; o que não é evidente em Freud, mas é plausível. Parece mesmo ser original em relação a Freud.[1]

Fain chama a atenção para a característica de percepção das cenas dos sonhos da neurose traumática: são repetições inalteradas do ocorrido. O mecanismo normal de figuratividade dos sonhos, a partir dos pensamentos latentes infiltrados por conteúdos inconscientes, encontra-se inoperante. O inconsciente não se manifesta nesses sonhos.

A neurose traumática é rara, mas Fain descobriu quadros clínicos próximos, aos quais chamou de estados traumáticos, que são bastante comuns. Indivíduos que, de uma hora para outra, viram projetos muito investidos inviabilizados (por exemplo, uma moça que tinha o projeto de ser mãe é informada da impossibilidade de sê-lo) podem desenvolver um estado traumático no qual a vida onírica consegue, com seu objetivo de realizar desejos, contornar o traumatismo e não deixá-lo transparecer, mas a lembrança de certos elementos do sonho leva rápida e involuntariamente ao traumatismo, assim como, durante a vigília, percepções anódinas rapidamente desencadeiam a lembrança do traumatismo. Somatizações sem gravidade, quase sempre de doenças reversíveis, acompanham freqüentemente esses estados.

---

1. A noção freudiana de compulsão à repetição indica, sem dúvida, um fenômeno realmente existente, mas não foi bem determinada, teoricamente, deixando margem a complementações. Em *Além do princípio de prazer* (1920), a compulsão à repetição não é uma manifestação da pulsão de morte, pois ela existe também em Eros. Mas Freud depois parece ter deixado de lado a repetição em Eros. Por outro lado, para Freud, a inexcitabilidade é um objetivo da pulsão de morte, à medida que visa a reduzir o orgânico ao não orgânico, quer dizer, a restabelecer um estado anterior ao aparecimento da vida. Ora, a compulsão à repetição não repete um estado anterior a uma alteração, mas esta alteração mesma, isto é, o trauma.

A novidade para a psicossomática está no fato de que Fain (1993) acredita que a neurose traumática pode ser acalmada – posta em latência – por procedimentos que a degradam, tendo por resultado a vida operatória, porta de entrada, como pensava Marty, das doenças graves. E a vida operatória não tem outra gênese a não ser esta. Esses procedimentos reduplicam a ação da pulsão de morte no sentido da inexcitabilidade, agora mais radicalmente, tornando insensível mesmo o sofrimento contido na neurose traumática.

Se na neurose traumática forem prescritos tranqüilizantes – calmantes –, não estamos diante de uma analogia, mas sim da própria forma dos procedimentos calmantes que criam a vida operatória. O indivíduo que faz uso próprio de procedimentos calmantes interiorizou uma situação na qual, precocemente, ele foi acalmado de fora. O modelo da ação calmante externa, Fain (1993) mostra-o no embalar de um bebê que sofre de insônia precoce severa. A insônia precoce seria expressão de uma neurose traumática, gerada por atitudes contraditórias da mãe do tipo "dupla mensagem". Até que, de uma maneira ou outra, esta neurose traumática seja superada, a criança só dorme enquanto está sendo embalada. Uma excitação externa repetitiva e monótona, com o objetivo de apagar um estado de excitação doloroso, na realidade não o apaga, mas só o põe em latência, pois, interrompido o embalo, o bebê acorda sofrendo.

Um ponto delicado da argumentação de Fain (1993) está na distinção deste embalo, unicamente calmante, de outro embalo que combina a ação calmante com elementos ternos e eróticos que levam à satisfação – satisfazer e acalmar, depois satisfazer-se ou acalmar-se, passam a ser categorias fundamentais da vida mental. Os elementos ternos e eróticos podem compor a "censura da amante": fazer dormir a criança para que ela não assista nem atrapalhe a relação sexual dos pais. Tal censura inscreveria a criança em um desenvolvimento na linha edipiana. Nada disso existiria no embalo da mãe unicamente calmante, e nem seria transmitido subliminarmente: ela só quer acalmar o bebê para sobreviver.

A insistência de Fain (1993) na análise dos elementos componentes da insônia precoce parece dever-se à comparação com a censura da amante e, portanto, com a destruição, que ocorre na insônia precoce, de todo o desenvolvimento mental derivado da situação edipiana. Mas, com isso ressentimo-nos da falta de uma teoria que explique como seriam transmitidos ao bebê outros procedimentos calmantes em outras situações traumáticas, e quais seriam eles. A insônia era apenas um modelo, pois nem todos os indivíduos que chegam a uma vida operatória e a uma somatização grave sofreram de insônia precoce.

Com a intenção de verificar algumas das relações propostas por Fain, Donabedian (1992), psicossomatista do IPSO, realizou uma pesquisa com crianças da Armênia seis meses após terem vivenciado um terremoto, no qual 75.000 pessoas morreram. Uma situação traumática, portanto, que traria dados com referência à neurose traumática e à somatização. A conclusão da pesquisa foi que

... a brecha somática abre-se em conseqüência do terremoto com apagamento e curto-circuito da expressão da neurose traumática. O ego, mesmo se luta contra a pulsão de morte (repetição da excitação externa, não ligada a um fenômeno pulsional), constitui uma barreira que acaba se esgotando certamente por extinção, contra a desorganização somática (p.142).

Quer dizer que a somatização ocorre quando a neurose traumática é "apagada" ou então depois que o ego se esgota, nesta neurose, na luta contra o trauma.

Uma pesquisa feita no IPSO sobre a pelada (perda dos pêlos do corpo) já tinha verificado a exclusão recíproca entre neurose traumática e somatização, após o sujeito ter passado por um choque traumático ou um estresse. Szwec (1992), um dos pesquisadores, conclui:

Podemos então nos perguntar se o evento designado, uma catástrofe por exemplo, não seria seguida por um ou por outro, por uma neurose traumática ou por uma pelada? A constituição de uma neurose traumática pode, então, ser considerada como uma última defesa contra a desorganização somática? Nessas condições, a pelada se caracterizaria justamente pela ausência de constituição de uma neurose traumática após o evento, e sua constituição anterior (por exemplo na psicoterapia) deveria talvez ser considerada como uma tentativa de eliminar, através do domínio pela repetição, os efeitos desorganizadores do traumatismo não ligado? (p. 63)

Inspirados na idéia de Fain do acalmar (*versus* satisfazer) Szwec e Smadja (1993) isolaram um mecanismo de defesa psíquico ao qual denominaram "procedimento autocalmante". Consiste em atividades que tomam um lugar excessivo e que utilizam, na maioria das vezes, a sensório-motricidade, em que o pensamento é quase ausente, como pode ser a ginástica, certos esportes que requerem ritmos motores, andar compulsivamente, etc. Algumas vezes joga-se com o perigo, como no alpinismo. Mas também, em lugar da sensório-motricidade, o procedimento autocalmante pode consistir em voltar-se quase que completamente para a realidade externa, concreta e fatual.

Por sua importância quantitativa, eles (os procedimentos autocalmantes) são o indício de uma mudança qualitativa na economia psicossomática e subentendem, geralmente, grandes dificuldades para o aparelho psíquico assumir suas funções elementares de domínio da excitação (p. 5).

Szwec relata o caso de um garoto que tinha o procedimento autocalmante de tocar por horas bateria, com muito barulho e pouca arte; o garoto procurava, assim, acalmar a excitação traumática conseqüente de um acidente de carro que sofrera alguns anos atrás, no qual morrera uma irmãzinha.

Os procedimentos autocalmantes, ao aliviarem o excesso de excitação, evitam somatizações, embora sejam bem menos protetores do que a elaboração mental das excitações. São calmantes sem serem ainda a vida operatória, companheira das somatizações. Eles igualmente defendem o sujeito da neurose traumática, mantendo-a latente, mas conseguem efetuar descargas de tensões evitando as somatizações, o que não é o caso do calmante mais poderoso, a saber, a vida operatória. Contudo, situações de vida mais difíceis podem reativar e intensificar a neurose traumática latente. Neste caso, os procedimentos autocalmantes já não são mais suficientes e, como não há elaboração mental, surge a vida operatória e aparece, em seguida, a somatização grave.

Ao contrário da vida operatória, os procedimentos autocalmantes podem evoluir, se condições de vida favoráveis ou a psicoterapia ajudarem, para a expressão pulsional, sublimação e simbolização. O paciente de Szwec, que tocava bateria, interessou-se mais tarde por tudo o que se referia à morte, mentalizando, assim, o trauma do acidente de automóvel. Ele passou a integrar um conjunto de *rock*, cujo emblema era a Morte; a prática da bateria ganhou tonalidades artísticas e ele passou a ter atos sadomasoquistas como jogar-se na platéia.

Com base na teoria das pulsões freudiana, Fain (1993) procurou situar metapsicologicamente os procedimentos autocalmantes. Para tanto, teve como uma das referências freudianas mais importantes o artigo *Formulações sobre os dois princípios do funcionamento mental*. Freud (1911) aí concebeu que, no desenvolvimento, inicialmente o funcionamento mental segue apenas o princípio de prazer, quer dizer, a busca do prazer e o evitamento do desprazer. Sob este último aspecto, elementos desprazerosos da realidade são recusados. Podemos observar isto na produção de sonhos, que eram para Freud, nesta ocasião, resíduos da época em que só existia o princípio de prazer. A partir de "restos diurnos" desprazerosos, eles alteram esta situação, em direção a situações de prazer e satisfação. No entanto, mesmo neste começo da vida, o princípio de prazer tem limites: situações de desprazer mais intensas não seriam contornáveis; da mesma forma o sonho nem sempre consegue realizar os desejos alterando situações desprazerosas. Por exemplo, se a sede é muito intensa, um indivíduo pode sonhar por um tempo que está bebendo água, mas acabará acordando por causa da sede.

Esses limites do princípio de prazer levam à consideração da realidade, o que dá origem ao chamado "princípio de realidade". As pulsões do ego (de sobrevivência), por serem mais dependentes do objeto real do que as pulsões sexuais – que podem satisfazer-se de forma auto-erótica e, mais tarde, fantasmática – "educam-se" primeiro, quer dizer, entram para o domínio do princípio de realidade antes das pulsões sexuais.

Fain & Donabedian (1995) introduziram a idéia de que as pulsões do ego, mais educadas, poderiam levar seus aprendizados às pulsões sexuais e "educá-las". É assim que eles interpretam a "dupla inversão" freudiana do destino pusional: a posição passiva final (do sadismo ao masoquismo, do voyerismo ao exibicionismo) – que se acrescenta à posição ativa – protege mais o indivíduo ao retomar o narcisismo (Freud, 1915). Depois da "dupla inversão", as pulsões do ego educadoras levariam à formação do superego que, ao ir contra o caráter fantasmático da sexualidade infantil – que proporcionava sua existência à margem de realidade – abriria a sexualidade para a realidade a partir da puberdade.

A esse envolvimento educativo das pulsões do ego com as pulsões sexuais, que leva à dupla inversão e depois à formação do superego, Fain & Donabedian (1995) chamam "imperativo de complexificação". Afirmam os autores que "esta orientação para o complexo seria um compromisso passado entre o erótico e as pulsões do ego" (p. 141). O imperativo de complexificação só pode efetivar-se se a realidade externa não foi precocemente desprazerosa, além da capacidade de alteração que o princípio de prazer possuía (os bons cuidados com o bebê possibilitam que o princípio de prazer possa ser único por um tempo). Caso contrário, entraríamos na economia do trauma. As pulsões do ego desviariam então a pulsão de morte do intrincamento com Eros, principalmente da constituição do masoquismo primário, para fins antiexcitantes. A este movimento, Fain & Donabedian (1995) chamam de "imperativo de prematuridade", que leva, no desenvolvimento, a uma consideração antecipada da realidade, antes que as pulsões sexuais, sob a orientação do princípio de prazer, pudessem compor um mundo anímico que contornasse a realidade. Segundo os autores, "este imperativo (de prematuridade) opor-se-á por definição (já que exige a atividade)[2] à emergência das satisfações passivo-receptivas e a toda complexificação que vá neste sentido" (p. 146). O "ego ideal", que Marty via como acompanhante das más mentalizações – enquanto o superego acompanha as boas mentalizações – e no qual distinguia três aspectos que formariam um conjunto perigoso quanto às desorganizações somáticas (a saber, idéias irrealistas da ordem da grandiosidade sobre si mesmo, registro do tudo ou nada e forte submissão a valores grupais) é considerado, por Fain & Donabedian, como um modo "urgente de acalmar a excitação de uma maneira que anula todo o processo de formação do superego" (p. 146). Os procedimentos autocalmantes fariam parte do imperativo de prematuridade.

Assim, para Fain, a tendência à somatização grave é, por um lado, derivada da reativação, devido a situações traumáticas atuais, de traumatismos precoces que estavam latentes e, por outro lado, conseqüente à má mentalização estrutural. Ambos os fatores derivam unicamente do comprometimento (pelo imperativo de prematuridade) do desenvolvimento pulsional de base. A má mentalização estrutural se dá porque a economia da neurose traumática (aqui latente) leva à predominância do pólo perceptivo (como vimos), em detrimento da representação, do mundo representativo mental, pré-consciente e inconsciente. Freud, por várias vezes, escreveu que percepção e memória são funcionamentos que se excluem.

Discussão

Nem todo indivíduo mal mentalizado – e por isso mais propenso a somatizações graves – possui mecanismos autocalmantes; talvez mesmo a maioria não os possua. Fain (1993) foi extremamente breve

---

2. Parênteses nossos.

e incompleto quando indicou outras possibilidades (o "amai-vos uns aos outros" dos alérgicos e a supervalorização da atividade no narcisismo fálico), que estão bem longe de dar conta de um rol de possibilidades. Sem que sejam mostradas outras possibilidades e sem a demonstração de suas características defensivas contra traumatismos precoces, fica incerto que a somatização derive da reativação de traumatismos precoces, pois alguém que tenha tido traumatismos precoces – e em quem não detectamos mecanismos de defesa contra eles – deveria já ter somatizado gravemente há muito tempo; não sabemos nem mesmo como tal indivíduo encontra-se vivo.

Segundo Marty (1976), os traumatismos precoces comprometeram a formação de uma boa mentalização mas não permaneceram latentes sob mecanismos defensivos. Para ele, é possível que um traumatismo atual, do mesmo tipo que um infantil, potencialize-se por causa desta relação, como, por exemplo, uma perda atual potencializa-se por causa de uma perda da infância não elaborada. Neste caso, os traumatismos são da mesma espécie, o que, para Fain, é indiferente. Mas trata-se apenas de um caso particular; para Marty, a questão geral da somatização está na correlação entre a intensidade do traumatismo, por um lado, e na qualidade da mentalização, por outro.

Além disso, como poderíamos correlacionar a concepção dos traumatismos precoces de Fain com o envelhecimento, que é um fenômeno geral e natural? Para Marty (1976), o envelhecimento, como vimos, é um esgotamento das pulsões de vida, primeiro da programação e depois da automação; trata-se de um esgotamento que vai fragilizando a capacidade do indivíduo de reagir aos traumatismos. Dentro da concepção de Fain, o esgotamento de Eros defenderia menos o sujeito da ação dos traumatismos precoces (que todos então deveriam ter tido)? Tal não seria possível, visto que não era Eros que defendia contra o traumatismo precoce, mas sim a pulsão de morte, através de sua característica antiexcitante. No envelhecimento, a pulsão de morte teria se esgotado? Isto seria um contra-senso. Por essas questões, vemos como a teoria de Fain fica indeterminada ao considerarmos o envelhecimento. Metodologicamente, a psicossomática deveria dar grande importância à investigação das somatizações nos idosos, pois aí ela poderia ter uma concepção mais correta do desenvolvimento das forças em jogo.

Referências bibliográficas

Donabedian, D. "Note à propos des effets du traumatisme chez l'enfant à l'occasion du tremblement de terre en Arménie". *Rev. Fr. Psychosom.*, 2:139-148, 1992.

Fain, M. "Vie opératoire et potencialités traumatiques". *Rev. Fr. Psychosom.*, 2:5-24, 1992.

_____. "Spéculations métapsychologiques sur les procédés autocalmants". *Rev. Fr. Psychosom.*, 4:59-68, 1993.

Fain, M. & Donabedian, D. "Psychosomatique et pulsions". *Rev. Fr. Psychosom.*, 7:138-150, 19.

Freud, S. (1911) "Formulações sobre os dois princípios do funcionamento mental". *Edição Standard Brasileira das Obras psicológicas completas*. Rio de Janeiro, Imago, v. 12, 1980.

_____. (1915) "Les pulsions et les destins des pulsions". In: *Métapsychologie*. Paris, Gallimard, 1980.

_____. (1920) "Além do princípio do prazer". *Edição Standard Brasileira das Obras Psicológicas Completas*. Rio de Janeiro, Imago, v. 18, 1980.

Green, A. *La causalité psychique*. Paris, Odile Jacob, 1995.

Marty, P. "La dépression essentielle". *Rev. Fr. Psychanal.*, 32(3):595-598, 1966.

_____. *Les mouvements individuels de vie et de mort. Essai d'économie psychosomatique*. Paris, Payot, 1976.

Smadja, C. & Szwec, G. "Argument". *Rev. Fr. Psychosom.*, 4:5-6, 1993.

Szwec, G. "Réflexions sur la pelade et le traumatisme". *Rev. Fr. Psychosom.*, 2:43-68, 1992.

Vieira, W. C. "A psicossomática de Pierre Marty". *In*: Ferraz, F. C. & Volich, R. M. (orgs.) *Psicossoma – Psicossomática psicanalítica*. São Paulo, Casa do Psicólogo, 1997.

PARTE II
PSICANÁLISE E PSICOSSOMA

Introdução
Psicanálise e psicossoma: um mapeamento do campo em que se dão as articulações

Márcia de Mello Franco

Embora Freud excluísse os fenômenos psicossomáticos dos alcances do tratamento psicanalítico, na construção de muitos dos conceitos fundamentais de sua teoria está presente uma maneira particular de conceber as relações entre a psique e o soma.[1]

Freud pôde escutar o que o corpo de suas pacientes histéricas, que apresentavam sintomas conversivos, lhe dizia a respeito de sua história e da constituição de sua sexualidade. A partir de questões trazidas por sua clínica, foi desenvolvendo algumas das noções fundamentais da psicanálise, como as noções de inconsciente e sexualidade. O sintoma neurótico, cuja via de formação é a simbólica, constitui, assim, um modelo para Freud pensar o funcionamento psíquico.

Na mesma época em que Freud volta sua atenção para as "psiconeuroses de defesa" (1894), entre as quais inclui a histeria, estuda o que denomina "neuroses atuais" (1898). Diferentemente do sintoma conversivo da histeria, os sintomas somáticos da neurose atual, além de não se remeterem à história do sujeito, não são fruto de mediação simbólica. Na formação destes sintomas haveria uma derivação direta da "excitação sexual somática" (1895, p. 127), que não pode ser elaborada psiquicamente, na via somática. Muitos autores

---

1. Aisenstein (1994) nos esclarece que a palavra *soma* (corpo em grego) apresenta, desde o século V a.C., após Hipócrates, o sentido de "organismo vivo".

consideram que as formulações de Freud acerca das neuroses atuais podem fornecer importantes subsídios para a compreensão dos fenômenos psicossomáticos.

Como vemos, o corpo se faz presente na psicopatologia freudiana, mas é principalmente no âmbito de sua metapsicologia que podemos encontrar as bases para a construção de um saber psicanalítico, tanto sobre os distúrbios psicossomáticos quanto sobre a "unidade psicossomática fundamental do ser humano" (Marty,1993). Freud não avançou nesta reflexão mas nos deixou importantes pistas, que a psicossomática explora e transforma, vindo, assim, enriquecer e ampliar a psicanálise. Precisar as relações entre a psicossomática e a psicanálise implica, portanto, uma explicitação do entendimento que faz a psicanálise das relações entre a psique e o soma num contexto metapsicológico. Com a finalidade de mapear o campo em que essas articulações se dão, privilegiarei aqui três aspectos das formulações freudianas, que os leitores poderão encontrar explorados a seguir, nos trabalhos de Decio Gurfinkel, Fernando Rocha e Paulo Roberto Ceccarelli: a função do aparelho psíquico e o ponto de vista econômico; o conceito de pulsão; o papel do outro na constituição do sujeito.

A função do aparelho psíquico e o ponto de vista econômico

Enfatizando o ponto de vista econômico de sua metapsicologia, Freud escreve em 1917:

> Podemos dizer que o aparelho mental serve ao propósito de dominar e eliminar as cargas de estímulos e as somas de excitação que incidem sobre ele provenientes de dentro e de fora *(p. 416).*

A forma que possui o psiquismo de "dominar" as excitações consiste, em Freud, na "elaboração", isto é, na possibilidade de conectar afeto e representação constituindo cadeias associativas. Suas idéias a este respeito estão presentes, por exemplo, em *As neuropsicoses de defesa* (1894). Neste trabalho, Freud explica que um sintoma conversivo surge quando uma idéia, devido a sua incompatibilidade com o ego, é privada de seu afeto (aqui sinônimo de soma de excitação) e este, tornado livre, é transportado da idéia para a inervação somática, que passa a ser o símbolo mnêmico da idéia. Neste modelo, Freud aponta uma saída possível para esta excitação que escoou por um "canal impróprio": seria preciso reconduzir, no tratamento, a excitação à idéia da qual foi separada pela ação da defesa e, desta forma, "efetuar violentamente a liquidação da contradição, através da atividade de pensamento e da descarga de excitação" (p. 62).

Desta maneira, a clínica psicanalítica, que nos primórdios se confunde com a clínica da histeria, constitui-se como uma clínica da busca de significações que se constroem e se revelam em cadeias associativas, cujos elos se fazem pelo deslocamento do afeto pelas representações. Este modelo, que concilia descarga energética com promoção de simbolização, encontra-se poeticamente descrito no trabalho de Fernando Rocha como o "abraço da excitação pela linguagem simbólica".

A idéia de um trabalho psíquico que tem como função "dominar" a excitação encontra-se também expressa na teoria dos sonhos de Freud. O trabalho de elaboração onírica, trabalho de ligação por excelência, confere ao sonho a função de "guardião do sono" (1900) ao "dar conta da excitação residual que tende a impedir a regressão narcísica" (Gurfinkel, 1997, p. 63), indispensável para que o indivíduo possa dormir.

Quando falham as possibilidades de sonhar, fantasiar ou pensar, restam ao indivíduo a via orgânica e a ação como possibilidades de descarga da excitação que não pode ser elaborada psiquicamente.[2] É sob esse ponto de vista que se desenvolvem, em particular, as teorias do Instituto de Psicossomática de Paris. Marty (1994), um dos princi-

---

2. Ver o Prefácio de Rubens Marcelo Volich neste livro.

pais representantes deste grupo, postula que um bom funcionamento mental, denominado por ele "boa mentalização", protege o sujeito de um distúrbio psicossomático grave ao exercer a função de regulador do funcionamento psicossomático.

McDougall (1994), a partir de outro esquema referencial, também acredita que as eclosões psicossomáticas, sendo uma resposta à dor psíquica, remetem a uma falha na capacidade de simbolização e, portanto, na capacidade de elaborar mentalmente o impacto de certas vivências conflitivas (p. 78). A expressão psicossomática, equivalente a um ato sintoma, ocupa, para esta autora, "o lugar de um sonho nunca sonhado" (1991, p. 134).

Não é meu objetivo estender-me na teoria desses autores, mas apenas ilustrar com exemplos, como alguns postulados básicos da teoria freudiana lhes servem de base.

Passemos então a outro conceito fundamental da psicanálise, no qual a psicossomática se apóia.

O conceito de pulsão

Em *Os instintos e suas vicissitudes*, Freud (1915) define a pulsão como um

> conceito situado na fronteira entre o mental e o somático, como o representante psíquico dos estímulos que se originam do organismo e alcançam a mente, como uma medida de exigência feita à mente, no sentido de trabalhar em conseqüência de sua ligação com o corpo (p. 142).

Alguns desdobramentos se fazem possíveis a partir desta definição:
Primeiramente, a noção de pulsão complexiza o que examinávamos sobre a função do aparelho psíquico: o trabalho de elaboração psíquica fica associado às demandas pulsionais.

Em seguida, cabe ainda ressaltar que essa definição da pulsão circunscreve, em Freud, o universo da psicossexualidade em que o somático e o psíquico encontram-se intrincados. Nesse mesmo artigo, Freud, operando com o dualismo pulsão sexual/pulsão de autoconservação, afirma que a fonte da pulsão sexual residiria num processo somático que surge no corpo e é representado no psiquismo e que, na sua origem, a pulsão sexual estaria apoiada na pulsão de autoconservação. As hipóteses a respeito do apoio da sexualidade no universo autoconservativo (Laplanche, 1985) trazem contribuições bastante relevantes para a compreensão das manifestações psicossomáticas, que podem justamente resultar de falhas na erotização do corpo (mais adiante voltarei a este ponto). Temos agora um novelo com muitos fios para puxar...

    Falar em elaboração ou trabalho psíquico pressupõe a existência de um aparelho mental já constituído, o que implica, na teoria freudiana, considerar que há um complexo sistema de representações em que a pulsão se inscreve. Segundo esta teoria, as experiências deixam marcas no psiquismo e sua elaboração resulta da articulação simbólica destas marcas, em que a palavra tem um papel essencial. O estudo das manifestações psicossomáticas aponta para uma impossibilidade de o aparelho psíquico articular simbolicamente as suas marcas devido a uma organização deficiente deste mesmo aparelho. Marty (1993), recorrendo ao modelo da primeira tópica freudiana, relaciona estas deficiências a um mau funcionamento do pré-consciente, concebido como um sistema de ligações entre as "representações de coisa" e as "representações de palavra". De acordo com este modelo, as associações de idéias dependeriam essencialmente da ligação destes significantes pré-verbais que são as "representações de coisa" com as "representações de palavra", que lhes conferem valor simbólico.

    A reflexão sobre os fenômenos psicossomáticos traz para a psicanálise, portanto, uma série de questões concernentes à estruturação do aparelho psíquico e às condições de representabilidade das demandas pulsionais, além de circunscreverem um novo campo de investigação, o campo do "aquém da representação".

Uma abordagem possível para as manifestações psicossomáticas seria seguir a trilha sugerida mas não percorrida por Freud (1895), de investigar a alienação entre as esferas psíquica e somática que ele já hipotetizara haver nas neuroses atuais. Partindo das concepções de Winnicott, esta parece ser uma trilha seguida por Decio Gurfinkel. Este autor remete-se à concepção integrada da relação psique-soma de Winnicott, para examinar as deficiências da função simbolizante do psicossoma, em que se revela um enfraquecimento ou um rompimento da relação original entre a psique (entendida por Winnicott como elaboração imaginativa das partes, sentimentos e funções somáticas) e o soma. Na perspectiva de Gurfinkel, os transtornos psicossomáticos são estudados juntamente com outras patologias dissociativas em que a atividade mental perde sua conexão com o psicossoma. Estas concepções que o leitor poderá compreender melhor na leitura do trabalho de Gurfinkel (1996), baseiam-se em algumas premissas distintas das que vínhamos vendo na teoria freudiana cujo ponto de partida é o funcionamento mental do neurótico. Conforme ressalta Gurfinkel (1996) – e nós também já tivemos oportunidade de assinalar (Cartocci; Franco, 1996) –, Winnicott, diferentemente de Freud, não toma como referência para o desenvolvimento psíquico o funcionamento pulsional mas os processos de constituição do ego e do *self*, antes do quê não é possível, para ele, falar em funcionamento pulsional. E, em Winnicott, o meio ambiente e os cuidados que a mãe oferece ao bebê, estando em sintonia com as suas necessidades, implicam diretamente a construção desse espaço pessoal. Ao descentrar a atenção da vida erótica do sujeito e focalizá-la na aquisição de um lugar para viver ou na aquisição das bases do *self* no corpo, Winnicott introduz na psicanálise questões do âmbito da "necessidade", sendo que não se diferenciam para ele as necessidades afetivas das necessidades corporais.

Entramos assim num terreno em que diferenças se delineiam com respeito ao lugar da psicossexualidade nas teorias em psicossomática ou, se preferirem, ao lugar da psicossomática nas teorias psicanalíticas.

Fernando Rocha, para quem a especificidade da psicanálise residiria na passagem das necessidades biológicas (note-se que a concepção de necessidade de Winnicott é mais ampla) para o mundo do desejo, aborda esta questão em seu artigo. Referindo-se a um trabalho em que Denise Braunschweig contrapõe as teorias psicossomáticas de Marty à teoria psicossexual freudiana, Rocha ressalta a identidade que há em psicanálise entre o psíquico e o tratamento psicossexual da excitação. É dentro desta ótica que pretende compreender os fenômenos psicossomáticos.

Paulo Ceccarelli caminha nesta mesma direção ao enfatizar, em seu trabalho, a diferenciação entre o corpo da psicanálise, marcado por um discurso particular e cena de conflitos pulsionais, e o corpo da biologia.

O leitor terá oportunidade de examinar, ao longo dos trabalhos que se seguem, como estas diferenças vão se configurando. Prosseguindo com minha exposição, devemos nos aproximar de mais um aspecto da psicanálise que permite levantar hipóteses a respeito da constituição do psiquismo.

O papel do outro na constituição do sujeito

Na teoria psicanalítica, quer nos apoiemos em Winnicott e em suas referências ao papel do meio e, em particular, da mãe no desenvolvimento do indivíduo, quer nos mantenhamos mais próximos de Freud, o ser humano se constituirá subjetivamente na relação com outros seres humanos.

Em sua conferência sobre a *Feminilidade*, Freud (1933), referindo-se à relação da mãe com a menina, ressalta o papel dos investimentos maternos na introdução da criança no universo desejante:

> foi realmente a mãe quem, por suas atividades concernentes à higiene corporal da criança, inevitavelmente estimulou e, talvez, até mesmo despertou, pela primeira vez, sensações prazerosas nos genitais da menina (p. 149).

A chave para a questão trazida pela psicossomática, de como o corpo biológico se torna um corpo psicológico (McDougall, 1994), encontra-se portanto na interação com a mãe ou com aqueles que cuidam da criança. É a partir das primeiras trocas entre o bebê e a mãe que vão ocorrer as primeiras inscrições pulsionais em torno das quais o aparelho psíquico irá se estruturando.

Uma vez que, no início da vida, o bebê se encontra fundido com a mãe, o aparelho psíquico desta terá para o bebê uma função estruturante. É a mãe quem terá que decodificar as mensagens corporais do bebê e dar conta da excitação que ele ainda não tem condições de elaborar.

Como lembra Rocha, primeiramente será fundamental a qualidade dos investimentos maternos na estruturação do psiquismo da criança e, posteriormente, o contra-investimento e a censura do investimento é que importarão para que surja um espaço de interdição em que possam ser discriminadas as diferenças entre os dois psiquismos.[3]

Outro modelo interessante para pensarmos na relação entre a libidinização da função, a qualidade dos investimentos maternos e o equilíbrio fisiológico é o que se encontra exemplificado nas idéias de L. Kreisler, M. Fain e M. Soulé (1981) a respeito da insônia precoce da criança. Segundo estes autores, "uma das primeiras passagens do somático ao psíquico será a libidinização do sono" (p. 79). A insônia precoce resultaria, então, da ausência de infiltração libidinal no sono, acarretando dificuldades na aquisição de uma função mental de auto-regulação. Estas crianças ficariam dependentes da mãe real na posição de guardiã do sono por não terem obtido a autonomia conferida pelo desenvolvimento da função de realização alucinatória do desejo, base da vida onírica e da atividade fantasmática.

---

3. Guardadas as devidas diferenças, o conceito de "desilusão", a partir do qual se concebe a criação de um espaço potencial onde a experiência criativa pode se desenvolver, ocupa, na teoria winnicottiana, lugar análogo ao do referido "espaço de interdição".

Tomando os distúrbios do sono como protótipos de perturbações psicossomáticas, poderíamos afirmar junto com Caïm (1996) que "um corpo não erotizado (ou um corpo em que houve destruição da organização libidinal) é um corpo doente" (p. 116), vulnerável às desordens psicossomáticas.

Embora seja possível encontrar na teoria freudiana as raízes de uma concepção integrada do psicossoma, o âmbito de atuação do analista permanece sendo o do universo mental. Ao se deparar com um paciente que apresenta um transtorno psicossomático, o analista volta sua atenção para seu funcionamento mental, mesmo que na forma de um "negativo", isto é, observando as deficiências na constituição de seu aparelho psíquico e de sua organização libidinal. As questões apresentadas por estes pacientes implicam alterações no interior da técnica, de forma que o trabalho vise o enriquecimento do seu funcionamento mental com a ampliação de suas capacidades de simbolização.[4]

Entrando no campo da técnica, gostaria de finalizar com uma questão que considero instigante. O analista, imerso no campo transferencial, escuta com e através de seu corpo. No encontro com seu paciente, em que circulam elementos nunca antes pensados ou sonhados, o analista está sujeito a toda ordem de imprevisibilidade. Recordo-me, por exemplo, de ter apresentado um sintoma somático após a sessão de um paciente que vivia uma problemática relacionada à questão da alteridade. O paciente não compareceu à sessão seguinte e avisou que não viria devido a uma manifestação somática semelhante à que eu vivera, só que com maior gravidade (não se tratava de nenhuma moléstia fisicamente contagiosa).

Penso que há mais mistérios entre o soma e a psique do que podemos compreender, e do que o nosso pensamento, marcado por uma lógica dualista e determinista, pode expressar...

---

4. A esse respeito, ver o capítulo de Fernando Rocha neste livro.

Referências bibliográficas

Aisenstein, M. Da medicina à psicanálise e à psicossomática. *Rev. Bras. Psicanal.*, 28(1):99-110, 1994.

Caïm, J. *O campo psicossomático*. Rio de Janeiro, Bertrand Brasil, 1996.

Cartocci, L.; Franco, M. M. *Winnicott: contribuições de uma clínica para a atualidade*. Percurso, 17:7-10, 1996.

Freud, S. (1894) As neuropsicoses de defesa. *In: Edição Standard Brasileira das Obras psicológicas completas*. Rio de Janeiro, Imago, v. 3, 1976.

_____. (1895) Sobre os critérios para destacar da neurastenia uma síndrome intitulada neurose de angústia. *Op. cit.*, v. 3.

_____. (1898) A sexualidade na etiologia das neuroses. *Op. cit.*, v. 3.

_____. (1900) A interpretação dos sonhos. *Op. cit.*, v. 4.

_____. (1915) Os instintos e suas vicissitudes. *Op. cit.*, v. 14.

_____. (1917) Conferências introdutórias em psicanálise: Algumas idéias sobre desenvolvimento e regressão. *Op. cit.*, v. 16.

_____. (1933) Novas conferências introdutórias sobre psicanálise: Feminilidade. *Op. cit.*, v. 22.

Gurfinkel, D. Psicanálise, regressão e psicossomática: nas bordas do sonhar. *In*: Ferraz, F. C. & Volich, R. M., (orgs.) *Psicossoma – Psicossomática psicanalítica*. São Paulo, Casa do Psicólogo, 1997.

Kreisler, L.; Fain, M.; Soulé, M. *A criança e seu corpo*. Rio de Janeiro, Zahar, 1981.

Laplanche, J. *Vida e morte em psicanálise*. Porto Alegre, Artes Médicas, 1985.

Marty, P. *A psicossomática do adulto*. Porto Alegre, Artes Médicas, 1993.

McDougall, J. *Em defesa de uma certa anormalidade: teoria e clínica psicanalítica*. Porto Alegre, Artes Médicas, 1991.

_____. Corpo e linguagem. Da linguagem do soma às palavras da mente.

Sobre impasses e mistérios do corpo na clínica psicanalítica

Fernando Rocha

A passagem do estado de *infans* para o de criança se acompanha de uma primeira diferenciação: a troca de mensagens entre a psique e o soma não se faz mais em círculo fechado; um destinatário externo passa a tomar parte dele *(Piera Aulagnier)*.

Marianne: "Estive pensando na última sessão. Última sessão nos dois sentidos. Fiquei me perguntando o que quer dizer essa autorização, essa garantia que estou lhe pedindo para poder terminar a minha análise."

A paciente faz uma pausa, e depois começa a falar sobre a situação de sua empregada: "Eu não tinha lhe falado ainda que a Maria está muito doente. Está com uma suspeita de tumor. Ela apresenta sintomas iguais aos meus quando tive tumores. Eu gosto muito dela. Ela foi babá de meu filho. Vai embora. Vamos nos separar."

Analista: "Você fala de sua separação daqui e em seguida se refere a alguém que adoece de tumores e que vai embora... E você também fala do seu corpo, que no passado produzia tumores."

Marianne: "Falar em separar-me dela tem a ver com a separação daqui. Com a experiência da análise passei a vivenciar separações de uma outra maneira, sob outra dimensão, sem adoecer. Separação para mim sempre significou morte, morte do outro e minha." (Pausa.) "Ela me acompanhou quando estive doente com um tumor.

Ela sempre foi muito discreta e dedicada... Gozado, esses adjetivos também poderiam lhe caber; você vem me acompanhando esses anos todos... Gosto muito da Maria. Ela vai fazer exames no hospital e parece que vão operá-la. Ela tem o nosso afeto. Ontem ela me abraçou e nos emocionamos."

Analista: "Por que será que somente hoje você trouxe para a análise essa situação de Maria?"

Marianne: "É, tem a ver com o que venho falando sobre separar-me de você, da análise... Eu nunca tive com ela uma relação patroa-empregada tradicional. Ela me chama pelo meu apelido. Ela tem todos os lados de uma boa mãe. Mas estou achando que será uma separação definitiva, pois sua filha me falou que, ao sair do hospital, Maria irá retornar com ela para a Espanha. Do meu lado, estou com uma sensação de que já posso abrir mão dela. No lugar de mãe ela me foi muito útil. Quando eu estava deprimida, ela me dizia: 'Você tem que levantar para ir trabalhar, levanta! Já liguei o chuveiro. Tome esse café que vai te animar.' E ela trazia também o meu cigarro. Quantas vezes ela me tirou da cama e me botou no banho! Eu sinto uma gratidão enorme pela Maria. Ela cuidou de minha casa e do meu filho, mas também de mim. Mas agora já posso me separar dela e ficar com as coisas boas dela dentro de mim. Quando minha mãe se matou, aquilo me rasgou! Tenho uma amiga que me disse: 'Se eu fosse você, sem a Maria, eu dava um tiro na cabeça.' Mas não é isso que estou sentindo. Não vou dar tiro nenhum, nem na cabeça nem em outras partes do meu corpo."

Analista: "Antigamente, em face de separações, você sentia-se rasgada e seu corpo era alvo de 'tiros' (referindo-me aos tumores) que colocavam em risco a sua vida."

Marianne: "Eu tive um tumor exatamente alguns meses depois que a minha mãe morreu." (Pausa.) "No sábado encontrei com Isabela que disse se lembrar de mim no passado como sendo durona e que agora eu era uma pessoa doce. Ela disse que antes eu era dura, agressiva. Eu perdi muito da minha dureza. Aquilo era uma casca. Agora pode fluir; não precisa endurecer e virar tumor."

Analista: "O que é que agora pode fluir?"
Marianne: "Os afetos." (Pausa.) "Por mais que cuidasse de minha mãe, eu não tinha como salvá-la. Mas a família dizia que somente eu podia cuidar dela. E aceitei esse lugar de salvadora. Eu tinha de controlá-la noite e dia para que não se matasse." (Pausa.). "Se eu ainda estivesse funcionando nesse lugar, se não fosse o que compreendi aqui, eu iria ficar cuidando da Maria. Vou ajudá-la sim, mas do meu lugar. Não mais como a salvadora."
Analista: "A salvadora, função que lhe deram e que você abraçou..."
Marianne: "É, não tem como salvar a humanidade... Meu filho chorou hoje quando a abraçou. Como a Maria está doente, meu filho fez a cama dele. Ele tem autonomia dentro dele."
Analista: "E você está encontrando autonomia em você, sem precisar adoecer?"
Marianne: "Será que é por isso que eu te pedi confirmação: posso ir embora?"
Analista: "O que é que você gostaria de escutar?"
Marianne, sorrindo: "Gostaria de escutar: 'sim, você resolveu isso'. Como se sua palavra me assegurasse."
Analista: "Mas é a minha palavra... Você vem percebendo que o que lhe cura é a possibilidade de você usar a sua palavra."
Marianne: "Mas só foi possível na sua presença." (Pausa.) "Estou acreditando nessa possibilidade de caminhar... No dia 10 será meu aniversário. Vou reunir os amigos para comemorar. Estou satisfeita de estar fazendo 45 anos. Acho que achei um caminho."
Analista: "Vamos continuar falando sobre isso? Sobre esse novo caminho?"

Nas sessões que se seguiram, até a última, o tema analisado foi sobre o laço transferencial: o reconhecimento do uso do analista enquanto "ponte" entre ela e o vazio deixado pela morte da mãe, propiciando-lhe uma maior autonomia simbólica. Nas últimas sessões apareceu o tema da destituição do analista do lugar que a paciente havia idealizado para ele.

A sessão acima relatada ocorreu nos últimos meses da análise de Marianne[1] que, há anos, procurou-me para tratamento analítico, quando eu residia em Paris. Nas entrevistas preliminares, dizia sentir-se deprimida e, por vezes, quando acometida por intensa angústia, temia suicidar-se.

Maria era uma antiga empregada da mãe da paciente, que após a morte desta, viajara para ficar em companhia de Marianne.

O pai havia falecido quando Marianne tinha dezoito anos. A mãe, em permanente estado de melancolia, foi descrita como impossibilitada de exercer a função materna. No entanto, Marianne se refere à avó como pessoa presente em sua infância, muitas vezes suprindo o que a mãe não lhe podia dar. A paciente cresceu em companhia da mãe, a ela se dedicando: dava-lhe os medicamentos, a alimentava, prestava-lhe todos os cuidados necessários, que incluíam, sobretudo, zelar para que a mãe não se matasse, já que esta havia, por várias vezes, tentado o suicídio. Até a morte da mãe, Marianne não havia ainda apresentado doenças corporais como sintoma. No entanto, ela "desmaiava muito". Conta que várias vezes, após haver socorrido a mãe de tentativas de suicídio, quando finalmente conseguia entregá-la aos cuidados de alguém, desmaiava por períodos longos. A esse respeito, ela disse certa vez: "ter que salvar minha mãe era horrível!".

Aos trinta anos ela viaja, com uma bolsa de estudos, para os Estados Unidos, recebendo alguns meses depois a notícia do suicídio da mãe. Nos Estados Unidos, Marianne casa e tem um filho. Quatro anos depois retorna ao seu país de origem, separada do marido. Meses após, busca a análise.

Concomitantemente ao início do tratamento, enquanto falava do suicídio da mãe, Marianne apaixona-se por um homem com características de grande dependência. Marianne se questiona por que estar

---

1. Neste período a paciente apresentava um desfecho favorável da análise, não só no que se refere ao desaparecimento de seus sintomas corporais (fenômeno psicossomático), como também de sua autonomia: assumia os próprios desejos, em vez de alienar-se no desejo dos outros. Muitas vezes em uma análise, a suspensão dos sintomas pode constituir um momento crítico, pois, melhorando, o paciente tende a ir embora. Neste sentido, pode-se falar em fuga na melhora.

apaixonada por uma pessoa que ela tanto desvaloriza. Tempos depois foi ficando mais claro que este namorado dependente estaria representando sua relação com a imago materna.

Passados alguns meses do início da análise, a paciente relata ter tido sucessivas crises de asma, em face da separação desse namorado. Começa a falar sobre outras situações similares, como a que viveu à época da separação do marido, quando fora atingida por tumor e urticárias. Relata ainda que após a morte da mãe apareceu-lhe um tumor benigno no seio, o que a levou a uma cirurgia.

A elaboração da ruptura com aquele namorado propiciou à paciente fazer o trabalho de luto da mãe, que até então parecia não ter sido elaborado. Com relação a esse aspecto, a capacidade associativa e elaborativa da paciente parecia travada, assemelhando-se a um funcionamento psíquico de tipo "operatório" e "alexitímico". Por esta razão, o desempenho da função analítica requeria do analista certos cuidados específicos. Sobre o tema do luto, Marianne apresentava uma espécie de aridez associativa e abafamento de seus afetos. Diante disso, de nada adiantava ao analista manter a postura de simplesmente esperar o material significativo, com a sua atenção flutuante e, por outro lado, fazer interpretações do conteúdo manifesto poderia provocar uma mesma "violência abusiva" da qual já fora vítima a paciente na sua infância e adolescência.[2] De um modo geral, a paciente mantinha um discurso com características simbólicas e somente parecia apresentar um funcionamento "operatório" quando se referia ao tema da separação.

O que nos pareceu é que a paciente, até então, diante da dor psíquica referente a luto e separação, poupava seu psiquismo do sofrimento, deixando "sofrer outros órgãos". Esta situação fez-nos repensar a famosa frase de H. Maudslay: "Quando o sofrimento não

---

2. Piera Aulagnier (s/d) afirma que "o brilhantismo da interpretação do conteúdo manifesto vem mascarar a total ignorância do que se desenrola ao fundo: esse tipo de interpretação – mesmo que aplicada com discernimento e de forma não generalizada – não faz senão repetir, em certo número de casos, uma mesma violência abusiva já imposta ao sujeto e prova que nada se compreendeu sobre o que este último desejava poder encontrar, enfim, na situação analítica".

consegue se expressar pelo pranto, ele faz chorar outros órgãos."[3] O que seria "expressar-se pelo pranto"? Penso que seria o encontro entre o *quantum* de afeto e uma imagem-representação que, acolhendo a excitação, promove, além da descarga, cadeias significativas. O encontro entre o afeto e a imagem-representação constitui uma experiência emocional marcada pela subjetividade, ou seja, uma forma de ser específica àquele sujeito, ultrapassando a simples descarga. Então, através da cadeia significativa, tornam-se possíveis as diferentes expressões, em que o pré-consciente, apresentando-se como ponto de encontro entre representação-coisa e representação-palavra, tornar-se-á o lugar em que o indizível se transformaria em dizível-analisável.[4] Já o "chorar dos órgãos" corresponderia ao fenômeno psicossomático – fracasso do 'abraço' da excitação pela linguagem simbólica.

A fala de Marianne nas sessões de final de análise testemunha a possibilidade de vivenciar a separação de uma maneira simbólica, podendo fazê-la sem adoecer e valendo-a como uma 'separação de vida' e não 'separação de morte'.

Separação e perda passam então a ser vividas pela paciente como vicissitudes inevitáveis. Assim ela pôde vivenciar o luto e permitir que o trabalho de elaboração enriquecesse o seu aparelho psíquico. Agora, com muito menos entraves, as vivências podiam ser simbolizadas, tornando-se "escrita" do psiquismo, propiciando ao *quantum* de afeto manter a psique como *locus* de sua morada. É esse *quantum* de afeto que, quando desalojado da psique, se dirige ao soma e, lesando-o, geraria o sofrimento.

Neste sentido, as possibilidades de criação de vias de simbolização constituem-se num poderoso instrumento de luta contra o fenô-

---

3. Tradução livre da célebre frase de Henry Maudsley (1872): *The sorrow that has not vent in tears makes other organs weep.* Frase citada por McDougall (1989) *in Théâtres du corps: Quand le chagrin ne trouve pas d'issue dans les larmes ce sont d'autres organes qui pleurent.* (p. 177). Esta frase também se encontra citada por Montagna (1996) *in* "Algumas reflexões sobre mente-corpo em psicanálise e função do analista", p. 469.
4. A idéia segundo a qual o pré-consciente apresenta a função de pólo mediador entre *representação-coisa* e *representação-palavra* é sugerida por Marty (1990) no seu livro *La psychosomatique de l'adulte.*

meno psicossomático. Luta que visa salvaguardar o corpo biológico da dor, do sofrimento e, algumas vezes, da morte.

O fato de Marianne passar a simbolizar as separações, dando-lhes expressão, indica um processo de simbolização no qual a vivência do luto, tornando-se possível, permitiria ao soma ser poupado e o psiquismo enriquecido.

O desafio imposto à análise de Marianne foi o de como fazer a paciente desviar a violência dirigida ao corpo biológico para o psiquismo, em que a reação ao conflito poderia se dar através de mecanismos simbólicos. Portanto, a questão era a de como trazer para a lógica do psiquismo a dor que, no caso de Marianne, mantinha-se na lógica do soma.

O que foi possível constatar, através da fala da paciente, é que, até o suicídio da mãe, ela vivenciava sua dor e seus conflitos sob o modo histérico – através de mecanismos simbólicos – incluindo sintomas conversivos. Com a perda da mãe, Marianne passa a apresentar fenômenos psicossomáticos (asma, urticárias, tumores, etc.). Nos últimos dois anos de experiência analítica, esta permitiu novas vias de simbolização, tornando possível "negociar" histericamente com a perda e a falta.

Talvez a experiência psicanalítica de Marianne reforce a pergunta feita por McDougall (1994): "Como o corpo bio-lógico se torna um corpo psico-lógico?" Segundo a autora, os sintomas psicossomáticos constituem uma forma primitiva de comunicação, uma linguagem arcaica, decodificada primeiramente pela mãe. Deste modo, quando as comunicações do corpo e suas mensagens afetivas são retidas ou cortadas do registro psíquico, a vulnerabilidade psicossomática ficaria aumentada.

Sabemos que é intrínseco ao organismo humano nascer prematuro. Esta característica sobressai quando comparada com outros animais cujo grau de maturação já lhes permite maior autonomia desde o nascimento. A prematuração é, pois, própria ao ser humano, cujo estado de dependência exige por um longo tempo a presença de um outro que possa lhe fornecer a garantia, tanto de vida biológica como de vida psíquica. É este corpo prematuro que irá carregar as marcas dos seus começos, as marcas do movimento que surge desde o nascimento, passando pelo controle da motricidade, até a aquisição da linguagem. Portanto, é esse corpo que, mesmo nascendo na sua naturalidade, irá inevitável e lentamente imergir na cultura, realizando um percurso que será o palmilhar de sua história – de suas vivências psíquicas.

Desta maneira, a história singular de cada homem dependerá da existência de um outro humano, ao qual Freud (1895a), no *Projeto para uma psicologia científica*, nomeia de "semelhante". Ao mesmo tempo, define este "semelhante" como sendo um humano já submetido à cultura, submetido às leis da interdição do incesto. Portanto, referir-se a um humano é admiti-lo como efeito da relação com um "semelhante".

Embora o mundo da cultura pré-exista ao humano, este é a expressão da tensão entre o natural e o cultural. Pois se o nascer é margeado por uma naturalidade, não tarda e logo a cultura arrebata o homem, recobrindo-o com o seu véu, para que este finalmente possa – através da relação com o "semelhante" – reconhecer as leis da cultura, a ela tornando-se submisso, portanto, "humanizando-se". Essa humanização será efeito daquele "semelhante" que deverá portar em si as leis da cultura, definindo para aquele homem o estatuto da sua organização psíquica.

Na obra citada, Freud (1895a) nos permite depreender que o alicerce de uma organização psíquica dependerá de como se deu a experiência de satisfação do *infans* com o "semelhante".[5] É a partir da experiência de satisfação que dizemos ter havido um "a mais" de prazer – ativação de zonas erógenas – em que o *infans* deixaria de ser marcado somente pela necessidade, para tornar-se um ser desejante. Esse desejo passaria a expressar a falta estruturante e constituinte do sujeito. A partir de então é que se torna possível o surgimento de um corpo simbólico.

---

5. Não é propósito deste trabalho aprofundar a discussão sobre a relação entre experiência de satisfação e as organizações psíquicas neurótica, psicótica e perversa.

Inicialmente a criança não vivencia o seu corpo como uma totalidade unificada. Segundo Lacan (1966), o estágio do espelho é o momento em que a criança, ainda em estado de impotência e descoordenação motora, antecipa imaginariamente a apreensão e o domínio de sua unidade corporal através de uma identificação com a imagem do semelhante como forma total.

Uma certa capacidade de alienar-se no corpo do outro é própria do ser humano e é o que se produz no momento do estágio do espelho. Essa identificação imaginária é a forma mais primitiva de ligação a um outro, sendo anterior à organização do aparelho psíquico em instâncias. Esta identificação imaginária supõe um aparelho psíquico para dois, uma vez que ainda não se instaurou a separação entre o psiquismo da mãe e o do bebê.[6] Caso a mãe persista em querer ser o objeto que satisfaz as necessidades e os desejos do filho, ou permaneça numa posição de sedução, não haverá a constituição de um espaço de interdição para que possam ser discriminadas as diferenças entre os dois psiquismos.[7] Neste momento a função paterna assume seu valor: função de descolagem, de metaforização, isto é, de substituição da coisa pela palavra.

No desempenho de sua função materna, a mãe deverá introduzir o pai e submeter-se ao que Braunschweig e Fain (1975) denominaram a censura da amante; o investimento erótico da mãe no bebê deverá, em um certo momento, ser "contra-investido" e censurado. A mãe irá desviar o olhar do seu bebê para dirigi-lo a outra direção, em que se encontra o objeto de seu desejo: o pai da criança – um terceiro termo. Esse "desvio" estruturante possibilitará à criança – através da falta – inaugurar o seu movimento desejante. A censura da amante irá, pois, operar, fazendo com que

---
6. Aquilo que o *infans* tem devolvido pelo espelho, pela mãe ou pelo outro, é uma *gestalt* cuja função é ser estruturante do sujeito, embora no nível do imaginário. Cabe lembrar que a alteridade encontra-se no nível do imaginário, sem que contudo haja o reconhecimento de uma diferença. Já no nível simbólico, o outro é notado na sua radical diferença.
7. Temos que considerar a existência de dois tipos de sedução: a que conduz à vida, e a que conduz à morte do psiquismo. Ou seja, há uma sedução entre mãe e filho, inicialmente instaurando uma unidade, para em seguida proporcionar ao filho o ingresso na vida simbólica. Na sedução que conduz à morte do psiquismo, a mãe não seria apenas a mãe sedutora ou a mãe fálica, mas a mulher fálica.

a mãe efetue o recalque do seu erotismo com o bebê e volte a investir o seu desejo no marido-amante. Para os autores, o "bebê da noite" representaria para a mãe o bebê do sonho, fruto do desejo incestuoso de um filho com o pai. Já o "bebê do dia" seria aquele concebido com um homem, pai da criança. Através dos cuidados dispensados ao "bebê do dia", a mãe "contra-investiria" o "bebê da noite".

Segundo Nasio (1991), "uma mãe que deseja é uma mãe que tem a criança nos braços e olha para outro lugar", desincumbindo a criança de ser o objeto de seu desejo.

Na sua impotência, o corpo do recém-nascido recebe as marcas dos estímulos internos e externos que o assaltam e é o lugar onde vêm se inscrever a harmonia e a desarmonia dos ritmos entre o *infans* e sua mãe, as frustrações e as satisfações das necessidades fundamentais, tal como ocorre na já mencionada experiência de satisfação.

O corpo psíquico é memória: memória das fantasias da mãe, do inconsciente materno. Sejam de origem interna ou externa, os estímulos deixam marcas no corpo. Por ocasião de um traumatismo, o indivíduo pode se encontrar transbordado por uma quantidade de excitação que ele não consegue metabolizar; se há insuficiência do sistema pára-excitação protetor, formado pelo "semelhante", o indivíduo pode encontrar-se na incapacidade de pensar e de dizer, mas o corpo psíquico não esquece.

O corpo psíquico é também *locus* de escritura: ali onde a palavra se furta, o pensamento e o dizer se desvanecem, uma postura, um movimento, um timbre de voz, podem estar no lugar de uma representação que falta.

Em análise, estamos sempre diante do desafio de como reativar a representação-coisa, permitindo que haja uma vinculação com a representação-palavra.

Freud (1891), em "Contribuição à concepção das afasias", vincula a representação-coisa à representação-palavra através das "terminações sensoriais", afirmando que o "ponto central de toda função da linguagem consiste na atividade associativa do elemento acústico".[8] Segundo Marty (1991), as representações consistem em uma evocação de percepções primeiras que foram inscritas e que deixam traços mnêmicos. Ao lado disso, acrescenta que o pré-consciente seria o *locus* das representações e das ligações entre elas. Marty, à guisa de esclarecimento, define a representação-coisa como memórias de realidades vivenciadas de ordem sensório-perceptivas. As representações-palavras se produzem a partir da percepção da linguagem dos outros, desde a mais elementar até a mais complicada; "inicialmente de ordem sensorial, as representações-palavras são ainda representações-coisas".

Essas idéias se sustentam em Freud (1933) quando nos diz que a função da linguagem se encontra na atividade associativa promovida pelo elemento acústico. Desta maneira, o elemento acústico – a energia, a matéria – faz do ato da fala um ato de dispêndio de energia, de descarga. Esta idéia é retomada por Marty ao afirmar ter inicialmente a representação-palavra um mesmo estatuto de representação-coisa. Podemos depreender, assim, que, antes de ser a verbalização de signos, a fala é, de *per si* um ato de descarga, uma vez que podemos observar a existência das dimensões quantitativas e qualitativas nas representações.[9]

Neste sentido, podemos dizer que a linguagem simbólica – codificada – pode ser perfurada pela linguagem assimbólica, através de atos falhos, lapsos, etc.[10] Por sua vez, a aceitação do mundo dos

---
8. O elemento acústico ao qual se refere Freud pode ser aproximado ao que a lingüística chama significante.
9. Freud (1895c), ao escolher como cerne de seu método terapêutico a palavra oral, reforça a importância que confere ao aspecto quantitativo da representação, afirmando inclusive, nos seus *Estudos sobre a histeria*, que "quiçá fosse mais exato dizer que não se trata de processos de natureza psíquica, senão de processos físicos, cuja conseqüência psíquica manifesta-se como se o que foi expressado com os termos separação da representação do seu afeto e falso enlace deste último houvesse acontecido realmente".
10. Os termos linguagem simbólica e linguagem assimbólica são utilizados por Freud no texto "A interpretação das afasias". Nele Freud também denomina a relação entre palavra e representação-coisa de linguagem simbólica. Enquanto para a relação entre coisa e representação-coisa, utiliza a expressão linguagem assimbólica.

símbolos significa poder discriminar o objeto, da imagem que o representa.

Se a palavra é a extremidade mais depurada da existência pulsional, ela se mostra, muitas vezes, impossibilitada de expressar-se, principalmente se considerarmos que o corpo psíquico não é somente meio de expressão, mas também receptáculo: lugar de inscrições primitivas que se efetuam desde a aurora da vida, e até mesmo antes, quando o aparelho de pensar do sujeito ainda não se encontra constituído.

Uma vez construído esse corpo psíquico, através inclusive de um mundo representacional, passamos a ter um corpo que não se restringe nem ao corpo biológico, nem ao corpo das pesquisas fisiológicas, mas ao corpo designado por Freud como corpo erógeno, dinamizado pelo jogo das moções pulsionais e fantasias de desejos inconscientes.

Desta maneira, quando chamamos a atenção para as duas acepções diferentes do corpo – corpo biológico e corpo erógeno –, estamos assinalando uma passagem do mundo das necessidades biológicas para um mundo do desejo e das fantasias de desejo. É justamente nesta passagem das necessidades biológicas para o mundo do desejo que se encontra o corte epistemológico que, por sua vez, funda e caracteriza a especificidade da psicanálise.[11]

É considerando este corte epistemológico que, desde os primórdios da psicanálise, Freud assinala a diferenciação entre as psiconeuroses (histeria e neurose obsessiva) e a neurose de angústia e neurastenia. Estas últimas foram denominadas por ele, em 1898, de neuroses atuais "as quais não exigem as mesmas medidas terapêuticas". Se para Freud as neuroses atuais de 1898 estão na origem dos distúrbios somáticos diversos, é porque a exaltação sexual somática não consegue passar no seu trajeto em direção à descarga do "grupo sexual". Ou seja, a excitação somática não consegue ser simbolizada, como no caso das psiconeuroses.

---

11. Ver Rocha, 1993.

Smadja (1990) esboçou um interessante paralelo entre as oposições referentes a neuroses atuais/neuroses de defesa, e a oposição que funda a mais recente classificação psicossomática em: "neuroses mentais", "neuroses bem mentalizadas", "neuroses mal mentalizadas", "neuroses com mentalização incerta". O trabalho desse autor lembra a diferenciação, cedo assinalada por Freud, entre psiconeuroses (histeria e neurose obsessiva) e as neuroses de angústia e a neurastenia (qualificadas em 1898 de neuroses atuais).

Num instigante comentário a este artigo, Braunschweig (s/d) lembra que as neuroses atuais estão na origem da descoberta inaugural da psicanálise e que permanece para Freud o fundamento indispensável: a neurose, seja lá qual for a sua forma, e, por extensão, toda atividade mental (humana) é sinônimo de psicossexual. A autora se interroga, muito apropriadamente, sobre o desaparecimento do "sexual" em psicossomática.

Braunschweig (s/d) lembra que essa aproximação operada por Freud, do ponto de vista econômico, entre histeria (de conversão) e neurose de angústia poderia ser aplicada à descrição de Marty de neuroses insuficientemente mentalizadas, cujo sintoma mais constante é a angústia difusa, sinal de uma incapacidade de elaborar as excitações de todas as ordens, e que tendem a desorganizar o funcionamento mental, tendo como conseqüência o desencadeamento de uma patologia somática.

Fazendo uma leitura crítica do livro de Marty, Braunschweig se pergunta se "não é a partir desta convergência clínica dos dois autores que se manifesta de maneira mais sensível a divergência das duas formulações". Teoria psicossexual de um lado, teoria psicossomática de outro. Para Freud, "psíquico" qualifica o tratamento psicossexual da excitação, eficiente na psiconeurose, qualquer que seja sua expressão sintomática, e falha nas neuroses atuais. Ela conclui dizendo que, para Freud (1895b), os distúrbios somáticos da neurastenia dependiam de um trajeto falho da excitação sexual somática em direção ao "grupo sexual", o que atualmente chamaríamos de representações sexuais dos objetos.

O fenômeno psicossomático é, pois, a expressão da excitação, quando esta, não conseguindo uma saída simbólica através de uma ligação entre afeto e representação, tende a desorganizar o funcionamento mental do sujeito, com conseqüente desencadeamento de descargas diretas no soma. Nestes casos, angústias difusas precedem, com freqüência, a chamada "depressão essencial", depressão que traduz o desamparo profundo do indivíduo, provocado pelo afluxo de movimentos instintuais mal controlados (Marty, 1990). Ou seja, por não haver um tratamento psíquico da excitação, como é o caso nas psiconeuroses, ocorre um esvaziamento que provoca a depressão ou a descarga direta no soma, produzindo o chamado fenômeno psicossomático.

Nas "Conferências Introdutórias" de 1916, Freud (*apud* Rocha, 1993) diz explicitamente que "o sintoma de uma neurose atual pode ser freqüentemente o núcleo (*Kern*) e a primeira fase (*Vorstufe*) do sintoma psiconeurótico" e, dá o seguinte exemplo: "suponhamos um caso de dor de cabeça ou de dor lombar histérica; a análise mostra que, pela condensação e pelo deslocamento, o sintoma torna-se a satisfação substitutiva de toda uma série de fantasias ou de lembranças libidinosas. Mas essa dor, em determinada época, era também uma dor real e era então 'um sintoma sexual tóxico direto' – uma expressão somática de uma excitação libidinal". E Freud termina com esta bonita analogia: "acontece com o sintoma da neurose atual o que acontece com o grão de areia que um molusco cobre com camadas de madrepérola" (p. 49-50).

Rocha (1993) nos lembra que há nas neuroses atuais um acúmulo de excitação que o sujeito é incapaz de suportar. Segundo o princípio da função primária do aparelho psíquico, em que Freud (1895a) nos mostra a incessante busca pelo homem de prazer, o excesso de estímulo deve ser descarregado a fim de evitar o desprazer; este se manifesta sob a forma de um "quantum de angústia livremente flutuante, capaz de alimentar um estado de ansiedade permanente, no qual se constata a angústia sem, no entanto, saber a que ela se deve; portanto, uma angústia capaz de poder fixar-se em qualquer objeto".

(...) "esta angústia que assim se manifesta, prestes a se ligar a qualquer conteúdo representativo, pode associar-se, às vezes, aos distúrbios de algumas funções corpóreas, como a respiratória e cardíaca, ou à função vasomotora" (p. 18). Eis aí o que Freud (1895b) nomeou de sintomas das neuroses atuais, em que os sintomas não teriam qualquer significação psíquica.

Desta maneira, nas neuroses atuais, haveria uma ausência de sentido psíquico dos sintomas, indicando não ter ocorrido uma elaboração psíquica da tensão resultante das tensões sexuais.

Faz-se necessário, portanto, distinguir o fenômeno psicossomático das somatizações histéricas conversivas e das somatizações passageiras que qualquer pessoa pode apresentar no curso da vida.

Em face da dor psíquica, várias são as possibilidades de busca de solução. Uma dessas "soluções" é encontrada através do fenômeno psicossomático: fazer adoecer o órgão, evitando o sofrer psíquico. Se esta saída pode ser um recurso eventual, para alguns indivíduos torna-se o recurso privilegiado. Esses indivíduos são denominados pelos psicossomaticistas de "somatizantes graves" que, com freqüência, apresentam o chamado "pensamento operatório" e a "alexitimia". Uma vez privilegiada a via do fenômeno psicossomático, tornam-se necessárias modificações no dispositivo analítico, já que não se trata mais de interpretar conteúdos, mas, ao contrário, de efetuar um trabalho de organização do aparelho psíquico.

Para estes pacientes, os psicossomaticistas que seguem a orientação de Marty indicam uma psicoterapia na qual faz-se um trabalho definido como "da função materna à psicanálise". Para este autor "o sucesso do terapeuta vai depender da sua aptidão (de sua qualidade de empatia) em fazer uma identificação renovada ao paciente – no face a face; isto possibilitará assegurar as primeiras bases de uma proximidade bilateral identificatória". Desta descrição técnica, Marty (1990) espera "reanimação libidinal, melhora das qualidades do pré-consciente e, portanto, um tratamento da excitação mais bem assegurado psiquicamente".

Fazendo um comentário crítico das recomendações de Marty, Braunschweig (s/d) diz primeiramente estar de acordo com este, no sentido de que a disponibilidade das representações (sua riqueza, maleabilidade e associabilidade) define o valor funcional do pré-consciente. Mas, além disso, afirma a autora, este valor só será assegurado "se os processos primários do inconsciente puderem previamente construir esta riqueza e esta disponibilidade". A autora chama a atenção para o que seria de fato a função materna dos pais, e da mãe em particular, revelando, que em função de sua proximidade corporal, esta função consiste em prestar cuidados à criança e assegurar um recalque primário do investimento incestuoso. Para ela, a função materna impõe àquele que deve assumi-la, qualquer que seja o seu sexo, transmitir, de uma maneira ou de outra, a mensagem de ameaça de castração pelo pai – o mestre do desejo da mãe. Resumindo, a função materna, como lembra a autora, obedece a uma dupla injunção que de fato é apenas uma: assegurar a conservação da espécie – transmissão e sobrevivência – e a melhor qualidade possível do psiquismo individual. Portanto, será sempre objeto de questionamento a possibilidade de o analista desempenhar uma função materna. Se uma das características da função materna é abrir o caminho para a castração, consideramos inviável a possibilidade de o analista fazê-lo, já que o contato inaugural com o "semelhante" é que será o responsável pela introdução da criança na ordem simbólica.

Sem dúvida, o fenômeno psicossomático irá obrigar o analista a refletir sobre o manejo da técnica, embora este questionamento não deva afetar o lugar do simbólico por ele ocupado.

Cabe lembrar que este artigo privilegia a situação daqueles pacientes que eventualmente apresentam o fenômeno psicossomático, além de apresentarem a saída pela via psíquica; portanto, de pacientes que embora possuam possibilidades de simbolização, apresentam também áreas não simbolizadas, denotando uma quantidade de energia desligada e que tomam o caminho do soma. Se o fato de existirem essas áreas não simbolizadas não impede de ter havido uma interdição-castração, podemos afirmar não haver uma relação direta entre o tipo de estrutura psíquica e o fenômeno psicossomático. Se a estrutura é definitiva, ainda que passível de modificações no seu interior, o fenômeno, enquanto "coisa que aparece", pode desaparecer. Todavia, o fato de o fenômeno poder aparecer e desaparecer não o coloca numa condição menos misteriosa do que as vicissitudes da psique. Ao contrário, este jogo de aparecer e desaparecer, que define o fenômeno, nos lança, sem dúvida, para o confronto com os mistérios do corpo.

No caso de Marianne, há uma série de elementos que permitem formular a hipótese de ter havido uma relação entre o aparecimento das doenças do corpo e situações de perda e separação, entendendo estas doenças do corpo como sendo da ordem do fenômeno psicossomático.

No entanto, não há uma garantia absoluta de que todas as doenças apresentadas fizessem parte desse fenômeno. Além disso, é importante lembrar que no caso de Marianne, os tumores, concomitantes à morte da mãe e à separação do marido, somente desapareceram após intervenções cirúrgicas, indicando que não foi a partir de um processo de simbolização que se deu o desaparecimento da doença. Todavia, foi notável como a criação de vias de simbolização influenciou na mudança da via de solução, para evitar a dor psíquica.

A experiência analítica pareceu ter mobilizado na paciente representações de vivências infantis, que teriam ficado "congeladas" pela morte da mãe, perda vivenciada como um trauma. O movimento transferencial teria atingido tais vivências, como a que se referia às suas identificações femininas com a figura da avó – substituta da figura materna. Em uma de suas sessões do final da análise, Marianne chega com um novo penteado – os cabelos elegantemente levantados e presos em coque no centro da cabeça. Logo ao deitar relata um sonho, no qual aparecia um afiche de Toulouse Lautrec representando uma mulher. Tal afiche estava "dentro de um *freezer*". Convidada por mim a associar, ela conclui que a figura do afiche no *freezer* assemelhava-se muito a sua avó, sobretudo pelo penteado que ela descreve. Marianne pôs-se a rir quando apontei para ela que era exatamente o mesmo tipo de penteado com o qual ela viera à sessão. Este sonho talvez seja ilustrativo de uma espécie de desobstrução de vias identificatórias, propiciando uma retomada simbólica, em lugar de descargas mudas no soma. Assim, o que o processo analítico propiciou a Marianne foi uma mudança na sua maneira de lidar com as situações de perda e separação, permitindo-lhe a criação de vias de simbolização que passaram a proteger o seu corpo biológico, direcionando o conflito a ser vivido no psiquismo. No caso de outros fenômenos psicossomáticos, tais como a asma e a urticária, podemos dizer ter havido uma vinculação mais evidente entre o desaparecimento desses sintomas com o tratamento analítico.

E, mais uma vez, diante dos mistérios do corpo, cabe ao poeta a última palavra:

*Meu corpo não é meu corpo,
é ilusão de outro ser.
Sabe a arte de esconder-se
e é de tal modo sagaz
que a mim de mim ele oculta.*
Carlos Drummond de Andrade

Referências bibliográficas

Andrade, C. D. *Corpo – novos poemas*. Rio de Janeiro, Record, 1984.

Aulagnier, P. *La violence de l'interprétation*. Paris, PUF, 1975.

_____. "O direito ao segredo: esquisito para poder pensar". *Bol. Interno do Círculo Psicanalítico do Rio de Janeiro*, 1(1), s/d.

Braunschweig, D. *Implications techniques de la théorie en psychosomatique*. [Mimeografado]. s/d.

Braunschweig, D.; Fain, M. *La nuit, le jour*. Paris, PUF, 1975.

Freud, S. (1891) *Contribution à la conception des aphasies*. Paris, PUF, 1983.

_____. (1895a) "Esquisse d'une psychologie scientifique". *In: La naissance de la psychanalyse*. Paris, PUF, 1973.

_____. (1895b) "Qu'il est justifié de séparer de la neurasthénie un certain complexe symptomatique sous le nom de 'névrose d'angoisse'". *In: Névrose, psychose et perversion*. Paris, PUF, 1973.

_____. (1895c) *Études sur l'hystérie*. Paris, PUF, 1973.

_____. (1912) *Totem et tabou*. Paris, Payot, 1970.

_____. (1933) *Nouvelles conférences sur la psychanalyse*. Paris, Gallimard, 1936.

Lacan, J. "Le stade du mirroir comme formateur du je". *In: Écrits*. Paris, Seuil, 1966.

Laplanche, J.; Pontalis, J.-B. *Vocabulaire de la psychanalyse*. Paris, PUF, 1968.

Marty, P. *La psychosomatique de l'adulte*. Paris, PUF, 1990.

_____. *Mentalisation et psychosomatique*. Paris, Delagrange, 1991.

McDougall, J. *Théâtres du corps*. Paris, Gallimard, 1989.

_____. "Corpo e linguagem. Da linguagem do soma às palavras da mente". *Rev. Bras. Psicanal.*, 28(1):75-98, 1994.

Montagna, P. "Algumas reflexões sobre relação mente–corpo em psicanálise". *Rev. Bras. Psicanal.*, 30(2):463-76, 1996.

Nasio, J. D. *Psicossomática: as formações do objeto "a"*. Rio de Janeiro, Jorge Zahar, 1991.

Rocha, Z. *Freud: aproximações*. Recife, Editora Universitária-UFPE, 1993. (Série Estudos Universitários).

Smadja, C. "La notion de mentalisation et l'opposition névroses actuelles/ névroses de défense". *Rev. Fr. Psychanal.*, 54(3):787-97, 1990.

Psicanálise e psicossoma: notas a partir do pensamento de Winnicott

Decio Gurfinkel

As relações entre psicanálise e psicossomática são múltiplas, e são diversas as direções que podemos tomar ao trabalhar o tema que nos ocupa. Quando utilizamos a expressão "psicossomática psicanalítica", fica evidente o quanto a questão psicossomática é afetada pelas concepções psicanalíticas; mais do que afetada, ela é, em certo sentido, compreendida a partir da psicanálise. Mas esta relação não se esgota aqui, já que logo surge um segundo momento em que também a psicossomática atinge e afeta a psicanálise. Tomar as doenças orgânicas como objeto de investigação em conexão com os processos psíquicos e, de maneira mais geral, tomar os processos de organização e de constituição do universo somático em conexão com a estruturação do psiquismo, significa uma ampliação do campo psicanalítico, que traz consigo, necessariamente, uma transformação dele que não é pequena. De um ponto de vista mais radical, o questionamento da separação entre soma e psique, que com tanta força marca a nossa forma de pensar e agir, implica um reordenamento significativo dos pressupostos e das construções teóricas que compõem o edifício do referencial conceitual no qual nos apoiamos para a atividade de pensamento metapsicológico e para a prática clínica.

Freud estabeleceu uma fronteira nítida para a psicanálise ao limitar o seu campo de ação clínica às psiconeuroses e, com muitas ressalvas, às perversões e talvez às psicoses. As ditas "neuroses atuais" (Freud, 1917), ainda que pudessem e devessem ser pensadas pela psicanálise – uma vez que deste estudo se depreenderiam conclusões importantes no campo teórico –, estavam contra-indicadas para o tratamento psicanalítico. A psicoterapia psicanalítica é então entendida como tratamento do psíquico pelo psíquico. A distinção, sem dúvida fundamental, entre a conversão – tão característica da histeria – e os sintomas situados no corpo, porém de etiologia diversa – seja orgânica, seja por derivação direta de moções pulsionais sem associação nenhuma com conteúdos recalcados e por isso impossíveis de serem compreendidos enquanto formações do inconsciente, como é o caso nas "neuroses atuais" – marca um divisor de águas então intransponível pelo método terapêutico criado por Freud. Como se sabe, esta "exclusão" foi revista por diversos analistas, em uma reconsideração que concerne diretamente à psicossomática. Que conseqüências esta mudança de atitude traz para o campo psicanalítico?

A conseqüência que pretendo discutir aqui é aquela que concerne à compreensão da noção de "mente" e suas implicações: o que se entende por atividade mental, princípios do funcionamento mental, mecanismos mentais, defesas mentais, transtorno ou doença mental e, mais especificamente, como se podem compreender a gênese e o desenvolvimento do que chamamos de "mente"? A questão a ser formulada é: que modificações cabem ser feitas em uma "teoria da mente", a partir do momento em que compreendemos o funcionamento psicossomático como um processo integrado que envolve, em uma relação complexa e difícil de ser apreendida, a psique e o soma?

Winnicott: uma teoria da mente

Winnicott foi um psicanalista que, em diversas ocasiões, dedicou-se ao estudo da questão psicossomática. Mas, além disto, observamos que uma concepção integrada da relação psique–soma impregna toda a sua obra, o que deixa marcas nos mais diversos domínios de sua reflexão. Tomarei como ponto de partida do meu trabalho uma "teoria da mente" que se depreende nitidamente de suas proposições e, mais especificamente, de um texto especialmente dedicado a este tema.

"A mente não existe realmente como uma entidade"; é desta frase, destacada de um trabalho de Ernest Jones, que Winnicott (1949) retira o paradoxo que norteará a sua discussão. Para compreendê-lo, devemos primeiro observar que, para ele, a "mente" não equivale à "psique"; muito ao contrário, trata-se de registros, ainda que relacionados, basicamente heterogêneos. A psique é a elaboração imaginativa das partes, sentimentos e funções somáticas e, enquanto tal, não se distingue do soma a não ser por uma divisão artificial ou devido "à direção a partir da qual se está observando" (p. 411). Pode-se observar como há um certo parentesco entre esta idéia e a noção freudiana de apoio, que concebe a emergência da psicossexualidade a partir das experiências do infante em termos de suas funções somáticas. Para Winnicott, no entanto, o que está em questão não é a vida erótica do sujeito, mas a conquista de um lugar para viver, ou as bases do self no corpo. Em uma fase inicial de desenvolvimento, há um processo de construção através do qual psique e soma vão formando um tecido de inter-relações mútuas, denominado personalização. A personalização, intimamente relacionada ao processo de integração e, mais adiante, ao de realização, concerne ao desenvolvimento do sentimento de que se está dentro do próprio corpo. Assim, a localização do self do corpo não é uma experiência dada desde sempre, e sim o fruto de um processo de desenvolvimento sadio; os distúrbios neste processo relacionam-se a futuras perturbações de tipo psicótico e também, de uma maneira particular, aos transtornos psicossomáticos (Winnicott, 1945).

A mente, por seu lado, na saúde não é nada mais do que um caso particular do funcionamento do psicossoma, surgindo como uma especialização a partir da parte psíquica do psicossoma. Há uma enorme confusão conceitual, segundo Winnicott, quando estas distinções não são feitas com suficiente clareza e se as coisas não são postas nos seus devidos lugares. A psique e o soma – que formam o esquema corporal de todo indivíduo – interpenetram-se e desenvolvem-se em uma relação dialética, e apresentam o paradoxo da diversidade na unidade; ora, um exame mais atento das proposições do autor não deixa muitas dúvidas sobre a sua posição monista, já que psique e soma devem estar em continuidade. E a mente? Há aqui uma sedução do pensamento que poderia nos conduzir a entendê-la em uma relação de oposição ao psicossoma; esta porém não é a posição de Winnicott (1949), já que a mente enquanto entidade isolada e em oposição ao psicossoma é precisamente o que ocorre quando há uma distorção no desenvolvimento do indivíduo, e nos situa já no campo da psicopatologia. Ora, esta confusão conceitual se torna ainda mais aguda quando estamos no campo psicossomático: "a pesquisa no campo psicossomático está sendo até certo ponto detida pela confusão à qual estou me referindo" (p. 410). Tentaremos compreender melhor qual é o espírito desta afirmação de Winnicott.

Como surge a mente a partir do funcionamento do psicossoma? O ponto de vista genético é sempre uma peça-chave para se compreender o pensamento winnicottiano. As concepções deste autor são bastante conhecidas por sua ênfase inflexível no papel do ambiente no desenvolvimento do indivíduo e, quanto à questão que nos ocupa, este fator é de fato essencial: se o funcionamento do psicossoma pode, em princípio, ser compreendido atendo-se ao ponto de vista do infante, estudando o fascinante processo de surgimento de um mundo imaginativo de crescente complexidade a partir de suas experiências corporais, o mesmo não ocorre com a mente. A mente é, na sua essência, uma função do meio ambiente e de suas variações. Ela é a história viva de seus sucessos e falhas em adequar-se às necessidades do indivíduo em processo de maturação.

Na etapa inicial de desenvolvimento do bebê, a questão primordial é a presença de uma mãe-ambiente confiável que se adapte às suas necessidades de maneira virtualmente perfeita. Devemos lembrar que Winnicott inclui no termo "necessidades" – ou mais precisamente "necessidades do ego" – tanto os cuidados físicos quanto os psíquicos, coerentemente com a sua visão integrada da relação psique-soma. Nem a realização mecânica das tarefas físicas ligadas ao lidar com o bebê, e nem a resposta imediata às suas demandas pulsionais implicam a satisfação das "necessidades do ego". A adaptação virtualmente perfeita da mãe-ambiente garante ao psicossoma do bebê a experiência fundamental da continuidade do ser – experiência que se dá tanto na dimensão temporal quanto na espacial –, e quando esta continuidade é perturbada por falhas ambientais – que têm neste momento um caráter de invasão – estamos no campo da predisposição à psicose.

Logo surge a etapa seguinte, na qual a adaptação absoluta se torna adaptação relativa, através de um delicado processo gradual de falhas em pequenas doses. É aqui que a mente entra em cena. Podemos, pois, complementar a fórmula anteriormente apresentada, dizendo que a mente é uma função do ambiente à medida que ele começa a falhar; na verdade, é apenas à medida que falha que ele começa a existir para o bebê enquanto realidade. Há ainda um longo trajeto até o estabelecimento do que freudianamente chamamos princípio de realidade, ou do surgimento de uma membrana diferenciadora entre eu e não-eu – a experiência psicossomática da pele –, de um objeto percebido objetivamente e da subseqüente experiência do ser–estar no mundo da cultura. O que deve ser aí interpolado é a travessia bem sucedida na área intermediária dos fenômenos transicionais, processo que na verdade só alcança a sua conclusão quando morremos.

Em um certo momento, teórico mas preciso, da sua trajetória de vida, o bebê esfomeado não mais apenas reage com um choro desordenado e desesperado – pura reação de descarga –, e não mais apenas realiza alucinatoriamente o seu desejo pelo reinvestimento das marcas mnêmicas ligadas a experiências de satisfação anteriores, como genialmente descobriu Freud, mas pode esperar alguns minutos mais ao escutar o barulho das panelas enquanto sua mãe prepara a mamadeira ou a papinha na cozinha, pois neste momento ele pode somar dois mais dois e compreender que a satisfação da necessidade está a caminho. A mente está surgindo. Alguns meses mais tarde, ele poderá compreender que a mãe que se ausentou estará de volta depois de alguma coisa que nós, do ponto de vista adulto, chamamos de "algumas horas". Ele aprende a compreender este fato, e aprende que existe algo que chamamos tempo, ou "daqui a pouco", ou "antes e depois".

Neste ponto podemos apreender qual é o lugar que ocupa o econômico na metapsicologia winnicottiana. Trata-se de uma questão de quantidade, do lado da mãe-ambiente, o quanto e quando ela satisfaz as necessidades do bebê e, do lado deste último, o quanto e por quanto tempo se pode esperar compreendendo. Em cada momento estas quantidades variam, e espera-se que, em média, as doses possam ir aumentando ao longo do processo de maturação. Evidentemente, estamos falando de um sutil jogo de dosagens que se dá em um espaço entre: justamente na relação mãe–bebê. A mãe suficientemente boa é aquela que encontra esta dosagem não por um saber mental, mas como uma extensão natural da sua experiência psicossomática de ser mãe. Não há nada de excepcional ou artificialmente adquirível nisto; não há nada previsível, não há um saber-fazer prévio ou fora desta relação, e o erro da mãe é o seu acerto. Isto no caso de não ocorrerem perturbações excessivas que atinjam a experiência psicossomática mãe-bebê, sejam oriundas da psicopatologia da mãe, sejam oriundas dos acidentes no ambiente familiar e social maior que sustentam esta experiência.

"A atividade mental do bebê transforma o relativo fracasso de adaptação em um sucesso adaptativo" (Winnicott, 1949, p. 412). Assim, a mente se desenvolve através da capacidade de compreender e compensar as falhas, e o seu desenvolvimento é, portanto, muito influenciado por fatores alheios à esfera da vida pessoal do indivíduo, o que inclui os acontecimentos fortuitos da vida. Se a tarefa da mãe é, no início, adaptar-se de maneira absoluta às necessidades do bebê, em seguida será de fundamental importância que ela possa fornecer um fracasso gradual da adaptação para que a função mental do bebê se desenvolva satisfatoriamente. O resultado disto será, no futuro, a emergência da capacidade do próprio indivíduo de cuidar de seu *self*, atingindo um estágio de dependência madura.

Examinemos agora algumas conseqüências teórico-clínicas desta concepção de mente e de sua relação com o psicossoma.

Psicopatologia do funcionamento mental

O que ocorre quando uma perturbação excessiva rompe com a possibilidade de digestão psíquica do bebê?[1] De uma maneira geral, o que é rompido é justamente a experiência da continuidade do ser, atingindo os processos de personalização, integração e realização. Em outras palavras, o que pode sofrer perturbação é a construção da morada do *self* no corpo, a construção de uma unidade na experiência do si-mesmo em contraste com o outro – o que possibilitará à criança um dia dizer "eu sou o rei do castelo" –, e a construção do sentimento de existência de um mundo de objetos significativos que, se podem ser percebidos objetivamente, também podem ser concebidos subjetivamente pela atividade simbolizante que é, para Winnicott, a essência da vida psíquica.

No que toca às funções da mente, uma conseqüência importante deste rompimento é o surgimento de uma hiperatividade do seu funcionamento. "Com o crescimento excessivo da função mental como reação a uma maternagem inconstante, vemos que é possível o desenvolvimento de uma oposição entre mente e psique-soma, pois em reação a este estado anormal do meio ambiente, o pensamento do indivíduo começa a controlar e organizar os cuidados a serem dispensados ao psique-soma, ao passo que na saúde esta é uma função do meio ambiente. Quando há saúde, a mente não usurpa a função do meio ambiente, tornando possível, porém, a compreensão e, eventualmente, a utilização de seu fracasso relativo" (Winnicott, 1949, p. 413-4).

---

1. É curioso, quanto a este modelo do rompimento do equilíbrio psicossomático por um excesso oriundo do ambiente, notar um eco da teoria do traumatismo proposta por Freud (1920) em *Além do princípio do prazer* através do modelo da vesícula que tem sua membrana rompida pelo excesso de excitação.

A oposição entre mente e psicossoma caracteriza um mecanismo dissociativo. Segundo Winnicott, quando uma tensão excessiva recai sobre o funcionamento mental, podem ocorrer estados confusionais – que podemos também chamar de colapsos mentais – ou mesmo uma deficiência mental de etiologia não orgânica. Mas estes destinos são mais incomuns do que se poderia esperar, pois há um tipo de recurso defensivo do qual somos dotados e ao qual muito freqüentemente recorremos nestes tipos de situação: a dissociação.

Ferenczi (1924) foi um autor que, já nos primórdios da história da psicanálise, pôde ter uma compreensão profunda da importância e da enorme incidência do tipo de problemática clínica de que estamos aqui tratando. Inspirando-se em modelos da biologia, ele observou um mecanismo de defesa primitivo da vida psíquica análogo ao fenômeno da "autotomia" em certos animais inferiores: em determinadas situações extremas de perigo com risco de morte, estes animais dividem-se literalmente, abandonando uma parte de seu corpo e procurando recompor-se posteriormente (p. 276). É curioso notar como Ferenczi, neste momento, encontra na autotomia "o modelo biológico do recalcamento", enquanto nós podemos identificar nele justamente o mecanismo da dissociação. Mas é no final de sua obra que esta problemática alcança plena maturidade. Partindo dos impasses que emergiam em certas situações clínicas dificilmente manejáveis pelo método terapêutico clássico criado por Freud, Ferenczi (1933) põe-se a refletir sobre o contraste de posições que existe no caso de uma criança diante de um adulto, e sobre a "confusão de línguas" que daí pode advir.

O seu olhar recai sobre as situações de violência que podem ocorrer nesta relação e sobre as conseqüências destas sobre o psiquismo em desenvolvimento. A violência tem um caráter de trauma justamente pela situação psicológica em que se encontra a criança: trata-se de "uma psique composta apenas de id e superego, e que portanto carece da capacidade de manter sua estabilidade diante do desprazer, da mesma maneira que para a pessoa imatura é insuportável ficar só, sem os cuidados da mãe e sem uma considerável dose de ternura" (Ferenczi, 1933, p.145-6). Vê-se como, apesar de seu apoio mais evidente na metapsicologia freudiana e de trabalhar com o modelo da relação criança-adulto e não bebê-mãe-ambiente, podemos encontrar nesta formulação um parentesco significativo com as proposições winnicottianas. O resgate da teoria freudiana do traumatismo é aqui mais direto – se bem que Ferenczi mescla a teoria do trauma sobre a etiologia da histeria, dos primórdios da obra de Freud, com a teoria do traumatismo de *Além do princípio do prazer* –, de maneira que o traumático inclui a violência de caráter sexual, o mau-trato subjacente ao sadismo do adulto e o que denomina "terrorismo do sofrimento".[2]

Ao sofrer uma violência traumática, a criança não protesta: fica paralisada pelo medo diante da autoridade do adulto e identifica-se com o agressor. Submete-se, aprende a adivinhar todos os seus desejos e a satisfazê-los com grande eficácia; através de um mecanismo de introjeção, a realidade pode ser transformada alucinatoriamente, anulando-se a violência e conservando-se a ternura. A criança introjeta o sentimento de culpa do adulto e, em seguida, fica marcada por um sentimento de confusão: é ao mesmo tempo inocente e culpada. O choque sofrido é acompanhado por uma vivência de transe de tipo alucinatório, e a conseqüência mais duradoura é precisamente uma dissociação da personalidade. Uma parte da personalidade regride defensivamente ao estado de tranqüilidade anterior ao trauma, e outra, diante da angústia mortal, desenvolve subitamente uma série de capacidades típicas de adultos. Este amadurecimento precoce – emocional e intelectual – equivaleria a transformar-se em uma espécie de psiquiatra que, invertendo a lógica natural da relação adulto–criança, vai tomar o adulto enlouquecido aos seus cuidados. A melhor representação que Ferenczi encontrou para este processo foi a figura do bebê-sábio, retirada de sonhos de alguns de seus pacientes: um bebê que começa a falar e a dar lições de sabedoria para toda a família.

---

2. Este tema foi por mim desenvolvido em um trabalho anterior (Gurfinkel, 1995 e 1996).

A figura do bebê-sábio é uma excelente representação para o resultado do processo dissociativo descrito por Winnicott (1949): o funcionamento mental torna-se uma coisa em si. "Clinicamente, isso pode acompanhar uma dependência da mãe real e um crescimento pessoal falso com base na submissão" (p. 414). No futuro, esta pessoa pode se transformar em uma mãe maravilhosa para os outros, o que na verdade é um padrão extremamente falso que sucumbe em um colapso quando a estruturação defensiva não pode mais ser mantida. O problema de fundo é que a mente dissociada – que, segundo Winnicott, atrai a parte psíquica do psicossoma para um conluio contra o soma – procura sempre fazer um trabalho compensatório das falhas ambientais que sobrepujaram as possibilidades do psicossoma de manter-se integrado e saudável e, ao usurpar a função da mãe-ambiente, poderá apenas repetir a experiência de fracasso que determinou a perturbação de desenvolvimento, e não corrigi-la. A adaptação se deu na base da submissão, quando o que teria sido necessário era uma adaptação da mãe-ambiente às necessidades do bebê. Todo sucesso na vida do adulto em vias de formação será experimentado como um fracasso, como uma façanha mental que é o atestado da doença dissociativa.

Um último aspecto significativo desta problemática é que a mente dissociada que se torna uma entidade autônoma tende a ser localizada pelo sujeito em algum lugar. Muito freqüentemente este lugar é a cabeça, mas não é o único: Winnicott relata alguns casos de pacientes psicóticos que não sentiam a própria personalidade como localizada no corpo; uma delas, por exemplo, vivia em uma caixa a metros de altura, ligada ao próprio corpo por uma linha – este é o fenômeno clínico normalmente descrito como despersonalização (Winnicott, 1945, p. 274-7). No desenvolvimento normal, assim como a mente não existe de fato como uma entidade, no esquema corporal do indivíduo não há um lugar óbvio para a mente. A psique se encontra em todos os lugares onde há elaboração imaginativa das funções, ou onde há função simbolizante sobre o corpo próprio; a mente, enquanto especialização da parte psíquica do psicossoma, também não tem lugar. Winnicott é radical ao afirmar a falsidade do conceito de mente como um fenômeno localizado, que é, na verdade, uma problemática da psicopatologia do funcionamento mental.

Transtorno mental, transtorno psicossomático

As implicações clínicas que decorrem deste tipo de concepção sobre a origem e a natureza da mente, assim como de seus possíveis distúrbios que redundam em defesas dissociativas, são variadas; comentarei brevemente apenas algumas delas. Como podemos reconsiderar, a partir do acima exposto, o que entendemos por "transtorno mental" e "transtorno psicossomático"?

No que se refere ao "transtorno mental", novas categorias psicopatológicas emergem ou, dito de outra maneira, pode-se perceber "doença" onde anteriormente algo passaria despercebido. O conceito de falso *self* nos ajuda muito a preencher esta lacuna. Diz Winnicott (1960): "quando um falso *self* se torna organizado em um indivíduo que tem um grande potencial intelectual, há uma forte tendência para a mente se tornar o lugar do falso *self*, e neste caso se desenvolve uma dissociação entre a atividade intelectual e a existência psicossomática" (p. 132). Quando isto ocorre, configura-se um quadro clínico peculiar que facilmente engana. Trata-se de alguém que tenta sempre resolver os seus problemas pessoais pelo uso do intelecto apurado; "o mundo pode observar o êxito acadêmico de alto grau, e pode achar difícil acreditar no distúrbio do indivíduo em questão", mas este se sente tanto mais falso quanto mais é bem sucedido. "Quando tais indivíduos se destroem de um jeito ou de outro, em vez de se tornarem o que prometiam ser, isto invariavelmente produz uma sensação chocante naqueles que tinham depositado grandes esperanças no indivíduo" (*Ibidem*).

Uma variante importante deste quadro é a do sujeito hiperadaptado, "normopata" – segundo expressão utilizada por MacDougall (1984) – ou o que Bollas (1992) denominou "doença normótica". Esta "patologia da normalidade" se refere a um indivíduo que aprendeu a viver uma pseudo-existência por uma adaptação ao mundo na base da submissão, de maneira que o essencial do viver criativo ficou de fora de sua experiência. Trata-se de uma pessoa demasiadamente estável, aparentemente segura e à vontade, e socialmente extrovertida; mas um exame mais detido nos revela alguém totalmente desinteressado e alheio à vida subjetiva, e que tende a refletir-se unicamente na concretude dos objetos da realidade material. O resultado é uma quase total de-simbolização da relação com o mundo e com os objetos, de maneira que "este indivíduo está vivo em meio a uma profusão de coisas sem sentido" (p. 171). Bollas nos esclarece a conexão desta problemática clínica com o que dizíamos anteriormente: "como propôs Winnicott, algumas pessoas anularam o elemento criativo desenvolvendo uma mentalidade alternativa que procura ser objetiva, uma mente que é caracterizada menos pelo psíquico (pela simbolização representacional dos sentimentos, sensações e percepções intra-subjetivas) do que pelo objetivo. Essa mentalidade não é dirigida para representar o objeto, mas para ser o eco da concretude inerente aos objetos materiais, para ser um objeto bem-de-consumo no mundo da produção humana" (p. 170). Esta "mente" – tão pertinente, aliás, aos tempos atuais – usurpa a função do meio ambiente inadequado e ao mesmo tempo é um espelho vivo do "sem sentido" do ambiente cultural que nos circunda, no qual as trocas humanas tendem a ser transformadas em trocas de bens de consumo, em trocas coisificadas.

Outra situação curiosa e dramática descrita por Bollas e conectada com esta problemática é o caso do psicopata mentiroso. A essência de sua mentira está no fato de esta lhe proporcionar uma relação afetiva e imaginativa com o mundo externo, que não seria possível de outra maneira. O "falar a verdade", na sua experiência, está necessariamente ligado a um aprisionamento a uma narrativa vazia e submissa ao texto: "é como se necessitasse da mentira para realizar a experiência do self dissociado" (p. 214). A hipótese etiológica do autor é a de que o mundo alternativo da mentira se construiu como única saída e solução que possibilitou ao indivíduo, na sua infância, recuperar-se de ausências catastróficas dos adultos responsáveis por seus cuidados: "é somente na fantasia que Jonathan pode desenvolver uma experiência concluída com um objeto, já que os pais interrompiam, continuamente, seu uso potencial como objetos de Jonathan, deixando-o confuso e compelindo-o a criar um mundo alternativo" (p. 218). Assim, podemos depreender daqui uma fascinante conexão entre a mentira e a mente, ou o funcionamento distorcido e dissociado desta última.

Mesmo que apresentados desta maneira sintética, estes quadros clínicos nos dão uma idéia do alargamento do campo da psicopatologia clássica que merece ser realizado, e da revisão necessária do que entendemos por "transtorno mental". E, além deste alargamento, faz-se necessária também uma reavaliação dos quadros clássicos da psicopatologia psicanalítica, ou das neuroses ditas "mentais". O trabalho de Winnicott nos permite, por exemplo, um novo olhar sobre a neurose obsessiva. Concentrando-se no enigma do pensamento obsessivo – que como Freud mesmo reconhece, não estava totalmente esclarecido –, Winnicott nos leva a refletir sobre as possíveis conexões desta hiperatividade mental ensandecida com uma mente que se torna uma coisa em si. Para além da erotização do pensamento e do retorno compulsivo de um recalcado indomável, não haveria também aqui uma doença da mente – verdadeiro transtorno mental –, na medida em que esta é hiperativada pela necessidade de uma catalogação repetitiva e compulsiva das reações às invasões ambientais ocorridas em uma época remota? Ficamos com esta interrogação como sugestão para reflexão.

A questão que cabe aqui ser formulada é: que novo olhar um "pensamento psicossomático" nos proporciona sobre as psiconeuroses? A contribuição de Marty (1993) nos permitiu observar o contraste entre as psiconeuroses e as por ele denominadas "neuroses mal mentalizadas"; se, do ponto de vista de sua apresentação, diferem pela riqueza ou pobreza da vida imaginativa e onírica, do ponto de vista do funcionamento psicossomático diferem quanto à maior ou menor propensão à somatização. Ora, é justamente a atividade mental que serve como uma organização protetora contra a descarga pulsional direta no soma. Mas a contribuição de Winnicott sugere um outro problema, a meu ver complementar a este: qual é a qualidade desta atividade mental? Deve-se discriminar a atividade simbolizante na saúde, que envolve um psicossoma integrado e uma mente que não é uma coisa em si – e que implica o uso criativo dos objetos da realidade e da fantasia –, de uma atividade mental dissociada que facilmente engana. Engana por sua habilidade em "mentir" e manipular ao invés de criar, por seu malabarismo ilusionista que encobre o risco da queda no vazio, e por construir uma idéia no final das contas delirante de uma natureza humana (falso self) que prescinde de sua base no corpo. Em suma, trata-se de uma atividade mental de caráter essencialmente defensivo e reativo. Assim, as psiconeuroses poderiam ser compreendidas como "neuroses mentais" não apenas por ser a mente o seu campo de manifestação e o *locus* do sintoma, mas justamente por constituírem, além de uma doença na mente, uma doença da mente.

Retornando, finalmente, ao campo da psicossomática *stricto sensu*, cabe apontar algumas linhas gerais para as quais o pensamento de Winnicott nos conduz. Para ele, o transtorno psicossomático é essencialmente uma doença dissociativa. "A enfermidade no 'transtorno psicossomático' não é o estado clínico expresso em termos de patologia somática ou funcionamento patológico (colite, asma, eczema crônico), mas sim a persistência de uma cisão na organização do ego do paciente, ou de dissociações múltiplas, que constituem a verdadeira enfermidade. Este estado de doença no paciente é, ele próprio, uma organização de defesa com determinantes muito poderosos, e, por esta razão, é muito comum que médicos bem-intencionados e bem-informados, e até mesmo excepcionalmente bem-preparados, fracassem em seus esforços para curar pacientes que tenham um transtorno psicossomático. Se as razões para esta tendência a fracassar não são compreendidas, os clínicos perdem o ânimo" (Winnicott, 1994, p. 82). O sintoma que incide no corpo, neste caso, é tanto um efeito da patologia dissociativa como uma tentativa de cura.

Neste ponto, tornam-se pertinentes algumas especificações conceituais, já que a expressão "transtorno psicossomático" pode ter significados diferentes para diversos autores. Devemos nos lembrar de que, quando falamos em "psicossomático", não estamos nos referindo simplesmente a um fato empírico isolado, mas falamos de um fenômeno através de um referencial conceitual específico. Encontramos em Winnicott (1990) a idéia mais geral de que "distúrbios do psicossoma são alterações do corpo ou do funcionamento corporal associadas a estados da psique" (p. 44). Os efeitos da psique sobre o corpo, neste caso, são a conseqüência de uma tensão psíquica excessiva que pode gerar situações somáticas algumas vezes irreversíveis, já que quando "o conflito entre o impulso e o Ego ideal encontra-se no inconsciente reprimido, as inibições, compulsões e ansiedades resultantes são mais cegas, menos capazes de se adaptar às circunstâncias, e mais danosas para o corpo e suas funções e processos" (p. 43). Vê-se como encontramos em Winnicott uma busca de compreensão destes efeitos a partir da teoria psicanalítica freudiana do conflito e das instâncias psíquicas, sendo que um fator posto em destaque é o limite do corpo em suportar uma tensão excessiva que perdura ao longo do tempo.

Mas, em seguida, Winnicott acrescenta que nem sempre pode-se presumir um relacionamento intenso entre a psique e o soma, e que em psicossomática "é preciso considerar os estados tão comuns e importantes em que a relação entre a psique e o soma é enfraquecida, ou mesmo rompida" (p. 45). Aqui, evidentemente, ele já está se utilizando de um referencial conceitual significativamente diferente, justamente derivado de sua concepção genética do desenvolvimento primitivo. Retomando a afirmação freudiana de que o ego se baseia em um ego corporal, Winnicott acrescenta que, na saúde, o self mantém esta aparente identidade com o corpo e com seu funcionamento, mas que isto é o resultado de um processo de desenvolvimento inicial que nem sempre é bem sucedido. Se a tendência à integração faz parte do movimento para a frente no processo de desenvolvimento, a dissociação entre psique e soma "é um fenômeno regressivo que emprega resíduos arcaicos no estabelecimento de uma organização de defesa (...); a cisão é aqui a representante da repressão, que constitui o termo apropriado em uma organização mais sofisticada" (Winnicott, 1994, p. 89).

É a partir destes elementos que Winnicott passa a propor um uso muito particular e específico para a expressão "transtorno psicossomático". Enquanto "negativo" dos processos de integração e de personalização, o transtorno psicossomático é o efeito de um sistema defensivo altamente organizado e vigorosamente mantido, marcado pela dissociação, que se constrói com a finalidade de proteção contra os perigos que surgem da integração e da conquista de uma personalidade unificada. No caso de uma paciente adulta, por exemplo, que apresentava inúmeros processos somáticos crônicos, Winnicott aponta como a dissociação era uma defesa contra a perda de identidade em uma fusão com a mãe (1994, p. 86). Uma série de exemplos clínicos apresentam a participação evidente de fatores psíquicos em alterações somáticas, mas isto não é o suficiente para caracterizar um "transtorno psicossomático" neste sentido particular. Assim, "uma ameaça grave de desintegração pode achar-se oculta em uma cãibra do pescoço; uma irritação insignificante da pele pode esconder uma despersonalização; (...) a hipertensão crônica pode ser o equivalente clínico de um estado psiconeurótico de ansiedade ou de um fator traumático de longa duração..." (1994, p. 88), mas estes fenômenos não constituem, por si mesmos, transtornos psicossomáticos.

A etiologia deste distúrbio encontra-se nas falhas no processo de integração, no qual a participação da mãe-ambiente é decisiva. Esta observação nos dá a chave para compreender um fenômeno que sempre acompanha os casos de distúrbio psicossomático, que na verdade fornece a pista que Winnicott seguiu para compreender a sua dinâmica: a disseminação dos agentes responsáveis. Estes pacientes envolvem-se regularmente com uma diversidade de "agentes terapêuticos" (médicos, terapeutas, assistente social, equipe de enfermagem, etc.), manipulam-nos com habilidade, mantendo-os em conflito, ou a distância, aderindo e rejeitando ora a um e ora a outro, "usando-os" e jogando-os fora de maneira muito característica. Ora, o que estes pacientes fazem é criar – ou recriar – uma cisão patológica da provisão ambiental. Segundo Winnicott, eles "precisam de nós para serem cindidos (mas, contudo, essencialmente unidos nos antecedentes longínquos que não se pode permitir conhecer)" (1994, p. 88). Assim, volta ao ambiente o problema que foi originalmente do ambiente, a saber, a falha em proporcionar uma provisão contínua, adequada e necessária para a integração psicossomática e para a constituição do "eu corporal".

Ora, esta forma de enunciar a questão coloca sob um novo prisma os ditos "problemas da técnica". Evidentemente, a divisão natural da profissão médica em diversos ramos e as dissociações pessoais dos médicos e terapeutas serão largamente exploradas por este tipo de paciente, demandando um trabalho psíquico muito peculiar e importante por parte destes. Este "trabalho" pode ser compreendido como uma variante da elaboração da contratransferência do psicanalista. A intervenção do terapeuta – ou do grupo de "agentes responsáveis" – se concentrará mais naquilo que Winnicott chamou de "manejo" do que no trabalho interpretativo propriamente dito. Os efeitos da dissociação não são passíveis de interpretação, ao contrário dos efeitos do recalcamento, ou seja, as formações do inconsciente. O problema da interpretação é que, ou ela tem um valor traumático por forçar uma integração que não é por ora possível, ou ela alimenta, por via da intelectualização, uma mente dissociada e patológica que se afasta cada vez mais do cerne da questão. A "doença dissociativa" só pode ser tratada por uma experiência de integração no *setting* terapêutico – muitas vezes ampliado –, o que implica espera, tolerância ao sintoma e principalmente oferecimento de provisão ambiental adequada. A apreensão de como isto se dá no trabalho clínico é complexa, e não é possível de ser apresentada no âmbito deste trabalho.

Daqui Winnicott conclui a importância de mantermos a idéia de um "campo psicossomático", ou de um "grupo psicossomático" de médicos e terapeutas, já que, se há a necessidade do paciente de nos manter separados para fins práticos, devemos permanecer unidos teoricamente por uma disciplina e uma profissão comuns. "Nossa missão é ter uma visão unificada do paciente e da doença, sem parecer fazê-lo de uma maneira que vá à frente da capacidade que o paciente tenha de alcançar integração em uma unidade. Com freqüência, com muita freqüência, temos de nos contentar em deixar o paciente ter e manipular a sintomatologia, em uma relação de alternância com nossos colegas correspondentes, sem tentar curar a doença real, que é a cisão de personalidade do paciente organizada a partir da debilidade do ego e mantida como defesa contra a ameaça de aniquilamento no momento da integração" (1994, p. 90). Este é o dilema e o desafio do profissional em psicossomática; por outro lado, há a crença de que, concedendo-se tempo e condições favoráveis, o paciente tenderá a recobrar-se da dissociação, à medida que suas forças integradoras propiciarem o abandono da defesa.

Winnicott descreve, a partir do estudo de um caso clínico, um tipo de distúrbio dissociativo muito particular: a emergência do que denominou "fantasiar", fenômeno que se diferencia e se opõe à experiência do viver e do sonhar. O fantasiar tem aqui um sentido bastante preciso e diferente do conceito corrente de fantasia; trata-se de uma atividade mental dissociada caracterizada por um pensamento circular e fechado em si mesmo, estático, que absorve grande parte da energia mental e que é inacessível ao resto da personalidade do indivíduo. A sua apreensão clínica é bastante difícil, e o que mais se aproxima do fantasiar é um tipo de devaneio onipotente em que tudo acontece imediatamente, mas ao final das contas nada aconteceu. No fantasiar, há uma grande excitação e um envolvimento psicossomático, mas não há possibilidade de esta excitação ganhar um destino em uma experiência significativa do viver no mundo e relacionar-se com objetos, o que, para Winnicott, aproxima-se da experiência do sonhar. Assim, Winnicott (1975) nos conta como a paciente "observou que este tipo de envolvimento de seu corpo no fantasiar produzia grande tensão, mas, como nada estava acontecendo, ela se sentia candidata a uma oclusão coronariana, pressão arterial alta ou úlceras gástricas (de que realmente já sofrera)" (p. 53).

Uma conclusão importante que daqui se depreende, se esta proposta puder ser confirmada como válida, é que as ditas somatizações podem estar associadas não apenas a uma relativa ausência ou deficiência nos processos representativos da mente – conforme diversos autores sugerem –, mas também a um tipo de atividade mental distorcida, caracterizada pela dissociação, devido à qual a derivação da tensão psicossomática não tem possibilidade de se dar pelas experiências do viver e do sonhar. O que estaria aqui deficiente não seriam exatamente os processos de representação da mente, mas sim a função simbolizante do psicossoma. Segundo a terminologia de Winnicott, o que é próprio do fantasiar é a ausência de um "clímax psicossomático".

Por fim, Winnicott (1949) nos permite pensar no aspecto positivo da perturbação psicossomática. O "positivo" não se refere a uma escala de valores morais, e sim a uma direção à qual a perturbação busca apontar e a uma problemática a que ela visa responder. "Um dos objetivos da doença psicossomática é atrair a psique para longe da mente, de volta à associação íntima original com o soma. (...) Deve-se ser capaz de ver o valor positivo da perturbação somática no seu trabalho de neutralizar uma "sedução" que a mente exerce sobre a psique" (p. 424). Ora, assim como Freud (1914) propôs que a sintomatologia psicótica poderia ser compreendida como uma tentativa restitutiva de "cura" – no final das contas fracassada – da verdadeira doença psicótica que é a retração narcisista da libido, já que o psicótico tentaria assim estabelecer novamente a conexão rompida com o mundo, também o paciente com um transtorno psicossomático estaria buscando restabelecer a conexão psique–soma perdida por conseqüência da patologia dissociativa da mente.

O pensamento de Winnicott sobre a questão psicossomática é ousado e instigante, assim como o é a sua idéia peculiar do que seja a mente e de qual seria a sua função na saúde e na doença. De um ponto de vista mais geral, trata-se de uma concepção monista da natureza humana no que tange à relação entre psique e soma. As conseqüências desta concepção se fazem sentir nos mais diversos campos da teoria e da prática clínica, como procurei aqui delinear através da mudança de enfoque que a partir dela se pode operar na abordagem dos chamados "transtornos mentais" e "transtornos psicossomáticos". Neste sentido, creio que esta proposta pode ser tomada como um estímulo à reflexão e ao debate.

Referências bibliográficas

Bollas, C. *A sombra do objeto*. Rio de Janeiro, Imago, 1992.

Ferenczi, S. (1924) Thalassa – ensaio sobre a teoria da genitalidade. *In: Obras completas*. São Paulo, Martins Fontes, 1993.

_____. (1933) La confusión de lenguajes entre los adultos y el niño: el lenguaje de la ternura y la pasión. *In: Problemas y métodos del psicoanálisis*. Buenos Aires, Hormé/Paidós, 1966.

Freud, S. (1914) Introducción al narcisismo. *In: Obras completas*. Madri, Biblioteca Nueva, 1981.

_____. (1917) Lecciones introductorias al psicoanálisis. *Op. cit.*

_____. (1920) Mas alla del principio del placer. *Op. cit.*

Gurfinkel, D. O infantil em Ferenczi e o problema da ingenuidade. *Espaço Criança* (Rev. Curso Psicoter. Psicanal. Criança do Instituto Sedes Sapientiae), 1(1):pt.1, mar. 1995, 2(1):pt.2, ago. 1996.

Marty, P. *A psicossomática do adulto*. Porto Alegre, Artes Médicas, 1993.

McDougall, J. The 'dis-affected' patient: reflections on affect pathology. *Psychonal Q.*, 53:389-409, 1984.

Winnicott, D. (1945) Desenvolvimento emocional primitivo. *In: Textos selecionados: da pediatria à psicanálise*. Rio de Janeiro, Francisco Alves, 1993.

_____. (1949) A mente e sua relação com o psique-soma. *Op cit.*

_____. (1960) Distorção do ego em termos de falso e verdadeiro *self*. *In: O ambiente e os processos de maturação.* Porto Alegre, Artes Médicas, 1990.

_____. Sonhar, fantasiar e viver: uma história clínica que descreve uma dissociação primária. *In: O brincar e a realidade.* Rio de Janeiro, Imago, 1975.

_____. *A natureza humana.* Rio de Janeiro, Imago, 1990.

_____. A enfermidade psicossomática em seus aspectos positivos e negativos. *In: Explorações psicanalíticas.* Porto Alegre, Artes Médicas, 1994.

Os destinos do corpo

Paulo Roberto Ceccarelli

Introdução

Minhas indagações sobre "os destinos do corpo" começaram anos atrás, quando trabalhava no sentido de melhor compreender a dinâmica da construção do sentimento de identidade sexual, assim como os elementos presentes nesta construção. As questões teórico-clínicas com as quais defrontei levaram-me a uma pergunta, aparentemente óbvia, mas que traduz toda a dificuldade em precisar as relações entre identidade sexual e o corpo anatômico, ou seja, as relações entre os processos identificatórios e a construção do sentimento de identidade sexual (Ceccarelli, 1997). A pergunta se formula assim: como o corpo, com o qual o bebê vem ao mundo, elemento do real, tornar-se-á corpo sexuado?

Tal interrogação é levada ao extremo, quando tentamos compreender a dinâmica psíquica de sujeitos que apresentam um conflito entre realidade anatômica e identidade sexual. É o caso de alguns homossexuais, travestis e transexuais. Estes últimos, cujo sentimento de identidade sexual não concorda com a anatomia, manifestam uma exigência compulsiva, imperativa e inflexível de "adequação do sexo". A convicção de incompatibilidade entre o que são anatomicamente e o que sentem ser pode levá-los à auto-emasculação e até mesmo ao suicídio.

Como compreender, do ponto de vista da psicanálise, a demanda transexual principalmente no que diz respeito ao psicossoma? O que houve para que uma tal dicotomia entre corpo anatômico e identidade sexual se tenha produzido? O estudo do transexualismo vai apontar, de uma forma radical, para a dificuldade de chegar a um consenso quanto ao corpo que está em jogo – o corpo com o qual estamos lidando –, dificuldade que constitui um dos pontos de partida para a compreensão das chamadas eclosões psicossomáticas.

Em psicanálise não vamos encontrar algo como um "conceito de corpo", pois o corpo ao qual nos referimos é um corpo sede de conflitos pulsionais. Assim, quando falamos de corpo anatômico, estamos nos referindo a uma anatomia construída a partir dos investimentos libidinais, mediatizados pelos fantasmas.

As reflexões de Lacan sobre o corpo mostram bem a complexidade dos elementos que temos que considerar quando falamos dele. Há o corpo imaginário, que se apresenta como uma unidade com a qual o sujeito se identifica a partir do estado de espelho (momento que estrutura o corpo como forma imaginária somente possível pela mediação de um terceiro); há o corpo simbólico, habitado pela linguagem, que resulta da incorporação da linguagem no corpo, deslocando-o, assim, do gozo; e há o corpo real, que é aquilo que resta do corpo, após a incorporação da linguagem nele.

Partindo da premissa freudiana segundo a qual é a mãe quem vai estimular, e talvez mesmo despertar pela primeira vez, as sensações prazerosas nos órgãos genitais (Freud, 1933, p. 149), minha hipótese é a de que é possível que a criança tenha que se confrontar com uma situação particular de investimento da mãe, ou mesmo dos pais, que a conduza a criar um tipo de representação psíquica de seu corpo em desacordo com a "realidade" da anatomia. Nesta perspectiva, pode-se imaginar que partes deste corpo não terão história significante para o sujeito, criando entre eles – sujeito e corpo – um diálogo de surdos. Nesse tipo de situação se pergunta sobre a "informação libidinal" – expressão de Piera Aulagnier (1981) – que foi transmitida ao bebê, para que uma tal ruptura entre corpo e representação psíquica do corpo tenha ocorrido. Ou seja, a "cartografia erógena", a anatomia fantasmática que o sujeito construirá de seu corpo, testemunhará a força do imaginário dos pais, assim como o lugar que o sujeito ocupa, na economia libidinal da família (Ceccarelli, 1994).

Será sobretudo através da mãe e de seu mundo interno, através de movimentos de investimentos e de contra-investimentos, de interdições e de castrações sucessivas, que a criança tomará conhecimento de seu corpo, o que lhe permitirá construir uma representação psíquica libidinalmente investida desse corpo, inclusive de suas funções somáticas.

Aos poucos, o bebê é levado a reconhecer que possui um corpo próprio, que seu corpo é feito de diversas partes, ou melhor de diversas representações, e que tais partes podem ser fontes de prazer. Parafraseando Winnicott (1988, p. 279), podemos dizer que os órgãos sexuais, embora já estejam lá, devem ser criados para poderem existir. Mas, para que isso possa ocorrer, é necessário que a mãe saiba que ela também possui um corpo, corpo erógeno e fonte de prazer, com todas as possibilidades, assim como as limitações que lhe são próprias. Por isso, ela – a mãe – procura outro corpo que possui outras partes que são libidinalmente investidas por ela.

Se reconhecemos a importância fundamental das primeiras trocas mãe–bebê, é evidente que o papel do inconsciente dos pais será decisivo no modo como a criança investirá seu corpo. Os fantasmas de cada um dos pais quanto ao fato de serem pai e mãe e os investimentos que cada um possui em relação a seu sexo anatômico, à masculinidade e à feminilidade, assim como ao sexo anatômico do bebê, são alguns dos elementos de base com os quais a criança construirá sua imagem corporal. Nas primeiras etapas do desenvolvimento, observa Françoise Dolto (1984), a criança se nutre do inconsciente da mãe e se conforma ao modo como ela o olha.

Essas considerações evocam alguns aspectos de um trabalho analítico (reproduzido aqui de forma bastante reduzida) que realizei durante três anos e meio com uma criança de cinco anos, que chamarei André, e que ilustra as relações entre o inconsciente dos pais e a formação do corpo erógeno, ou seja, a maneira pela qual o corpo foi investido libidinal e narcisicamente, no relacionamento biparental inicial.

Os pais de André, cinco anos, procuram-me porque ele vinha manifestando há algum tempo um comportamento que, segundo eles, era "estranho para um menino". André declarava abertamente seu desejo de ser menina e perguntava se era possível tirar seu "pintinho". Sua irmã, três anos mais velha, foi seu modelo identificatório e ele tentava imitá-la de todas as maneiras possíveis.

Numa das entrevistas que tive com os pais, antes de começar o trabalho com André, sua mãe expressou claramente como foi difícil para ela cuidar do filho, dar-lhe banho e fazer sua higiene, justamente porque se tratava de um menino. "Se tivesse sido uma menina", disse, "não teria tido o menor problema – como aliás aconteceu com a minha filha – pois eu conheço bem o corpo de uma mulher."

Durante as entrevistas, era a mãe que dominava a situação, dando informações, enquanto o pai dava a impressão de estar ali somente como elemento decorativo. Ele reconheceu estar perdido, sem saber como lidar com as dificuldades de seu filho e deu a entender que sua esposa tinha todas as respostas. Se válidas ou não, as opiniões do pai nunca eram tomadas em consideração pela esposa.

A partir do que a mãe de André disse em outras entrevistas, assim como no acompanhamento que os pais fizeram com outro analista, pode-se supor que tudo aquilo que se referisse à masculinidade era repudiado por ela. Quando se referia ao pai ou ao marido, era em forma de queixa, de ser uma "eterna incompreendida", algo muito próximo de uma posição histérica.

Quanto ao pai, parece que ele reproduzia com a esposa uma problemática identificatória relacionada com questões edípicas, revelando sua incapacidade de oferecer-se como figura identificatória/ protetora para o filho, ao mesmo tempo que era, inconscientemente, cúmplice da mãe no seu desprezo pelo masculino. Enquanto a mãe de André queixava-se de seu pai, dizendo que ele era muito severo e que, além disso, nunca ligou para ela, o pai de André dizia que cresceu ouvindo sua mãe dizer que "os homens não valiam nada", que eles não são nada; que se casara porque teve que fazê-lo, e que, o pior de tudo, dizia ela, foi que seu marido morreu alguns anos depois, deixando-a com uma criança pequena. O avô paterno de André morrera quando o pai de André era muito jovem, tendo sido criado por sua mãe (avó de André) e uma tia.

Os primeiros contatos com André revelaram suas dificuldades de identificar-se com as referências simbólicas do masculino. Não tendo um pai que se apresentasse como figura identificatória – o pai edípico que pune mas que também protege –, André se agarrou às únicas referências identificatórias que lhe foram oferecidas, que se referiam às representações simbólicas do feminino.

Discussão

"A relação mãe–bebê não espera o nascimento para existir" (Aulagnier, 1963, p. 269). De fato, toda mãe, desde o anúncio da gravidez, cria uma representação psíquica da criança que está por nascer. Nesta representação, a criança possui um corpo unificado acrescido dos atributos necessários. Esse "corpo imaginado", como bem o mostrou Freud (1914) em seu estudo sobre o narcisismo, será objeto por excelência, de projeções da parte dos pais, para ao mesmo tempo, realizar desejos e curar feridas narcísicas. É por isso que crianças que sofrem de doenças orgânicas, e mesmo aquelas que são vítimas de mutilações, são capazes de criar uma imagem sadia do corpo, quando a mãe foi capaz de investir o corpo da criança. Por exemplo, uma criança paraplégica pode criar uma imagem sadia do corpo se ela puder verbalizar suas impossibilidades corporais, o que lhe possibilitará criar uma representação psíquica de seu corpo simbolizada pela palavra (Dolto, 1961). Um dos aspectos mais investidos dessa representação é o sexo da criança.

Após o nascimento, se o corpo do bebê não corresponde ao "corpo imaginado" ao redor do qual a mãe organizou seu narcisismo, uma negação da realidade anatômica desse corpo pode ocorrer, pois os investimentos que estavam dirigidos ao corpo imaginado não encontram expressão no corpo do recém-nascido. Para algumas mães, a impossibilidade de se desligarem da relação imaginária com o bebê é tal, que elas investem libidinalmente o corpo do recém-nascido segundo a cartografia do corpo imaginado da qual não conseguem se desvencilhar.

Para o recém-nascido, não se trata de negar sua anatomia, pois ele se encontra justamente no período em que realidade psíquica e realidade externa ainda não são distintas. Nos primeiros momentos da construção da imagem psíquica do corpo, o meio ambiente do bebê é indissociável do da mãe e de seus fantasmas em relação a ele. Pode então acontecer que o corpo imaginado adquira uma dimensão de realidade que ignore a anatomia. Isso conduz à construção de uma "neo-realidade" ou daquilo que pode ser denominado de "neo-anatomia", testemunha de um tipo de investimento que pode ser chamado de "narcisismo negativo".

A história de André ilustra bem as relações entre dois processos identificatórios, suas relações com o inconsciente dos pais e a construção da representação psíquica do corpo. As dificuldades da mãe de André em cuidar do filho, justamente porque se tratava de um homem, sem dúvida tiveram repercussão na representação psíquica que ele construiu de seu corpo. A análise revelou que o pedido de André de tirar seu pintinho era uma tentativa de manter o amor da mãe, livrando-se daquilo que, de alguma forma, sua mãe transmitiu-lhe como sendo algo de que ela não gostava. Em resumo, a dinâmica familiar fez com que a única possibilidade que André encontrou para ser amado e reconhecido como sujeito foi identificar-se com o lugar que lhe foi reservado na economia libidinal da família, em ressonância com uma problemática transgeneracional. Neste sentido, a criança pode ser um sintoma dos pais. Muitos relatos de transexuais adultos apresentam elementos relativos a seu trajeto identificatório e à construção da representação psíquica do corpo, muito próximos daqueles revelados na análise de André.

Conclusão

Evidentemente, considerar os distúrbios na construção da imagem corporal, ou seja os avatares dos "destinos do corpo" anatômico, como uma forma de manifestação psicossomática seria uma simplificação no mínimo perigosa. Entretanto, existem pontos em comum entre algumas manifestações psicossomáticas e alguns distúrbios na construção da imagem corporal. Tais pontos dizem respeito às primeiras trocas mãe/bebê e à erogeneização do corpo.

Como demonstra Joyce McDougall (1996), os significantes pré-verbais que não podem ser recalcados são responsáveis por certas eclosões psicossomáticas. Estes significantes, presentes desde as primeiras trocas mãe/criança e que constituem as bases para a psicossexualidade futura, refletem a qualidade dos investimentos maternais em relação ao corpo da criança. Nesta perspectiva, pode-se dizer que os sujeitos que apresentam uma imagem do corpo pouco estruturada, assim como alguns polissomatizantes, reproduzem, na realidade, através do corpo, aquilo que a mãe fez imaginariamente. No caso do transexual, ele teve de lidar com uma forma de contra-investimento de seus órgãos genitais, por parte da mãe e também às vezes do pai, o que o leva a repudiar estes mesmos órgãos.

Em uma época em que se conhece cada vez melhor o corpo biológico, constata-se que, mesmo que a ciência médica seja capaz de uma eficiência cada vez maior, o sofrimento psíquico do paciente escapa às possibilidades terapêuticas. O sofrimento do sujeito possui outras coordenadas diferentes das coordenadas da biologia, e o conhecimento cada vez mais profundo dessa última não se acompanha de um melhor conhecimento da primeira.

O que faz a especificidade de cada sintoma (Ceccarelli, 1995), o que o torna inacessível a toda generalização, é a particularidade das representações e das significações através das quais, e nas quais, o sujeito se manifesta. Cada sintoma está em relação direta com as coordenadas da vida: pulsão de morte, pulsão de vida, castração, angústia...

É o discurso que anima cada sujeito que faz a diferença entre o corpo em geral, o corpo que a anatomia disseca e as funções que a fisiologia descreve, e o corpo cena de conflitos pulsionais. É justamente o discurso sobre este último que a psicanálise propõe, discurso que pode, sob forma de condutas estereotipadas, ser testemunho da pulsão de morte através da repetição, em forma de sintomas, de cadeias significantes.

Referências bibliográficas

Aulagnier, P. (1963). Remarques sur la structure psychotique. *In: Un interprète en quête de sens*. Paris, Payot, 1991.

_____. (1975). *La violence de l'interprétation*. Paris, PUF, 1981.

Ceccarelli, P. R. Le transsexualisme: quelques réflexions sur le avatars des relations au masculin et au féminin chez le transsexuel. *Topique*, 55, 1994.

_____. Scato parties: "j'ai toujours eu l'impression que mes selles sont plus propres que celles des autres". *Scansions*, 4, oct. 1995.

_____. Mal-estar na identificação. *Bol. Novidades Livraria Pulsional*, 93:37-46, 1997.

Dolto, F. (1961). Personnologie et image de corps. *In: La Psychanalyse*. Paris, PUF, 6, 69.

_____. *L'image inconsciente du corps*. Paris, Seuil, 1984.

Freud, S. (1914) Sobre o narcisismo: uma introdução. *In: Edição Standard Brasileira das obras completas*. Rio de Janeiro, Imago, v. 14, 1974.

_____. (1933) Feminilidade. *In: Novas conferências introdutórias sobre psicanálise*. Edição Standard Brasileira das Obras Psicológicas Completas. Rio de Janeiro, Imago, 1976. v.22.

Lacan, J. Radiophonie. *In: Scilicet2/3*. Paris, Seuil, 1970.

McDougall, J. *Éros aux milles et un visages*. Paris, Gallimard, 1996.

Winnicott, D. W. Desenvolvimento emocional primitivo. *In: Textos selecionados: da pediatria à psicanálise*. Rio de Janeiro, Francisco Alves, 1988.

PARTE III
PSICOSSOMÁTICA DA CRIANÇA

INTRODUÇÃO
Notas sobre o desenvolvimento do campo da psicossomática da criança

Ângela Figueiredo de Camargo Penteado

A psicossomática da criança vem se constituindo como um campo de investigação e conhecimento específico, a partir do diálogo iniciado desde a década de 1970 entre pediatras e psicanalistas no âmbito do Hospital *La Poterne des Peupliers* – Unidade de Crianças, do Instituto de Psicossomática de Paris (IPSO).

A reunião de profissionais interessados no desenvolvimento infantil e nas patologias deste período resultou na publicação de um grande número de trabalhos e na proposta de terapêuticas específicas, que vieram consolidar os conceitos surgidos sob a orientação de Pierre Marty. Entre os pioneiros dessa corrente encontramos Léon Kreisler, Michel Fain, Michel Soulé e Rosine Debray. Há alguns anos, uma nova geração de psicanalistas, representados principalmente por Gérard Szwec e Diran Donabedian, continua a desenvolver essa linha de trabalho.

A investigação dos fenômenos do adoecer no bebê e na criança vem contribuindo de forma significativa para ampliar nossa compreensão do funcionamento da psique infantil, além de permitir o desenvolvimento de abordagens terapêuticas mais eficazes para o tratamento das manifestações psicossomáticas.

René Spitz foi um dos primeiros psicanalistas a se dedicar ao estudo sistemático do impacto das relações primitivas entre o bebê e as pessoas de seu meio sobre as reações físicas e fisiológicas. Em seus estudos, ele demonstrou a importância da relação mãe/filho –

tanto real como fantasmática – no desenvolvimento infantil, descrevendo os três pontos organizadores do psiquismo infantil: o sorriso em resposta ao rosto humano, a angústia diante do estranho e o "não". Léon Kreisler, pediatra e diretor do hospital acima citado, vem, desde os anos 60, dedicando-se ao estudo de problemas funcionais da primeira infância. Tomando como ponto de partida as teorias de Spitz, ele formulou, juntamente com os psicanalistas M. Soulé e M. Fain, a hipótese de que a representação mental do bebê surge através das interações e cuidados maternos, na conjunção entre a presença e a ausência desses cuidados. Os distúrbios funcionais da infância foram sendo compreendidos como derivados das falhas das relações primitivas e da função materna, em particular de sua função de pára-excitação. Nessas condições, o bebê, que ainda não tem uma autonomia psíquica, acaba descarregando no soma o excesso de excitação ao qual está submetido, o que resulta em distúrbios funcionais.

Rosine Debray interessou-se particularmente pelo conceito de Marty do "mosaico primeiro": aquilo que o recém-nascido apresenta como estrutura constitucional, o aspecto de certo modo irremovível da organização psicossomática de um indivíduo. Ela dedicou-se à observação direta da transformação desta rocha constitucional e da origem do psiquismo infantil através das relações primitivas mãe–bebê e do jogo das primeiras trocas com o meio. Debray trabalha o "acontecendo" do desenvolvimento, quando os elementos constitucionais podem ser abrandados, integrados ou fortalecidos nessas relações. Ela revela que, nesse processo, podem surgir distorções mais ou menos gritantes entre os bebês e suas mães, que alteram a qualidade das primeiras trocas, repercutindo gravemente sobre o desenvolvimento do bebê e o equilíbrio geral da mãe. A intervenção terapêutica precoce pode contribuir de forma significativa para o restabelecimento do equilíbrio dessa relação.

Em nosso meio, o estudo da psicossomática da criança e sua respectiva clínica vêm sendo desenvolvidos no Curso de Psicossomática do Instituto Sedes Sapientiae por Lídia Rosalina Folgueira de Castro e Wagner Ranña. No Instituto da Criança do

Hospital das Clínicas da Faculdade de Medicina da Universidade de São Paulo, Ranña e sua equipe vêm trabalhando segundo estas orientações.

Busca-se, assim, promover a interlocução entre pediatras e psicanalistas através de uma articulação conceitual e metapsicológica, do estudo dos distúrbios funcionais e da abordagem terapêutica. A partir desta articulação, define-se o campo da psicossomática da criança: "... as somatizações implicam um fenômeno psicossomático que não tem um significado, mas são disfunções do corpo biológico em conseqüência de uma falha na organização pulsional. O aparelho psíquico falha, de forma global ou pontual, na sua função principal: a de transformar as excitações, que têm origem no corpo ou nas interações do corpo com o mundo externo, em representações psíquicas [*Das Vorstellungreprasentanz*]" (Ranña, 1997, p. 104-5).

A psicossomática psicanalítica acentua a importância da função do sistema pré-consciente–consciente e das instâncias mais profundas da vida anímica no limite com o impensável. Nesse ponto, a experiência com a psicossomática da criança pode contribuir para a clínica psicossomática do adulto, propiciando uma visão dos primórdios dessas funções, principalmente a partir dos processos de organização pulsional básicos da constituição do sujeito.

A preocupação com estas temáticas inspira os trabalhos dos autores dos próximos trabalhos.

Wagner Ranña discute as relações entre pediatria e psicanálise partindo do modelo pulsional freudiano e das novas perspectivas sobre o desenvolvimento infantil desenvolvidas pelos autores do IPSO. Ele acentua a importância da dimensão relacional não apenas na etiologia dos distúrbios pediátricos, mas também na esfera da clínica infantil, convidando a uma reflexão sobre o modelo biomédico, que deve também considerar em sua prática o corpo erógeno. Através de um caso clínico, ele discute a relação entre o fenômeno da sucessão sindrômica e a compulsão à repetição.

Para Lídia Rosalina Folgueira Castro, o estudo dos distúrbios do sono (terror noturno, sonambulismo e quadro de nanismo relacionado a estes distúrbios) e das condições para o desenvolvimento da vida onírica é um dos pilares da psicossomática. Ela mostra como os distúrbios do sono e as características dos sonhos relacionam-se com o processo de simbolização e com o desenvolvimento das características do pré-consciente (conexão dos conteúdos atuais e do passado – permanência e continuidade do funcionamento mental, afetados pela repressão –, fluidez entre as representações), conceitos fundamentais para a escola de Pierry Marty. A possibilidade de dormir e de sonhar deve ser considerada no contexto dos investimentos libidinais da relação materna e sua função de pára-excitação, fundamentais para o desenvolvimento do processo alucinatório primário e desenvolvimento posterior do psiquismo (da primeira e segunda tópica freudiana), sem os quais falha a proteção contra desordens somáticas graves e atos motores.

Dentro de uma perspectiva lacaniana, Domingos Paulo Infante, diretor do serviço de Higiene Mental do Instituto da Criança, também elabora uma reflexão sobre as patologias da infância. Ele discute o emprego do termo "psicossomática" e sua inspiração psicanalítica. Diferenciando o fenômeno psicossomático e as manifestações ditas psicossomáticas da primeira infância, ele problematiza também essas formulações, defendendo que o fenômeno psicossomático pode se sustentar a partir dos conceitos mestres da psicanálise, como pulsão, desejo, gozo, sintoma. Dentro de sua perspectiva de trabalho, a resolução do enigma do fenômeno psicossomático passa pela identificação do gozo específico nele envolvido. Ele propõe encontrar subsídios para essa resolução, na separação das dimensões do real, do imaginário e do simbólico, bem como em sua articulação – necessários para o advento do sujeito.

Referências bibliográficas

Debray, R. *Mães e bebês em revolta*. Porto Alegre, Artes Médicas, 1988.

Castro, L. R. F. "Uma introdução à psicossomática da criança através do estudo funcional da asma". *In* : Ferraz, F. C. & Volich, R. M. (orgs.), *Psicossoma – Psicossomática psicanalítica*, São Paulo, Casa do Psicólogo, 1997.

Kreisler, L.; Fain, M.; Soulé, M. *A criança e seu corpo.* Rio de Janeiro, Zahar, 1981.

Marty, P. *A psicossomática do adulto.* Porto Alegre, Artes Médicas, 1993.

Ranña, W. "Psicossomática e o infantil: uma abordagem através da pulsão e da relação objetal". *In*: Ferraz F. C. & Volich, R. M. (orgs.), *Psicossoma – Psicossomática psicanalítica.* São Paulo, Casa do Psicólogo, 1997.

Pediatria e psicanálise

Wagner Ranña

A psicossomática psicanalítica baseia-se na "insuspeitada relação entre o psíquico e o somático" (Ferraz & Volich, 1997). Embora não tenha sido uma preocupação do fundador da psicanálise, alguns de seus conceitos fundamentais foram estabelecidos por Freud num percurso que partiu de questões que, de certa forma, foram revelando as possíveis relações entre o psíquico e o somático. Assim ocorreu com os *Estudos sobre Histeria*, que culminou no entendimento da histeria enquanto uma formação sintomática não relacionada a processos de ordem anátomo-fisiológica, mas da ordem das representações psíquicas de desejos inconscientes do sujeito, através de distúrbios somáticos. O sintoma na histeria seria da ordem do recalcado, seus substitutos e suas metáforas. A relação entre psíquico e somático é também abordada ao ser formulado o conceito de pulsão, que ocupa posição central na metapsicologia. Segundo Freud, a pulsão é resultado do trabalho do aparelho psíquico com o fim de dominar as excitações provenientes de uma necessidade instintiva, estabelecendo conexões associativas, deslocando o instinto para a ordem da representação catexizada, ficando a pulsão no limite entre o somático e o psíquico. Assim, a pulsão resulta de uma articulação entre um processo qualitativo, a representação (*Vorstelung*), com um quantitativo, o energético (*das Bezets*). Afirma Freud sobre a questão: "pulsão é um conceito situado na fronteira entre o mental e o somático, ou ainda, é um representante psíquico dos estímulos que se originam dentro do organismo e alcançam a mente" (Freud, 1915). Com os desenvolvimentos posteriores, a Psicanálise passou a ser utilizada na abordagem terapêutica de pacientes somáticos, ganhando aí importância cada vez maior, e estabelecendo as bases conceituais da psicossomática psicanalítica. Hoje é bem clara a idéia de que o fenômeno psicossomático deve ser entendido a partir de uma conceituação própria, separando-o de outros processos psicopatológicos tais como os processos neuróticos e psicóticos. Assim, o fenômeno psicossomático seria uma disfunção do corpo biológico em função de processos vividos pelo sujeito na passagem do corpo biológico para outra ordem, a ordem pulsional, na qual a instintividade é substituída pela erogeneidade. Nesse processo, ocupa papel central o desenvolvimento da linguagem. Para Kreisler (1981), "na histeria o corpo fala; na clínica psicossomática o corpo sofre... na histeria o distúrbio não tem nenhuma realidade fisiopatológica e anatômica". Com essa afirmativa, Kreisler destaca o aspecto dramático e repetitivo da psicossomática. O corpo sofre exatamente porque não fala, não existindo um conflito que encontra expressão deslocada ou condensada no sintoma. A excitação somática perde sua articulação com a rede simbólica e cria condições para emergência de distúrbios somáticos.

O ser humano é, nesse aspecto, singular e ocupa uma posição diferente de todos os outros seres vivos, pois a linguagem é a fronteira que o separa das leis da natureza e o coloca na ordem do pulsional.

A principal função do aparelho psíquico é exatamente transformar as excitações em representações. Hoje sabemos, a partir de inegáveis constatações, que as excitações somáticas necessitam do apoio do aparelho psíquico, o aparelho de linguagem, para terem um funcionamento integrado, harmônico e sintônico. Nos desequilíbrios do funcionamento fisiológico sempre estão implicados desequilíbrios entre pulsão de vida e pulsão de morte. O homem é portanto pulsional e isto tem profunda implicação na sua fisiologia e na sua organização biológica, sendo esse aspecto um dos pilares conceituais da psicossomática.

Os trabalhos de Marty vão substituir o dualismo implícito no termo "psicossomática", por um outro par dialético, a pulsão de vida e pulsão de morte, e os movimentos constitutivos do sujeito. No constante jogo entre vida e morte, a psicossomática psicanalítica vem constatando, de forma inequívoca que, para o ser humano, vida é movimento e linguagem.

A psicossomática da criança ocupa nesse cenário um duplo papel, contribuindo para a psicossomática e para a própria psicanálise da criança. Essa dupla contribuição é mais evidenciada quando enfocamos a dimensão genética do aparelho psíquico e será sobre este aspecto que iremos nortear o presente texto.

Na metapsicologia, a dimensão genética vem somar-se às dimensões econômica, tópica e dinâmica (Freud, 1920). O ponto de vista genético ocupa-se da questão "como se forma a mente", que de certa forma vem complementar o "como funciona a mente". Di Loreto (1997), afirma que o aspecto genético está preocupado com formulações teóricas que visam enriquecer as teorias do desenvolvimento psíquico humano e suas etapas organizativas. Pode-se, também, vê-lo através das etapas da organização dos sistemas vitais e suas adaptações ante os desafios encontrados. Segundo o mesmo autor, o ponto de vista genético é marcado pela História e pela história de cada ser humano, existindo aí um acontecer vivenciado que vai marcar o sujeito de forma muito mais intensa do que seus patrimônios genéticos, principalmente em se tratando de aparelho psíquico.

O desenvolvimento da criança é caracterizado por etapas, posições e organizações subjetivas que resultam de um processo de articulação, ponto a ponto, do psico-soma. Cada função somática, principalmente as ligadas aos comportamentos que garantem a sobrevivência do bebê humano, vai sendo articulada à rede simbólica, segundo Winnicott (1994), resultando na constituição de um self, integrado e reconhecido. O desenvolvimento do self necessita de uma "função materna" sintonizada com as características singulares de cada bebê. A maternagem intrusiva ou desvinculada das particularidades do bebê cria neste uma necessidade de usar a sua organização mental para defender-se, o que, por si só, já significa um desvio da mente para funções que deveriam ser garantidas pelo outro.

O aspecto genético do aparelho psíquico sempre constituiu uma preocupação em psicanálise. Em seus estudos sobre a histeria, Freud descobre a importância das vivências da infância e os modos subjetivos de inscrição dessas vivências no psiquismo, destacando o impacto destas inscrições na constituição do sujeito. O conceito de inconsciente está profundamente associado ao ponto de vista genético. Sobre esse aspecto, Tanis (1996) afirma que "abordar a obra de Freud desde o vértice da memória e da temporalidade, recolocando o problema da história da psicanálise, nos traz importantes contribuições para compreender a posição do infantil". O infantil então seria a marcação mnêmica das vivências e sua evocação em um tempo posterior, ou seja, o inconsciente estruturado e atemporal.

A psicossomática da criança, posteriormente, através dos trabalhos de Kreisler, Fain e Debray vem evidenciar a importância das vivências infantis na organização psicossomática do sujeito, confirmando a importância das marcas mnêmicas destas vivências.

Mas de qual infantil psicanalítico estamos falando? E de que modo o psiquismo registra as vivências e ao mesmo tempo vai se constituindo? Como opera a memória destes registros na idade adulta? Como se dá a ocorrência de falhas nestes registros, às quais se relacionariam às somatizações? E como o registro passado se reatualiza no presente?

Marty (1993) foi pioneiro ao apontar que muitas respostas para as questões da psicossomática poderiam ser encontradas a partir das experiências adquiridas na abordagem terapêutica com crianças e bebês que sofrem de distúrbios somáticos crônicos.

Ao falar sobre a origem das estruturas de personalidade vulneráveis às somatizações, Marty aponta para esse aspecto da psicossomática, afirmando que a sua origem pode ser encontrada nos estudos da organização psíquica em etapas pré-edípicas da constituição psíquica do sujeito, principalmente no estudo com crianças e mais precisamente no estudo com os bebês.

A "ciência dos bebês" é recente e constitui-se num campo de contribuições a partir dos estudos indiretos, através de psicoterapias com adultos e crianças e estudos diretos, através das observações e psicoterapias conjuntas pais–mães–bebês. Debray (1988) afirma que o acompanhamento da organização psicossomática de crianças através das terapias conjuntas é uma experiência fundamental para a verificação dos conceitos básicos da psicossomática, para formulações de outros conceitos e para intervenções neste acontecer vivo da psicogênese.

A Psicossomática da criança pode ter seu marco histórico com os trabalhos de Spitz sobre a relação objetal e seus impactos no funcionamento fisiológico da criança. Já discutimos no texto sobre a "Psicossomática e o infantil..." (Ranña, 1997) aspectos relacionados a este ponto. Aqui vamos enfatizar que os estudos iniciais de Spitz poderiam ser colocados como os estudos da ausência da função materna primária e suas repercussões psicossomáticas.

Com Léon Kreisler e os estudos sobre a asma do bebê e de crianças, revisados por Castro (1997), vamos encontrar o par dialético presença–ausência, destacando a importância psicopatológica do oposto ao que Spitz primeiramente enfocou: as conseqüências da superpresença, da presença maciça na organização psicossomática do bebê. Pode-se dizer que os estudos de Spitz destacaram a importância da privação e da díade mãe–bebê na gênese do aparelho psíquico. Posteriormente, os estudos de Kreisler vão destacar a importância da alternância presença–ausência e da tríade pai–mãe–bebê. Entre um autor e outro vão ficando mais claras as formulações dos conceitos da psicanálise da criança no aspecto genético, destacando o papel do par presença–ausência e da "função paterna". Nesse ponto destaca-se a incrível capacidade de síntese de Winnicott, na sua paradigmática afirmação de que a "função materna deve ser apenas suficientemente boa", querendo mostrar o papel do espaço transicional no desenvolvimento da autonomia psíquica da criança. A função paterna é assim associada à instituição da falta e do corte subjetivo nas fantasias de completude absoluta da relação dual, próprias do narcisismo primário e das etapas de dependência absoluta do outro. O processo de autonomia psíquica é então valorizado.

Retomando os conceitos freudianos, vamos destacar outra formulação teórica de grande relevância para a psicogênese, que se refere aos conceitos de pulsão de morte e da compulsão à repetição. Até o surgimento dessas noções, a metapsicologia estava alicerçada no *Princípio do Prazer*, o qual estabelecia que o aparelho psíquico tende ao ponto mínimo de tensão, descarregando o excesso de tensão nele presente, proveniente das excitações, através dos eixos viscerais e musculares ou através das representações psíquicas. Assim a mente, através de suas representações ou traços mnêmicos, vai dar um destino mental para excitações que não encontram de imediato uma satisfação. Em *Além do princípio do prazer*, Freud (1920), estudando os sonhos traumáticos, os jogos infantis e a compulsão à repetição, os quais seriam formações psíquicas que não resultam em satisfação, afirma que as excitações também se organizam em formações psíquicas mais primitivas do que as da realização alucinatória, que exigiria um certo grau de organização psíquica, mas também através de uma repetição compulsiva. O conceito de pulsão de morte, então formulado, diz que a excitação não segue o caminho de uma realização de desejo, devolvendo ao sujeito um estado ideal de tensão no aparelho psíquico, mas a excitação é retida num circuito fechado, repetitivo, como que esperando por um momento mais propício para movimentos progressivos.

No livro *A criança e seu corpo*, Soulé (1981) retoma esses conceitos da Psicanálise ao discutir as origens do fenômeno psicossomático a partir do conceito de pulsão de morte. Teorizando sobre as "cólicas dos bebês", ou sobre o merecismo, duas situações clínicas pertinentes para o estudo da psicossomática, afirma que a descarga da excitação num sistema fisiológico, como o gastrointestinal, representa uma forma de circulação da excitação, em um aparelho psíquico ainda pobre em representações. Da mesma forma, fala Soulé do pesadelo, uma formação evolutivamente relacionada com o sonho, porém mais primitiva, exatamente por ter poucos conteúdos simbólicos e grandes demandas econômicas, funcionando como um mecanismo de alívio, importante para o equilíbrio psicossomático. Castro discute essas questões ao escrever sobre os distúrbios do sono, em outro capítulo deste livro.[1] Em outro momento, os autores de *A criança e seu corpo* retomam essa questão ao discutirem o narcisismo, o que também abordamos no texto "Psicossomática e o infantil..." (Ranña, 1997).

Outro ponto importante para a psicogênese é destacado por Winnicott (1978) ao estudar o brincar e seu papel na organização psíquica da criança. Afirma esse autor que não podemos entender a fantasia apenas como realização alucinatória de desejos ou como forma de enfrentar ou defender-se de uma realidade traumática, mas também como uma forma de estabelecer relações criativas com o mundo externo. Entendemos que com essa afirmativa o autor traz para o campo da psicogênese o brincar como tendo importância em si mesmo, não só como um meio. "A fantasia é mais primária que a realidade e o enriquecimento da fantasia com riquezas do mundo depende da experiência da ilusão" (Winnicott, 1945). Destacamos então a importância do ambiente e do brincar na psicogênese.

Ficam assim destacados os destinos da excitação através da realização alucinatória, da atividade lúdica da criança e da compulsão à repetição. Do intrincamento entre esses três processos vai se organizando o aparelho psíquico.

Psicossomática e relação médico-paciente

Soulé (1981) em *A criança e seu corpo* demonstra que "cada distúrbio funcional do bebê apresenta-se como um sintoma que trai uma doença, ou uma síndrome, devida a uma disfunção no âmbito de uma entidade mais complexa: a díade estruturada progressivamente pela relação mãe–criança"; com essa afirmativa, o autor opera um

---

1. Cf. capítulo 10 deste livro.

deslocamento na concepção biomédica dos distúrbios funcionais do bebê, colocando o foco na relação mãe–criança. A importância científica desse deslocamento é fundamental e ousada.

Para Soulé "todo sintoma é um compromisso que permite um equilíbrio, mas também é uma expressão de um apelo", um apelo sem linguagem, da ordem do grito, ou do gesto. Dessa forma podemos entender que o fenômeno psicossomático é um aspecto de uma estrutura que engloba o corpo do sujeito, sua história e o contexto de relações atuais. Por que um sujeito passaria a utilizar distúrbios somáticos para sinalizar desequilíbrios nesse sistema? Os desequilíbrios que se utilizam desse sistema de expressão teriam alguma especificidade em relação aos desequilíbrios que se expressam por um sistema de sinalização neurótico ou psicótico?

Winnicott (1994), escrevendo sobre os "Transtornos Psicossomáticos", tem posições concordantes com as de Soulé. Afirma que a palavra "psicossomático" é necessária porque é apropriada para definir certos estados clínicos singulares. Para ele, o profissional psicossomático "orgulha-se de sua capacidade de cavalgar dois animais, com um pé em cada uma das selas e ambas as rédeas em suas hábeis mãos". Sabemos que Winnicott teve sua vida profissional marcada pelo exercício simultâneo da psicanálise e da pediatria, simultaneidade da qual nunca abriu mão. Entendemos que com essas afirmações Winnicott quis salientar a natureza interdisciplinar da psicossomática, indo mais profundamente na questão ao dizer que "a enfermidade no transtorno psicossomático não é a patologia somática (colite, asma, eczema crônico, etc.) mas a persistência de uma cisão na organização do ego do paciente". Para ele, existem um psiquismo e um soma, que devem ser articulados através da função materna, constituindo o *self*, como já afirmamos anteriormente. A cisão de que fala acima seria uma falha neste processo, permanecendo o "psicossoma" como um psico-soma, ou seja, o problema estaria na ausência do elemento de ligação. Pode-se dizer que existem estados em que o psicossoma funciona como um psico-soma e aí está o problema. Sobre essas concepções de Winnicott, Gurfinkel escreve em outro capítulo deste livro.[2] Essa dissociação funciona como uma defesa poderosa, afirma Winnicott, constituindo-se num equilíbrio, que oferece, nas tentativas terapêuticas em deslocá-lo, resistências talvez maiores do que as encontradas no trabalho terapêutico com as neuroses, sendo freqüentes os fracassos nessas experiências terapêuticas. O paciente orgânico apresenta uma qualidade particular de resistência e, portanto, demanda um trabalho também particular com a transferência.

Aqui vamos encontrar outra especificidade em psicossomática, destacadas por Winnicott e Kreisler, que se relaciona com a relação do paciente com o médico e a sua posição subjetiva. Os médicos, com freqüência, também vivem uma cisão epistemológica, não sendo capazes de considerar os dois aspectos implicados nos estados clínicos, criando uma separação entre o psiquismo e o somático, desconsiderando a intricação aí existente. Kreisler (1992) acha indispensável que a clínica psicossomática seja exercida conjuntamente por psicanalistas e médicos com um certa empatia, ou até mesmo, com uma disposição científica e afetiva para os conceitos psicanalíticos. Nesse sentido é importante salientar que, da mesma forma que o entendimento de um transtorno somático de um adulto ou de uma criança deve ser buscado a partir do estudo clínico da história de suas relações objetais, o que implica uma grande importância dos aspectos genéticos na constituição do sujeito psíquico em questão, da mesma forma, devemos incluir no estudo dos transtornos psicossomáticos a relação médico–paciente estabelecida em decorrência desses transtornos. O discurso do médico irá contribuir para congelar o sujeito no equilíbrio gerador de somatizações, ocorrendo uma espécie de transferência negativa, ao sustentar subjetivamente a cisão epistemológica entre o corpo e a mente.

Não é sem pertinência, portanto, que o modelo biomédico deva ser criticado, pois, se por um lado a assistência médica é necessária e indispensável para solução de problemas do padecimento humano,

---

2. Cf. capítulo 6 deste livro.

por outro não pode fazê-lo a partir da negação do sujeito psíquico e sua singularidade subjetiva. Para além do corpo biológico e seus funcionamentos, existe o corpo erógeno transformado pela linguagem, o que torna o modelo biomédico limitado.

É importante deixar claro aqui o indispensável papel dos clínicos somáticos na psicossomática. Além das intervenções terapêuticas biológicas, que são perpetradas por eles, é com o clínico somático que se estabelece a primeira transferência. Essa transferência é importante no processo de "construção" do espaço terapêutico como afirma Debray (1988). A construção do espaço terapêutico, em alguns casos, levaria um longo tempo, desempenhando aí papel fundamental a relação do paciente com seu médico, até a configuração de uma terapia propriamente dita. Mesmo no espaço terapêutico formal as primeiras etapas teriam como objetivo uma espécie de *holding* ou de "função materna", conceitos criados por Winnicott, voltados para o estado de cisão do paciente e para a relação de amor e ódio que ele estabelece com sua doença, que em certos momentos pode assumir um colorido "mortífero". É nesse contexto que a ação terapêutica deve constituir-se numa espécie de "prótese psíquica" que integra, na transferência, aspectos frágeis, pouco desenvolvidos e fragmentados do paciente. Winnicott, a título de ilustração desse aspecto, fala de uma paciente que, para conter seus padecimentos, buscou mais de uma dezena de profissionais, desde cosmeticistas, passando pelo dermatologista e incluindo uma vasta lista de especialistas tais como neurologista, cardiologista e psiquiatra. A cada especialista cabia um papel na fragmentada personalidade do paciente. A integração entre essas demandas implica um deslocamento evolutivo.

Sucessão sindrômica – Compulsão à repetição e nível de simbolização

As concepções na psicanálise sobre o infantil variam entre um autor e outro. Podemos, por um lado, conceber um infantil desde o início rico em fantasias primitivas, com impulsos opostos, sentimentos de culpa e atitudes reparadoras, com uma vida psíquica bastante presente. Por outro lado, podemos também conceber o infantil inicialmente vazio, mas progressivamente estruturado pelo "banho de linguagem" e pelos desejos do "outro". Podemos ainda conceber um infantil não tão autista, ou submetido ao desejo do outro, mas com uma busca ativa de independência psíquica, apoiado no espaço transicional, marcado e estruturado pelo *setting* e pelo brincar. O infantil também pode ser visto de forma atemporal, reatualizado na neurose de transferência.

Para outros autores, o mito familiar também deixa suas marcas no infantil, emergindo daí sua dimensão trigeracional.

Dentro da perspectiva psicogenética, a psicossomática da criança contribui trazendo a questão de como e quando se organizam as tópicas freudianas. A criança inicialmente organizaria uma primeira clivagem entre somático e mental. Depois o mental se clivaria em consciente – pré-consciente/inconsciente constituindo a primeira tópica. Num terceiro momento se estruturaria a segunda tópica com a clivagem em ego, id e superego.

Não pretendemos aqui nos estender nessas questões, mas trazer para a discussão um aspecto presente no trabalho com crianças no contexto da pediatria e da psicanálise. Esse aspecto é o da sucessão sindrômica, assim definido por Kreisler, ou da série sintomática, que consiste no fato de o sujeito apresentar ao longo do tempo uma série de sintomas relacionados com os movimentos progressivos e regressivos de sua organização psíquica. Em nosso trabalho precedente (Ranña, 1997) já abordamos o tema da sucessão sindrômica a partir da perspectiva da organização pulsional e os níveis de simbolização possíveis para um psiquismo em desenvolvimento, e como estes deslocamentos operam no trabalho psicoterapêutico. Aqui queremos destacar o fato de que o fenômeno tem também um sentido de "compulsão à repetição", apontando para um jogo dialético entre saúde/doença, entre psíquico e somático, que em sentido mais profundo é o jogo entre vida e morte, sempre presente na substância viva.

Para deixar esse aspecto mais claro, vamos trazer fragmentos de um caso clínico.

Observação clínica

Trata-se de uma criança, que vamos chamar de Beatriz, que iniciou seus atendimentos no ambulatório de Pediatria com um ano e quatro meses, tendo atualmente três anos e seis meses.

Ela vinha apresentando problemas desde o nascimento. Recusou o aleitamento materno, embora a mãe tivesse uma lactação adequada. "Ela fechava a boca e não mamava"; "quando eventualmente isso ocorria, vomitava em seguida". Os vômitos foram constantes e Beatriz passou a apresentar crises de broncoespasmo (asma, bronquite). O sono sempre foi difícil, opondo-se às estratégias mais variadas de adormecimento, mesmo nas madrugadas. Aos 6 meses passa a recusar totalmente os alimentos, permanecendo apenas com as mamadeiras. Não engole semi-sólidos ou sólidos. Não morde os alimentos. Colocada diante da comida, tem náuseas, regurgita e demonstra medo dos alimentos. Aos 8 meses ficam evidentes as crises asmáticas, com pneumonias e otites.

O diagnóstico principal feito no serviço de pediatria é de refluxo gastroesofágico, o que significa uma inversão nos movimentos fisiológicos da deglutição. No refluxo gastroesofágico várias hipóteses etiológicas são levantadas, porém nenhuma definitiva. Nesse caso salientamos o aspecto interessante da simultaneidade de sintomas marcados pela recusa e oposição, revelando a grande sintonia entre os sistemas viscerais e psíquicos. Os exames laboratoriais constatam uma anemia importante, que será conseqüência de uma deficiência de ferro, que por sua vez constitui-se num ponto obscuro da clínica das anorexias. Existem a esse respeito várias explicações ainda não totalmente conclusivas na literatura. A nosso ver, a criança não desenvolve as formas clínicas tradicionais da retocolite ou da gastrite. A forma infantil dessas patologias apresenta sangramentos e distúrbios absortivos difusos por todo o aparelho gastrointestinal, clinicamente expressando-se por uma anemia crônica.

    Nos atendimentos pediátricos e nas supervisões com a equipe de saúde mental, através de discussões clínicas, os aspectos subjetivos das relações do grupo familiar são estudados. Evidencia-se uma mãe ansiosa, intrusiva, superpresente. Não deixa a criança para nada, "com medo dos engasgos". "Esta criança está me deixando neurótica." A mãe é superligada a seu pai, o qual falecera havia pouco tempo. O diagnóstico de uma estrutura histérica é aventado. O bebê apresenta uma desordem psicossomática.

    O pai, trabalhador noturno, é pouco presente nos cuidados com o bebê. A mãe relata que com a avó, a tia e o pai a criança come melhor. Este relato vem acompanhado por um grande sentimento de fracasso da função materna.

    As orientações vão no sentido de aliviar a culpabilidade da mãe, implicar o pai nos cuidados e nos atendimentos junto ao ambulatório pediátrico. A mãe resolve voltar a trabalhar e deixar a criança na escolinha. Beatriz a esta altura tem 2 anos.

    A linguagem desenvolve-se muito e os distúrbios somáticos regridem de forma evidente. Cresce, ganha peso, a anemia desaparece. Os sintomas respiratórios ficam menos freqüentes. O refluxo gastroesofágico desaparece nos exames de controle.

    A criança é então encaminhada para o Serviço de Saúde Mental porque apresenta terrores noturnos, agressividade e distúrbio de comportamento na escola. À noite não dorme sem estar no meio dos pais e várias vezes acorda aos berros. Na escolinha fica apegada à professora, não brinca com o grupo e, se o faz, logo entra em conflitos agressivos, porque sempre quer ser o centro das brincadeiras. Os problemas somáticos, após um período de melhora, voltam a aparecer progressivamente. Além dos atendimentos pediátricos, propõe-se uma psicoterapia.

    Nas sessões feitas conjuntamente com o pai, a mãe e a criança, aos 3 anos, Beatriz é vista de forma divergente pelos pais, que entram em confronto sobre suas representações da criança. Existem subjetivamente duas crianças, teimosamente disputadas pelos pais, o que é interpretado.

A mãe descreve Beatriz como superteimosa e magoada: "Se ela diz que aqui tem uma melancia, e na realidade é laranja, não adianta: fica brigando, agride a mãe e diz que é melancia." As identificações e os jogos de domínio ficam evidentes. A mãe entra na discussão como se estivesse no papel de outra criança, não se impõe como mãe. A posição de identidade com a mãe superexcita o bebê. O pai, nessa dinâmica, diz que não adianta discutir com Beatriz e não entra "no jogo dela". Diz a mãe: "Beatriz discorda comigo em tudo, menos para escolhas de músicas. Aí nosso gosto é idêntico. Ela escolhe e eu sempre aceito." Procura-se associar a dinâmica atual com as recusas desde o desmame com 1 mês de idade.

Revela-se então uma situação de conflito caracterizada por identificações e identificações projetivas, marcadas por uma dinâmica de domínio e intrusão, na qual a mãe é aparentemente submetida e o bebê dominador. Essa dinâmica é bem destacada em casos de anorexia estudados por Debray (1988). A implicação do pai objetiva um corte nessa dinâmica, porém é desqualificada pela mãe, que o considera agressivo ou enganador com a criança. A mãe resiste à entrada do terceiro e o pai hesita em assumir o seu papel.

O jogo de dominador/dominado repete-se nas sessões terapêuticas subseqüentes, pois apesar de ser evidente o interesse da criança pelo espaço e pelos brinquedos do consultório, sempre pára na porta e diz que não vai entrar, depois entra, brinca e quando o tempo termina, diz que não vai sair. A transferência revela a estrutura da conflitiva subjacente aos sintomas, talvez desde o nascimento. O bebê que quer dominar para não ser dominado.

Os pontos que gostaríamos de apontar nesse caso são:

1.º – A dinâmica intrusiva e o jogo de domínio ocorrem, de forma surpreendente, desde o nascimento, através do desmame imposto pelo bebê. Lebovici (1984) procura teorizar sobre esse fenômeno, através do conceito de "interação fantasmática", em que o bebê já aparece como tela de projeção para os conflitos e desejos maternos desde o nascimento.

2.º – Por outro lado, a recusa, os vômitos, o refluxo gastroesofágico e a asma podem ser vistos como uma expressão comportamental e visceral de recusa à maternagem intrusiva? O fisiológico, "natural", é aqui subvertido pelo pulsional, marcado pela oposição ao ambiente.

3.º – A anorexia representa a báscula da estrutura anterior do somático para o imaginário. As intervenções terapêuticas no serviço de pediatria e no de saúde mental deslocam mais uma vez a dinâmica para o simbólico, para a linguagem, o que é conseguido também pela implicação da função paterna.

4.º – A anemia é uma possível conseqüência de um processo que guarda semelhanças com a gastrite e a retocolite dos adultos, com uma especificidade na idade pediátrica. Esse assunto é objeto de nossas reflexões em outros trabalhos. (Ranña, 1995, e texto inédito).

5.º – A orientação pediátrica incluindo o pai na dinâmica desloca a estrutura do conflito, propiciando a subjetivação da criança fora das identificações maciças com a mãe, permitindo a simbolização dos conflitos, agora capturados pela linguagem, aliviando a força destrutiva das somatizações. Pode-se dizer que o esforço terapêutico inicial consiste em neurotizar ou repsiquizar o conflito.

Outro ponto importante é o papel da relação médico–paciente nos atendimentos pediátricos, que com a ajuda da supervisão psicanalítica, orienta as intervenções no campo subjetivo das relações familiares, deslocando os sintomas para a conflitiva neurótica. Esse aspecto é fundamental para a eficiência dos atendimentos pediátricos e para abrir a possibilidade de intervenções terapêuticas na saúde mental, principalmente afastando-se a criança do ponto de equilíbrio perigoso entre pulsão de vida e pulsão de morte em que se encontrava.

Temos então, nesse caso, uma "sucessão sindrômica", que parte da regurgitação, da asma e das lesões gastrointestinais, passam para a recusa alimentar na anorexia e, posteriormente, para a dinâmica de domínio na relação com os pais e nas sessões terapêuticas.

As experiências interativas entre a mãe e o bebê são vividas como se um fosse propriedade do outro, na ilusão de que um possa completar, ou dominar o outro, possibilitando à mãe negar sua própria castração ou realizar o desejo de ter o filho do avô materno, deslocando a série sintomática para uma conflitiva trigeracional do mito familiar.

A série sintomática, ou a sucessão sindrômica é deslocada então para o campo intersubjetivo. Nesses deslocamentos sucessivos, as somatizações desaparecem ou perdem sua força destrutiva.

Evidencia-se um intricamento entre pulsão de morte e pulsão de vida. A primeira levando à repetição e à desorganização psicossomática e a segunda, apesar de também ser vítima da repetição, criando movimentos no equilíbrio psicossomático.

Em outras experiências terapêuticas podemos observar esses movimentos na estrutura dos indivíduos implicados, bem como das interações entre eles, sendo esta uma contribuição da psicossomática para a psicoterapia em geral. Vemos assim no fenômeno da repetição, anteriormente formulado, o infantil, ou a estrutura anterior presente, com uma metáfora, na estrutura atual. O determinismo existente nesse processo dialetiza com as possibilidades de renovação, mas dentro de determinados limites. Por mais que admitamos a infinita plasticidade psíquica e seu potencial renovador, as marcas primitivas, em certos casos, bem como a compulsão repetitiva, assumem um caráter fortíssimo e às vezes eterno, encontrando um certo abrandamento apenas na báscula para outra instância na ordem do imaginário ou do simbólico, destacando a importância da sucessão sindrômica.

Pensamos aqui nos casos de anorexia primária, que se perpetuam em dificuldades escolares, ou outras dificuldades em função de uma tendência à recusa "do que vem do outro", transferindo para situações de aprendizagem a estrutura da relação objetal primitiva. Outra sucessão da anorexia é a tendência a recusar e opor-se às novas idéias e concepções, questão muito presente nas relações sociais dos meios acadêmicos. Não seriam então essas marcas constitutivas e o apego narcísico às próprias concepções científicas, que nos levariam a posições "anoréxicas" e "regurgitantes" ante a eterna renovação e evolução das concepções científicas?

Para concluir, gostaríamos de citar Debray:

> Toda relação dual ulterior despertará o traço deste fracasso inicial e produzirá uma rejeição profunda, num movimento inconsciente onde a compulsão de repetição está em seu ápice. Assim, inúmeros bloqueios, recusas e fracassos nas aprendizagens escolares de base não têm outra origem senão esta *(p. 150)*.

Referências bibliográficas

Castro, L. R. F. "Uma introdução à psicossomática da criança através do estudo funcional da asma". *In*: Ferraz, F. C. & Volich, R. M. *Psicossoma: Psicossomática Psicanalítica*. São Paulo, Casa do Psicólogo, 1997.

Debray, R. *Mães e bebês em revolta*. Porto Alegre, Artes Médicas, 1988.

Di Loreto, O. D. *A origem da mente humana*. Texto inédito.

_____. *Posições Tardias*. Texto inédito.

Ferraz, F. C. & Volich, R. M. Apresentação. *Psicossoma: Psicossomática psicanalítica*. São Paulo, Casa do Psicólogo, 1997.

Freud, S. (1915) "Los instintos y sus destinos". *Obras Completas*. Madri, Biblioteca Nueva (OÇ- BN).

_____. (1920) "Mas alla del principio del pracer". *Op. cit.*

Kreisler, L. *A criança e seu corpo*. Rio de Janeiro, Zahar, 1981.

_____. *Le nouvel enfant du desordre psicosomatique*, Paris, Dunod, 1992.

Lebovici, S. *O bebê, a mãe e o psicanalista*. Porto Alegre, Artes Médicas, 1987.

Marty, P. *A Psicossomática do Adulto*. Porto Alegre, Artes Médicas, 1993.

Ranña, W. "Psicossomática e o infantil: uma abordagem através da pulsão e da relação objetal". *In*: Ferraz, F. C. & Volich, R. M. (1997), *Op. cit.*

_____. Anorexia. *In*: *Pediatria em Consultório*. São Paulo, Sarvier, 1995.

_____. "Anemia persistente e anorexia da criança". Texto inédito.

Soulé, M. "Introdução". *A criança e seu corpo*. Rio de Janeiro, Zahar, 1981.

_____. "As cólicas do bebê". *A criança e seu corpo*. Rio de Janeiro, Zahar, 1981.

Tanis, B. "O infantil na psicanálise – Atualidade clínica e teórica". *Espaço Criança* 2(1): 5-11, 1996.

Winnicott, D. W. "O psicossoma". *In*: *Textos selecionados: da pediatria à psicanálise*. Rio de Janeiro, Francisco Alves, 1978.

_____. "Transtornos Psicossomáticos". *In*: Winnicott, C. *Explorações Psicanalíticas: D. W. Winnicott*. Porto Alegre, Artes Médicas, 1994.

_____. "Desenvolvimento emocional primitivo". *Op. cit.*, cap. 12.

O estudo dos distúrbios do sono na infância e suas contribuições para a compreensão da psicossomática do adulto

Lídia Rosalina Folgueira de Castro

O estudo dos distúrbios do sono é um dos pilares da psicossomática. A compreensão desses distúrbios, de suas causas e conseqüências, introduz-nos aos fundamentos da psicossomática de Pierre Marty (1991), bem como às novas concepções do Instituto de Psicossomática de Paris, devidas, especialmente, a Michael Fain.[1]

Sem pretender resumir toda a teoria de Marty, mas apenas extraindo uma visão global para a compreensão dos distúrbios de sono, destacarei os seguintes pontos:

1. A doença orgânica não possui um significado simbólico;

2. Para a compreensão da psicossomática de Marty, é necessário mudar os paradigmas de pensamento. Estamos acostumados a pensar as doenças orgânicas em termos de estruturas de personalidade que as englobam, por exemplo, como: cardiopatas, doentes com câncer, etc. Com raras exceções – a da personalidade alérgica essencial, entre outras –, a subdivisão de doenças para Marty não corresponde à subdivisão de estruturas de personalidade;

3. Marty (1976) estudou o funcionamento mental dos indivíduos. Constatou que existiam funcionamentos psíquicos que não ha-

---
1. Ver o capítulo 3, deste livro.

viam sido abordados pela psicanálise clássica. Freud, ressaltamos, estudou o funcionamento mental dos neuróticos. Em 1916, falando sobre os sintomas somáticos, Freud diz "os sintomas somáticos são destituídos de significado". Deixou claro que não estudaria as neuroses atuais, cuja sintomatologia era, diferentemente do caso dos neuróticos, destituída de significados simbólicos;

4. Marty (1976) revolucionou com suas idéias não só a psicossomática mas toda uma concepção de homem e uma visão de mundo. Seus conceitos sobre mentalização auxiliam-nos a compreender modos de funcionamentos mentais, antes pouco explorados;

5. Estas concepções, por sua vez, abriram novas perspectivas para a psicopatologia. Marty (1991) propõe uma nova subdivisão das estruturas psicopatológicas. Além das neuroses mentais e psicoses, que continuam sendo explicadas pela psicanálise, propôs uma gama de subdivisões: neuroses de comportamento, neuroses de mentalização boa, neuroses de mentalização má ou incerta;

6. Um conceito fundamental é o de mentalização. As doenças orgânicas tenderiam a incidir mais em indivíduos com má mentalização. Correndo o risco de parecermos esquemáticos, é como se o bom funcionamento do pré-consciente evitasse que o choque traumático incidisse diretamente sobre o soma. Ele funcionaria como um filtro, diluindo o impacto do traumatismo;

7. O conceito de mentalização é complexo. Diz respeito a características do pré-consciente tais como: a) espessura de suas camadas representativas, isto é, a conexão do atual com conteúdos passados; b) a permanência e a continuidade do funcionamento mental, que poderiam ser imobilizadas pelas repressões (que não devem ser confundidas com o recalque) ou pelas cefaléias tensionais (que visam a impedir as explicações e o conhecimento); c) a fluidez entre representações;

8. Salienta-se ainda um conceito revolucionário na psicossomática de Marty (1991): o de que o desenvolvimento da segunda tópica freudiana é dependente, em termos de sua gênese, do bom desenvolvimento da primeira tópica.

Para Marty (1991), nem todos os indivíduos chegam a constituir completamente a primeira tópica – inconsciente, pré-consciente e consciente – e tampouco a segunda – id, ego e superego. Esta última forma de funcionamento mental ocorreria apenas nas boas mentalizações.

O mau desenvolvimento da primeira tópica é decorrente dos maus cuidados com o bebê até por volta de dois anos de idade, como inafetividade, atitudes contraditórias e imprevisíveis de quem cuida, além de guarda caótica. Também a primeira tópica pode ficar distorcida – e não carencial, como nos maus cuidados –, havendo uma prevalência muito grande do processo primário (características, por exemplo, do "trabalho do sonho") sobre os processos secundários, quando há superinvestimento do bebê em detrimento de outras coisas da vida, como é o caso da estrutura alérgica (em especial da asma e do eczema).

As doenças orgânicas tenderiam a incidir com maior freqüência nas pessoas com má mentalização, cujo funcionamento do pré-consciente é precário, carencial (Marty, 1993).

Um dos indícios da má mentalização – um dos, deixemos bem claro –, é que aqueles que a apresentam não se lembram de seus sonhos. E, se lembram, constatamos que são sonhos ditos "crus", nos quais as pulsões aparecem diretamente, sem censura, ou então são "sonhos operatórios", nos quais a presença dos restos diurnos é maciça e o inconsciente praticamente ausente.

De que forma se desenvolve a vida mental? Como se desenvolve a vida onírica cujo bom funcionamento atesta o bom funcionamento do pré-consciente? Tentando responder a estas indagações, propus-me a estudar os distúrbios do sono.

Distúrbios do sono

Como já disse, existem duas obras fundamentais na psicossomática da criança (Castro, 1997): *A criança e seu corpo* (1981) de L. Kreisler, M. Fain, e M. Soulé e *Le nouvel enfant du désordre psychosomatique* (1995) de L. Kreisler. Ao longo das mesmas, vários distúrbios correlacionados ao sono foram estudados. Na primeira, a cólica dos três primeiros meses e a insônia; na segunda, o terror noturno, o sonambulismo e o nanismo.

Retomemos alguns conceitos importantes sobre o sono e o sonho. Para Freud (1900), o sonho é o guardião do sono. O sono seria o retorno ao narcisismo primário, a uma sensação de fusão com a mãe; o sono visa a um desligamento do mundo. Como há tendências psíquicas que recusam esse desprendimento, o sonho viria dar satisfações a elas, garantindo a tendência regressiva do sono.

Para a psicossomática, nem todas as pessoas se lembram dos sonhos ou desenvolveram a capacidade de elaboração onírica. Esta concepção é importante, uma vez que muitas confusões giram ao redor dela. A pergunta sempre é: todos nós sonhamos? Não podemos responder categoricamente a questão. O que podemos dizer é que todos nós temos o sono paradoxal, função na qual o sonho se constituirá, se apoiará. Todo o sonho ocorre, portanto, na fase paradoxal do sono. Mas nem toda a fase de sono paradoxal é constituída de sonhos. Os distúrbios correlacionados ao sono são exemplos disso.

O sono é subdividido em duas fases: o sono lento, que é subdividido por sua vez em quatro estágios de I a IV que se sucedem no tempo, e o sono paradoxal ou rápido, que é caracterizado pelo rápido movimento dos olhos, quando há um relaxamento muscular completo e ocorrem os sonhos (Kreisler, 1995).

Outra contribuição importante para o estudo do sono, além dos estudos de Freud (1900) e dos estudos laboratoriais sobre o assunto, foi dada por Spitz (1988). Para este autor, o sono se subdivide inicialmente em dois tipos, que, como veremos, são muito importantes no estudo da cólica e da insônia: sono fisiológico e sono libidinal.

O sono fisiológico é aquele que ocorre a partir de um esgotamento físico. Já o sonho libidinal é o que conduz à sensação de fusão com a mãe, tendo sido adquirido através de um contato suficientemente bom com ela. Didaticamente, poderíamos correlacionar o sono fisiológico com o sono lento, e o sono paradoxal com o sono libidinal.

Na cólica, a criança adormece num primeiro momento para, em seguida, acordar gritando, podendo permanecer assim durante horas. Há ruídos na barriga que fazem pressupor que há problemas de cólica. Este distúrbio não ocorre em ambientes institucionais. Cessa por volta do terceiro mês de vida, por ocasião da formação do primeiro ponto organizador de Spitz (1988).[2]

Por que o bebê adormece num primeiro momento para em seguida acordar gritando? A criança adormeceria inicialmente por causa de um esgotamento físico, no chamado sono fisiológico. Assim que ela adentra no sono libidinal (o de fusão com a mãe), equivalente ao sono paradoxal em que ocorrem os sonhos, ela acorda.

Neste ponto, temos que compreender por que este distúrbio funcional não ocorre em ambientes institucionais. Na cólica, encontramos um tipo de relação materna em que há um hiperinvestimento do bebê. A mãe está muito presente, além do suficiente, o que explica por que este distúrbio não ocorre em ambientes institucionais.

Soulé (1981), em *A criança e seu corpo*, estabelece uma comparação do acordar do bebê com o acordar dos sonhos na neurose traumática (Freud, 1920). Tanto o bebê quanto o indivíduo acordariam ao serem invadidos por um excesso de excitações não elaboráveis. Nos dois casos (na cólica e na neurose traumática) as excitações ultrapassam a capacidade de elaborá-las. Isso explica por que a cólica costuma ser superada a partir da constituição do primeiro ponto organizador (Spitz, 1988), uma vez que, nesta fase do desenvolvimento, ainda pré-objetal, há uma primeira constituição da vida mental, aumentando a capacidade do bebê de suportar as frustrações.

---

2. Para uma maior compreensão do primeiro ponto organizador, e da sua importância no estudo da psicossomática da criança, ver Castro, 1997.

Observa-se que a cólica cede quando se utilizam dois recursos: a) chupeta: que seria uma descarga da excitação através do prazer localizado, da libido oral; b) embalo: que seria um investimento no corpo inteiro do bebê, contribuindo para o retorno ao narcisismo primário. As técnicas do embalo e da chupeta são utilizadas pela mãe para que o bebê se acalme, liberte-se do excesso de excitações e consiga continuar dormindo. Neste caso, a mãe estará funcionando como uma mãe calmante. A mãe exercerá, num primeiro momento, um papel que posteriormente será atribuído ao sono.

> Revertendo ao embalo, o bebê deveria ser capaz, ao cabo de certo tempo, de o alucinar. Compararei de bom grado esse fato ao que se passa fisionomicamente no domínio do sistema nervoso autônomo, quando da aquisição dos sistemas de auto-regulação, regulações dependentes, no início, do meio circundante... A comprovação clínica da existência de síndromes precoces, no decorrer das quais a função "de guardião do sono" permanece a cargo do meio ambiente, mostra uma dificuldade na aquisição de uma função mental de auto-regulação. Teremos, por conseguinte, de discutir as condições que favorecem essa dificuldade de integração no domínio mental *(Fain, 1981, p. 74).*

É interessante ressaltar que as técnicas utilizadas para dar continuidade ao sono são motoras (embalo e chupeta). Elas substituem a função que seria a dos sonhos. O bebê, ao nascer, possui o sono paradoxal; porém, será necessário todo um desenvolvimento psíquico para que a possibilidade de sonhar ocorra. Este desenvolvimento psíquico ocorre paulatinamente. É por ocasião da formação do primeiro ponto organizador de Spitz que a criança consegue estabelecer uma primeira conexão entre uma imagem – parte do rosto materno constituída da gestalt olhos, nariz e boca – com as satisfações adquiridas enquanto observava esta imagem, durante a amamentação. A organização destes primeiros traços de memória visual possibilitará a formação dos sonhos (que são compostos de imagens). A cólica cede quando o bebê estabelece este primeiro ponto organizador, justamente pelo fato de ter adquirido uma possibilidade de auto-regulação interna, como descrito na citação acima.

A possibilidade de alucinação e os traços de memória, que tornam possível a vida mental, são condições necessárias para a formação dos sonhos, e estabelecem um jogo equilibrado entre as satisfações e as frustrações das necessidades do bebê (Castro, 1990). Os distúrbios funcionais precoces do bebê revelam que algo, na relação mãe/bebê, não vai bem. Posteriormente, Kreisler (1995) sintetiza suas idéias afirmando que os distúrbios funcionais traduzem os conflitos existentes nessa relação.

A cólica e a insônia são distúrbios da organização do sono. As insônias, principalmente as insônias graves, têm um prognóstico muito mais desfavorável que a cólica. Sobre a insônia precoce diz Fain (1981): "esta, pelo menos em suas formas sérias, constitui um núcleo de base que continuará sendo um ponto fraco na estrutura de personalidade, estando totalmente bloqueada no sentido das mentalizações".

A importância do sono é fundamental. Ele se torna rapidamente um sistema de auto-regulação do narcisismo.

> Por conseguinte, na perspectiva que nos interessa, uma das primeiras passagens do somático ao psíquico será a "libidinização" do sono. Essa operação só pode ser efetuada pela *mãe* e a *criança*, culminando num investimento narcisista primário. Para retomar a noção de pré-forma fisiológica dos mecanismos mentais, introduzida por Spitz, parece que essa libidinização do sono prefigura o que virá a ser ulteriormente a regulação do amor-próprio *(self-esteem) (Fain, 1981, p. 79).*

Os desenvolvimentos mais recentes sobre os distúrbios de sono estão no livro de L. Kreisler, *Le nouvel enfant* (1992), escrito depois que Marty publicou sua teoria geral da psicossomática em *Mouvement individuel de vie et de mort* (1976). Nesta obra, Kreisler estudou os distúrbios funcionais precoces mais graves, que, por sua intensidade e duração, podem conduzir o bebê às somatizações da segunda infância e mesmo à morte.

A influência de Marty (Castro, 1997) nesta obra, *Le nouvel enfant*..., faz-se sentir até mesmo na subdivisão de capítulos. Estes não são mais subdivididos por distúrbios funcionais, como em *A criança e seu corpo* (Kreisler, 1981), mas por tipos de funcionamento mentais infantis mais propensos à somatização. Entre estes tipos de funcionamento, encontramos na infância[3] a neurose de comportamento, com características similares à do adulto. Essa estrutura mental é caracterizada por um tipo de funcionamento de tipo operatório (Marty, M'Uzan, 1963), no qual o funcionamento do pré-consciente é praticamente inexistente. Não há lembranças de sonhos e os atos falhos já inexistentes. Nos testes projetivos, por exemplo, o sujeito dá apenas dados descritivos sobre as pranchas, sem associações livres ou qualquer outro tipo de associação. Em síntese, não encontramos na fala nenhum indício de permeabilidade entre as instâncias psíquicas. Nada que vem do mundo interno (do pré-consciente e do inconsciente) poderá perturbar um pensamento que é ocupado inteiramente pela realidade concreta atual.

No capítulo de *Nouvel enfant* dedicado às neuroses de comportamento, Kreisler (1995) estudou dois importantes distúrbios de sono: o terror noturno e o sonambulismo. Tais distúrbios da função onírica são ligados às más mentalizações e, como vimos, há uma propensão maior a desenvolver doenças orgânicas graves.

Os estudos laboratoriais demonstraram que o sonambulismo ocorre nas fases III e IV do sono lento e não na fase do sono paradoxal em que ocorrem os sonhos. Usando as palavras de Kreisler (1995), "o sonambulismo não ocorre na fase do sono paradoxal, que é a dos sonhos; não é um sonho agido como se considerava outrora" (p. 133).

Assim como o bebê com cólica acorda ao adentrar no sono libidinal, voltando a dormir apenas se embalado ou chupando o dedo, o sonâmbulo, ao adentrar no sono paradoxal, substitui a ação pelo sonho. O sonambulismo é, portanto, um fracasso da função onírica.

---

3. Na infância, o mais correto é denominar tipos de funcionamento em vez de estrutura mental, a qual só se consolidará no final da adolescência.

O defeito de constituição do processo alucinatório primário seria então "compensado" pela atividade motora que permitiria "tamponar" certos estados de frustração, papel que cabe habitualmente à atividade motora. O sonambulismo teria então por função "substituir" o sonho, ao mesmo tempo que preserva o sono. Esta falha da mentalização deve ser aproximada das constatações psicológicas precedentemente anunciadas e confirmam uma pobreza da fantasmatização nas crianças e as constatações eletro-fisiológicas que mostram uma diminuição do sono paradoxal *(Kreisler, 1995, p. 138)*.[4]

Os estudos de Kreisler, juntamente com recentes estudos laboratoriais sobre o sono, permitiram confirmar, vinte anos depois, uma afirmação já feita por Fain em *Criança e seu corpo* (1981). Kreisler (1995) correlaciona os gestos autodestrutivos que as crianças utilizam para induzi-las ao sono com o sonambulismo:

Assiste-se nesse caso a uma interrupção nas possibilidades de evolução mental pelo desenvolvimento, a uma atividade motora que é suscetível de impedir a evolução do estado de vigília no sentido do estado de consciência, notadamente por defeito de constituição do processo alucinatório primário, a primeira elaboração mental que permite bloquear certos estados de frustração e da qual a atividade onírica é uma herdeira direta *(p. 72)*.

A atividade do sonâmbulo é organizada e coordenada pela realização de um desejo. A diferença essencial é que "ela não é um sonho agido, mas a *mise en scène*, pela motricidade, de uma moção pulsional numa série de gestos adaptados à realidade material do ambiente, nas suas qualidades perceptivas" (Kreisler, 1995, p. 140).

São os fenômenos sensório-motores que se desenvolvem, sem que sejam objeto de uma elaboração qualquer, não permitindo a tomada de consciência posterior, como ocorre por exemplo, nos sonhos. A vida onírica e mental, por falha na formação do pré-consciente, é substituída pela ação. Isso é um exemplo, dentro da própria vida

---

4. Tradução da autora.

onírica, de como um recurso mental (no caso, o sonho) é substituído pela ação.

Assim como o sonambulismo (típico do período de latência), o terror noturno (que ocorre numa fase anterior do desenvolvimento, no período edípico) não é um fenômeno do sono paradoxal e sim do sono lento.

Em muitos casos, o sonambulismo é um herdeiro do terror noturno. É fácil distinguir o terror noturno do pesadelo e do sonho de angústia, uma vez que a criança é incapaz, no terror noturno, de lembrar-se de sonhos. Ela grita, fica de olhos arregalados, com uma inconsciência total do ambiente que a cerca, sem conseguir reconhecer as pessoas que estão à sua volta. Concomitantemente, tem distúrbios neurovegetativos: transpiração, taquicardia e taquipnéia, além de, como no sonambulismo, ter uma amnésia total do evento.

Outro sério problema correlacionado ao sono é o nanismo por sofrimento psicológico. Esta já é uma síndrome bem mais grave do que todas anteriormente referidas. Na subdivisão de funcionamentos mentais feitas em *Le nouvel enfant* (Kreisler, 1992), ela se encontra nas denominadas crianças gravemente inorganizadas, crianças que correm grave perigo de morte.

O retardo de crescimento por sofrimento psicológico diferencia-se do nanismo genético pelas características físicas, sendo que neste último há uma desproporção entre partes do corpo, enquanto que no primeiro todo o desenvolvimento corporal se assemelha ao de uma pessoa comum, apenas com as proporções reduzidas.

O problema do nanismo ocorre nos ambientes familiares altamente patológicos, quando a criança, além do abandono, sofre igualmente maus-tratos.

Para reverter essa síndrome, deverão ocorrer duas circunstâncias concomitantes: a criança ser afastada do ambiente familiar e tomar hormônio do crescimento. A administração do hormônio, desde que mantidas as condições relacionais da criança, não surtirá nenhum efeito. Essas crianças apresentam igualmente uma falha na aquisição das mentalizações e no funcionamento do pré-consciente.

Os problemas de sono aparecem com uma freqüência considerável no nanismo. A carência afetiva induz aos problemas de comportamento e aos problemas de sono.

A diminuição, ou até mesmo o desaparecimento do sono lento é responsável pelo defeito de secreção do hormônio somatotrópico do qual ele é um poderoso estimulante. Assim, nós podemos pensar que a carência afetiva, pelo viés dos problemas do sono, pode ser a causa do déficit parcial do somatormônio e conseqüentemente da diminuição, até mesmo da anulação da velocidade do crescimento *(Kreisler, 1995, p. 194)*.[5]

No nanismo, ocorre a desorganização tanto do sono lento quanto do sono paradoxal, portador dos sonhos. É importante ressaltar que a característica desses pacientes é a expressão pelo comportamento: nem neurose, nem psicose. Há uma falha nos processos de simbolização, nos quais os atos substituem os pensamentos.

Sem me alongar demasiadamente em cada um desses distúrbios, o essencial do que pretendi demonstrar é, sucintamente:

- As mentalizações, a constituição do pré-consciente e da capacidade de elaboração onírica constituem-se através da relação com a mãe;

- Inicialmente, a função de guardião do sono, posteriormente atribuída aos sonhos, é exercida pela mãe através de cuidados maternos suficientemente bons.

O estudo aprofundado do sonambulismo e do terror noturno é prova de que existem falhas na constituição dos sonhos. Estes estudos são revolucionários na psicanálise e na psicossomática da criança, pois, anteriormente, atribuíam-se a estes distúrbios as mesmas características da histeria e do pesadelo, mecanismos mentais atribuídos a outras estruturas de personalidade. Estes estudos atuais de-

---

5. Tradução da autora.

monstram a importância dos intercâmbios entre os estudos da psicossomática da criança e do adulto.

Para finalizar, gostaria de ressaltar, como terapeuta da relação mãe-bebê, e tendo como teoria de base a psicossomática do Instituto de Paris, a importância dos atendimentos conjuntos mães/bebês como um trabalho preventivo de sérios distúrbios que podem ocorrer na vida adulta.

Além dos distúrbios já estudados, que já são problemáticos em si, para a família estes mesmos distúrbios podem marcar estruturas de personalidade como as neuroses de comportamento e mal mentalizadas. Haverá, então grande perigo e probabilidade de somatização de doenças orgânicas sérias e irreversíveis, diante de traumatismos, que podem conduzir o indivíduo à morte precoce.

Referências bibliográficas

Castro, L. R. F. *Determinações psicológicas da inibição do trabalho escolar em crianças*. São Paulo, 1990. Dissertação (Mestrado) – Instituto de Psicologia, Universidade de São Paulo.

_____. "Uma introdução à psicossomática da criança através do estudo funcional da asma". *In*: Ferraz, F. C. & Volich, R. M (orgs.). *Psicossoma – Psicossomática psicanalítica*. São Paulo, Casa do Psicólogo, 1997.

Kreisler, L. *Le nouvel enfant du désordre psychossomatique*. Paris, Dunot, 1992.

Kreisler, L.; Fain, M.; Soulé, M. *A criança e seu corpo*. Rio de Janeiro, Zahar, 1981.

Freud, S. (1900) La interpretación de los sueños. *In: Obras Completas*. Madrid, Biblioteca Nueva, v. 1, 1981.

_____. (1916) El estado neurótico corriente. *Op. cit.*, v. 2.

_____. (1920) Mas allá del principio del placer. *Op. cit.*, v. 3.

Marty, P. *Les mouvements individuels de vie et de mort.* Paris, Payot, 1976.

_____. *A psicossomática do adulto.* Porto Alegre, Artes Médicas, 1993.

Marty, P.; de M'Uzan, M. "La pensée opératoire". *Rev. Fr. Psychanal.*, 27:345-56. 1963.

Spitz, R. *O primeiro ano de vida.* Porto Alegre, Martins Fontes, 1993.

O fenômeno psicossomático na infância: notas a partir de um referencial lacaniano

Domingos Paulo Infante

Freud empregou uma única vez o termo "psicossomática", em uma carta de 1923 a Weisacker (Valas, 1990). Tal reticência contrasta com a fortuna que o termo assumiu desde então.

A psicossomática seria um campo de conhecimento identificado? No caso afirmativo, quais seriam as bases de sustentação conceitual? Se todas as teorias psicossomáticas se dizem de "inspiração psicanalítica", não podemos deixar de reconhecer nelas, apesar da dita inspiração, os desvios em relação a conceitos básicos da psicanálise.

O mínimo que podemos dizer é que o conceito de psicossomática é problemático, no sentido kantiano do termo, isto é, como característica de um juízo ou de uma proposição que pode ser verdadeira, embora aquele que fala não o afirme expressamente; o mundo, por exemplo, é tanto o efeito de um acaso como o de uma causa exterior ou, ainda, o produto de uma necessidade interna.

No artigo intitulado "Horizontes da psicossomática", Patrick Valas (1990) faz um recenseamento das teorias psicossomáticas, identificando-as a partir do valor que elas dão para o fenômeno psicossomático. Assim, há as que afirmam que fenômenos psicossomáticos têm um sentido, sendo eles a expressão de um desejo.[1] Há também aquelas para as quais o fenômeno psicossomático

---
1. O mais conhecido representante desta escola foi G. Groddeck. Com a publicação de *O livro d'Isso*,

tem um sentido próximo do da conversão histérica, sem, contudo, coincidir com ela.[2] Há ainda aquelas para as quais o fenômeno psicossomático não tem sentido, mas remeteria a um déficit de representação; neste caso, haveria um sujeito que não é neurótico nem psicótico, mas "deficitário".[3]

É interessante mencionar as definições que vão brotando na esteira dos diversos autores e escolas que se propuseram a pesquisar o fenômeno psicossomático: "linguagem de órgão", "neurose de órgão", "psicose de órgão", "estrutura particular de personalidade", "pensamento operatório", "mentalização", etc.

O fato é que ainda não temos uma formulação que possa se sustentar dos conceitos mestres da psicanálise tais como pulsão, desejo, gozo e sintoma, e que, simultaneamente, dê conta do fenômeno psicossomático. A afirmação de Lacan (1975) de que a resolução do enigma do fenômeno psicossomático passa pela identificação do gozo específico nele envolvido é uma referência de peso.

Outra referência de Lacan (1964) que pode trazer subsídios para uma aproximação do fenômeno psicossomático é a separação das dimensões real, imaginária e simbólica. Aqui, eu diria que as relações de causa e efeito são factíveis dentro de um mesmo registro, mas não de um registro para o outro. A medicina organicista tira seu poder das relações de causa e efeito dentro do registro do real do organismo. Como negá-las em sua evidência? Podemos estabelecer relações de causa e efeito dentro do registro imaginário: por exemplo, se imagino um gozo imenso entre um sujeito e um objeto, sou tomado de inveja, como efeito. Entre um registro e outro, porém, nunca temos relações

---

em 1923, Groddeck praticamente inaugurou a reflexão sobre o fenômeno psicossomático no movimento psicanalítico. Para ele, tanto os sintomas psíquicos (aí incluído também o trabalho do sonho) como os orgânicos guardam a mesma relação entre o conteúdo manifesto e os conflitos latentes inconscientes. (Nota dos Organizadores)
2. Esta teoria se deve a Franz Alexander e seus colaboradores do Instituto de Psicanálise de Chicago. Alexander, em seu livro *Psychosomatic medicine*, publicado em 1950, encarava o sintoma histérico como uma expansão simbólica de um conflito com a ajuda do corpo. A doença somática, para ele, não seria propriamente uma simbolização, mas o resultado da "lógica das emoções", que se expressa pela tensão e, deste modo, provoca a disfunção. (Nota dos Organizadores)
3. Esta teoria foi formulada por Pierre Marty e seus colaboradores reunidos no Instituto de Psicossomática de Paris (IPSO). (Nota dos Organizadores)

simples de causa e efeito; podemos, no máximo, ter relações de pressuposição recíproca, mas estas são complexas e nunca biunívocas. Entre eles, o que faz a diferença é o *acontecimento*. Muitos dos equívocos das formulações psicossomáticas pecam pela confusão de registros, quando procuram estabelecer relações de causa e efeito entre registros diferentes. Vide a formulação de Franz Alexander (1950) sobre as "emoções recalcadas", que teriam como efeito lesões corporais via neurovegetativa. Trata-se de uma aberração do ponto de vista psicanalítico, visto que as emoções não se recalcam, mas sim deslocam-se; do mesmo modo pouco rigoroso conceitualmente, esta noção é, hoje em dia, compartilhada pelos denunciadores do estresse (um saco de gatos...).

O que sabemos é que o fenômeno psicossomático não é da ordem do sintoma. O sintoma é uma formação do inconsciente, tem estrutura de metáfora, pode ser deslocado por efeito retroativo e modificado por efeitos de verdade. O fenômeno psicossomático remete a um outro tipo de inscrição que, por sua vez, remete a uma questão da pulsão e da fixação de gozo nele implicada.

A inscrição pulsional faz do organismo e sua libido um corpo em que o gozo se situará nos limites das zonas erógenas. O fenômeno psicossomático remete a uma reintrodução do organismo no corpo e, nesse processo, o gozo se situaria no órgão.

Manifestações psicossomáticas na infância

Creio que devemos diferenciar o fenômeno psicossomático das manifestações ditas psicossomáticas da primeira infância. Ainda que possamos esperar da observação dessas manifestações uma luz para a compreensão do fenômeno psicossomático, este revela uma fixação de gozo que não tem correspondência no bebê. As manifestações do bebê são correlatas das vicissitudes de uma inscrição pulsional em andamento, o que lhes confere uma certa labilidade. Nessa inscrição, todas as funções corporais estarão implicadas.

O que estou chamando de inscrição pulsional é aquilo que Freud (1938) chamou, no *Esboço de psicanálise*, de complexo do *nebenmensch*, isto é, do outro que vem responder ao grito do bebê com uma ação específica e que vai permitir a diferenciação do complexo em uma dimensão real – a da satisfação – e outra que vai se registrar na memória como significante, nível simbólico portanto. Nesse processo – e aqui o dado da prematuridade do recém-nascido é fundamental – o futuro sujeito terá o acabamento de suas funções corporais num mundo banhado pela linguagem. Torna-se um ser pulsional e, portanto, não instintual.

Podemos, com Freud e Lacan, discriminar as variáveis e as funções em jogo nesse processo: o bebê e suas urgências vitais numa tensão fisiológica que se expressa no grito, e um sujeito – que podemos chamar de mãe simbólica – que toma esse grito como um apelo; para fazê-lo, ela tem de supor uma subjetividade no bebê. Tomar o grito como um apelo dirigido é uma interpretação, daí chamarmos a mãe de mãe simbólica. A necessidade de que essa função simbólica se alterne em presença e ausência simbólica garante o intervalo significante em que o sujeito vai se alojar. A partir da inscrição do grito como apelo, o bebê, por retroação, pode interpretar a tensão fisiológica como um sofrimento causado pelo outro, que tarda em sua ação específica. Temos, nesse processo, as três dimensões: o real (o bebê e sua tensão), o imaginário (o sofrimento atribuído ao outro como causador) e o simbólico (intermediado pela função simbólica da mãe).

Nas vicissitudes desse processo, são as funções corporais que estarão em jogo, ao mesmo tempo em que serão inscritas pulsionalmente. Uma mãe toda presença ou toda ausência dificultará a inscrição, e as respostas do bebê serão, deste modo, incoordenações nas funções: refluxos gastroesofágicos, vômitos, anorexia, distúrbios de sono, etc.

No segundo momento, o bebê toma seu grito como demanda dirigida à mãe. Há uma transmutação na qual a mãe, de simbólica, passa para o registro do real, pois ela tem os objetos demandados que, por sua vez, transmutam-se em símbolos do amor materno e já não são mais objetos puramente reais da necessidade: eles passam a ser dons da mãe. Aqui todo um jogo de engano, típico das relações amorosas, estabelece-se entre a mãe e a criança com um potencial sintomatológico razoável. O modelo topológico por excelência é o da complementaridade teórica. A diferenciação entre demanda e desejo do lado da mãe e da criança criará todo um jogo imaginário com seu potencial de equívocos.

No terceiro momento, a função paterna vem pôr um ponto de basta a esse jogo entre mãe e criança, introduzindo a lei e nomeando a falta.

Muito sucintamente, esses momentos correspondem ao processo de alienação e separação, condições necessárias para o advento do sujeito que é um nó de real, simbólico e imaginário. As funções corporais estão implicadas em todas as etapas com suas possibilidades de regressões tópicas. Portanto, há toda uma manifestação que implica as funções corporais e que não é da ordem do fenômeno propriamente dito, mas vicissitude de uma estrutura subjetiva que se instala.

Referências bibliográficas

Alexander, F. *Psychosomatic medicine*. Nova York, Norton, 1950.

Freud, S. (1938) Esboço de psicanálise. *In*: *Edição Standard Brasileira das obras psicológicas completas*. Rio de Janeiro, Imago, v. 23, 1976.

Lacan, J. (1964) *Os quatro conceitos fundamentais da psicanálise (O Seminário*, Livro 11). Rio de Janeiro, Zahar, 1988.

_____. Conferência de Genebra – O sintoma. *Bloc-notes da la Psychanalyse*, n.º 5. Genebra, Atars, 1985.

Valas, P. Horizontes da psicossomática. *In*: Wartel, R., org. *Psicossomática e psicanálise*. Rio de Janeiro, Zahar, 1990.

PARTE IV
SAÚDE MENTAL, PSICOSSOMÁTICA E TRABALHO

Introdução
Vida e morte no trabalho

Maria Auxiliadora de Almeida Cunha Arantes

> Os homens fazem sua própria história, mas não a fazem como querem; não a fazem sob circunstâncias de sua escolha e sim sob aquelas com que se defrontam diretamente, legadas e transmitidas pelo passado. *(Karl Marx)**

Desde que Marx (1844) escreveu seus *Manuscritos econômico-filosóficos*, conhecidos como seus escritos da juventude, o estudo do trabalho e sua forma de organização tornaram-se decisivos para uma nova compreensão do homem como artífice da cultura e da história.

Quando afirma que o "indivíduo é um ser social, por mais que seja um indivíduo particular, é sua particularidade que faz dele um indivíduo e um ser social individual efetivo...", Marx (1844, p. 10) vincula necessariamente o homem a um outro, submetidos a um existir e a um fazer, cujas leis e regulamentos lhes antecedem, histórica e particularmente, ou filogenética e ontogeneticamente.

Por outro lado, suas necessidades vitais e as condições para supri-las o colocam em uma relação que prevalece sobre as possibilidades de desfrutar do "a mais", do *plus* que o existir pode oferecer. Assim, "para o homem que morre de fome não existe a forma humana da comida, mas apenas seu modo de existência abstrato de comi-

---

* "O 18 Brumário de Luís Bonaparte". *In*: *Os pensadores*. São Paulo, Abril Cultural, v. 35, p. 329, 1978.

da... O homem necessitado, carregado de preocupações, não tem senso para o mais belo espetáculo" (Marx, 1844, p. 12).

Esta afirmação parece se desdobrar sobre outros territórios do saber, como por exemplo, o território da psicanálise, que tem em Aulagnier (1895) uma formulação ímpar a respeito da constituição do psiquismo. O conceito de prazer-necessário e de prazer-suficiente fala de um mínimo de condições objetivas e necessárias para que ocorra uma organização subjetiva e psíquica.

> Para que viver faça parte das possibilidades do Eu, quatro condições são necessárias:
>
> 1. a primeira refere-se ao corpo que o Eu habita, ao bom funcionamento de seus órgãos e à possibilidade de encontrar uma realidade natural e humana que lhe permita encontrar os únicos objetos a satisfazer as necessidades e as funções do corpo; (apesar do amor e da força das pulsões de vida das quais o Eu se beneficia, um estado de fome que se prolonga ou um campo de concentração podem lhe impor a morte); 2. é necessário que o Eu tenha sido antecipado e portanto pré-investido, pré-pensado; 3. que o Eu possa continuar investindo um mínimo de referências e pensamentos com função identificatória; 4. é necessário que na cena da realidade exterior ao menos um outro Eu continue a ser ponto de apoio e suporte de investimentos (Aulagnier, 1985, p. 139).

Aulagnier (1985) chama de prazer-necessário o prazer mínimo que permite o acesso à vida, e preservá-lo é viver. Este prazer parte das primeiras necessidades, e se pensamos que a saciedade da fome é primordial e é paradigma da pulsão de autoconservação, podemos dizer que antes de outros investimentos, e mais além, antes de outros destinos pulsionais, é indispensável ao próprio existir a satisfação de necessidades vitais. Só então haverá a possibilidade de pensar em um prazer-suficiente, que é o prazer "que o Eu deve poder experimentar através de seus investimentos, prazer que tem uma relação muito particular com o conceito de escolha" (p. 140).

O conceito de escolha em Aulagnier (1985) vai transitar pelo território das relações de amor, da paixão, e vai desaguar no que chamou de relações simétricas quando há troca entre iguais e assimétricas, quando há alguém que submete o outro. Em outro extremo ocorre o estado de alienação, quando o sofrimento intenso atinge o Eu e a psicose irrompe, não por falta de um investimento recíproco entre o Eu e o Eu materno, mas porque "para ambos trata-se de uma obrigação, de uma necessidade, de uma não-escolha" (p. 141).

Penso que o conceito de escolha ultrapassa a relação um-a-um e, convicta desta possibilidade, é que o remeto às demais escolhas que ao longo da vida o homem irá fazendo para dar conta do seu viver e sobretudo para exercer o prazer-suficiente que o coloca no cenário das pulsões de vida.

Este "a mais" que o constitui ontologicamente, embora suponha uma pré-história, uma antecipação, não lhe rouba e nem lhe impossibilita uma particular maneira de se exercer como indivíduo social, e ao mesmo tempo, singular. Há um percurso específico a transitar, em que cada um se constitui, escolhe viver, e vive suas escolhas.

O trabalho como exercício especificamente humano pressupõe que quem o exerce constituiu-se como homem, ultrapassou as etapas necessárias à sua consolidação psíquica e apresenta-se como quem pode vender sua força de trabalho para comprar o que necessita. Onde começa a necessidade e onde termina o prazer é uma fronteira difícil de estabelecer. Neste lábil terreno de incertos limites é que o conflito pode não se resolver, ou melhor dito, que as satisfações esperadas podem não ocorrer. E mais ainda, que a necessidade e a realidade se sobreponham à busca do prazer-suficiente, instalando o sofrimento e a dor.

Ferraz[1] formula um conceito sobre o trabalho, pensando-o como uma forma de sublimação. Ao afirmar que "devido a uma série de distorções que vamos encontrar na relação do homem com o seu

---

1. Ver capítulo 13 deste livro.

trabalho, os canais que possibilitam a ocorrência da sublimação se acham, na maioria das vezes, total ou parcialmente bloqueados" (p. 74), o autor vai além e estabelece uma relação entre o conceito de alienação, na filosofia marxista, e a ausência (ou impossibilidade) de sublimação, como um destino pulsional pensado por Freud.

Se pensarmos o trabalho pela via da Escolha, iremos concluir que na verdade ele é mais uma contingência do que uma escolha, e mais ainda, não é uma escolha livre, porque há leis e regras para escolher e há limites e níveis de escolha. Por isso é que o trabalho, ao mesmo tempo que possibilita a vida, engendra o desgaste, aponta para o adoecimento.

Desde a possibilidade de se pensar com Marx (1844) que "o homem torna-se cada vez mais pobre enquanto homem, (pois) precisa cada vez mais do dinheiro... e o poder do seu dinheiro diminui em relação inversa à massa de produção" (p. 16), até chegar aos dias de hoje quando os estudos sobre as formas de organização do trabalho vão se multiplicando paralelamente aos avanços da técnica e às novas esferas de organização do mercado, podemos dizer que, embora a máquina que substituiu o homem tenha sido substituída no século XX pelo robô e pelo computador, muito pouco foi pensado em proveito do não adoecimento de quem trabalha.

Retroagindo na história, sabe-se que, para Adam Smith, o pleno desenvolvimento da divisão do trabalho dependia da escala de produção e era portanto impraticável na pequena empresa familiar que predominava no século XIX. No início do século XX aumenta a importância de Frederick Winslow Taylor, ou do taylorismo, quando descreve a dissociação do processo do trabalho, das habilidades dos trabalhadores; separa a concepção da execução e fala sobre "o uso deste monopólio (gerenciamento científico) sobre o conhecimento para controlar cada passo do processo de trabalho e seu modo de expressão. Taylor enfatiza a necessidade de ampliar o controle de gerência sobre o processo de trabalho, o que acaba por romper o conhecimento do trabalhador individual e concentrar todo o conhecimento e todo o direcionamento, de forma que mesmo as tarefas mais insignificantes tenham de ser realizadas com supervisão" (Foster, 1997, p. 18).

Para Braverman, o desenvolvimento da tecnologia, o aperfeiçoamento das máquinas, caracterizam o modo de produção capitalista contemporâneo quando há um "crescente esforço para desenvolver a máquina perfeita, por um lado, e para diminuir o trabalhador, por outro". (Foster, 1997, p. 19). O que ocorre, então, é a adequação da condição de trabalho para a vasta maioria e melhora para relativamente poucos.

A exigência da melhoria da qualidade, o aumento da competitividade e modernidade, solicitam do trabalhador uma "mudança de atitude" diante do processo produtivo. Surge a necessidade de "substituir o trabalhador típico do taylorismo por outro, que tenha capacidade de analisar fenômenos em processo de interação, criatividade na resolução dos problemas e disponibilidade para resolvê-los em equipe" (Almeida; Vasconcelos, 1997, p. 22).

Ao mesmo tempo que novas aptidões e habilitações vêm sendo exigidas, mais a possibilidade de decidir, de escolher onde chegar, escapa às mãos do trabalhador: uma nova ordem internacional, uma nova era do desenvolvimento do capitalismo remete a uma "integração mundial de mercado (que) suplanta a estruturação anterior do sistema em economias nacionais autônomas" (Fernandes, 1987, p. 32). É a era da globalização, considerada irreversível e aos seus críticos caberá o lugar de serem considerados "cegos" e "desatualizados".

Para quem não é analista político, econômico e social, mas analista do psiquismo, é possível dizer que o sofrimento psíquico e somático independe do modo de produção ao qual o homem está submetido. Embora as formas do adoecer se modifiquem e o avanço de ciência tenha prolongado a expectativa de vida e sua qualidade, o mesmo desenvolvimento científico e tecnológico aumenta as possibilidades de sofrimento e de morte.

Freud (1915), no artigo "Reflexões para os tempos de guerra e morte" escreve que "na confusão dos tempos de guerra em que nos encontramos... não podemos deixar de sentir que jamais um evento destruiu tanto de precioso nos bens comuns da humanidade... nosso sentimento quanto a esses males imediatos é desproporcionalmente forte e não temos o direito de compará-los com os males de outros tempos que não experimentamos" (p. 311). Em carta a Einstein em 1932, em resposta à que dele recebera perguntando-lhe se existia alguma forma de livrar a humanidade da ameaça de guerra, Freud (1932) diz, entre outras coisas: "Por que o senhor, eu e tantas outras pessoas nos revoltamos tão violentamente contra a guerra?"... "Reagimos à guerra porque toda pessoa tem direito à própria vida... porque (a guerra) destrói objetos materiais preciosos produzidos pelo trabalho da humanidade" (p. 257).

A morte e o adoecimento que têm sua explicitação máxima em um evento como a guerra não são contudo uma prerrogativa dos tempos de guerra. O adoecimento é a expressão individual de uma derrota psíquica e somática fruto do desgaste, do envelhecimento. A morte "aparece como uma dura vitória do gênero sobre o indivíduo e parece contradizer a unidade de ambos; mas o indivíduo determinado é, enquanto tal, mortal" (Marx, 1844, p. 10).

A medicina tenta dar conta do adoecimento desde tempos imemoriais. Fala-se na antiguidade de uma medicina assírio-babilônica, que buscava respostas em forças sobrenaturais para o adoecimento e para a morte. Com o desenvolvimento do conhecimento sobre o corpo, as ciências médicas evoluíram, buscando seus pesquisadores a cura para doenças específicas. Tratava-se de uma conseqüência da "Teoria da etiologia específica", que propunha para cada patologia uma causa própria. "Para confirmar este caminho, os trabalhos de Pasteur e Koch se constituíram em contribuição importante à medida que estes pesquisadores foram identificando os elementos causais de algumas patologias como o antrax, a raiva e a tuberculose" (Carvalho, 1997, p. 178).

Paulatinamente, o papel atribuído às emoções no adoecimento abrirá o cenário para a psicanálise que irá se debruçar sobre a "dor" psíquica. Mais adiante, estes estudos iluminaram a compreensão de que o adoecimento somático também está sobredeterminado pelas emoções. Endocrinologistas e imunologistas de um lado, psicanalistas psicossomatistas de outro, o objetivo é um: tentar compreender o papel dos afetos nos processos de falência das defesas somáticas e psíquicas ante o traumatismo e o desgaste cotidiano.

"O papel das emoções e das condições de vida no desenvolvimento das doenças, a partir dos anos 20 do nosso século, ocupa médicos, psicanalistas e psicólogos com o objetivo de desenvolver uma nova teoria geral do adoecimento e descobrir remédios universais" (Stora, 1990, p. 4). Esta é a opinião de Stora (1990) em seu livro *Le stress*. Inúmeras pesquisas abriram caminho para o estudo das relações psico-soma, tentando compreender que o adoecimento tem múltiplas causas, incluindo o meio ambiente, a história familiar, a herança genética e a atividade do trabalho.

Dos estudos que pesquisaram o aparecimento de distúrbios psicossomáticos, há achados instigantes que relacionam os acidentes pessoais e do trabalho a um processo que se inicia na má resolutividade da interface trabalho e situação familiar. Mais adiante, as próprias condições de trabalho serão determinantes no aparecimento de sintomas e de doenças previsíveis no início da inserção no trabalho.

Embora os estudos sobre estresse tenham tido uma marca organicista na sua sistematização inicial, há trabalhos como o de Cooper (*apud* Stora, 1990), que relacionam fontes de estresse ligadas ao trabalho às características individuais psíquicas somáticas e sociais, como causa de sintomas tanto somáticos como psíquicos, que podem redundar em doenças psicossomáticas, psíquicas e organizacionais. Cooper vai dizer que os acidentes graves e fatais no trabalho são a ponta extrema de um desgaste continuado no processo de trabalho cotidiano.

Entre as fontes de estresse profissional, responsáveis pela ruptura do equilíbrio psicossomático do trabalhador, Cooper distinguirá aspectos organizativos (condições de trabalho e urgência de tempo; ambigüidades e conflitos de responsabilidade); aspectos ligados ao desenvolvimento na carreira (promoções, falta de segurança, falta de incentivos), até a pouca e insuficiente participação nos processos políticos de empresa, que hoje em dia podem ser exemplificados nas decisões sobre privatização, abertura de falências, intervenções ou fechamento da empresa.

French e Caplan (*apud* Stora, 1990), em suas pesquisas, estabelecem o excesso de trabalho como um agente estressante, seja em relação à qualidade do trabalho – tarefas muito difíceis, com risco de morte e penosas – seja em relação à quantidade e volume de trabalho, causando o aparecimento de sintomas como a baixa auto-estima, a fuga no alcoolismo e o aumento do tabagismo, facilitando o aparecimento sobretudo de doenças coronarianas (p. 42).

Por outro lado, a insuficiência de trabalho é também considerada como um agente de estresse pelos mesmos autores. O processo de crescente demanda de qualificação para o trabalho, exigindo níveis de excelência e de preparo intelectual e técnico, pode levar a um estágio superior de "venda da força de trabalho", mas também pode gerar novas vítimas neste processo. O pessoal que trabalha em laboratório em zonas controladas, dentro de centrais nucleares, estudado pelos pesquisadores do estresse profissional, está submetido ao calor, à claridade e ventilação artificiais, à depressão atmosférica, ao barulho e à vibração, envolvendo risco de doença e de morte. Estes são fatores de estresse que concorrem para o aparecimento de acidentes graves e muitas vezes fatais. Destes, o acidente com a usina nuclear de *Three Miles Islands* evidenciou que o excesso de controle através de painéis informatizados exigia do trabalhador altamente especializado uma única e permanente operação: atenção concentrada todo o tempo. "Estudos de centrais nucleares nos Estados Unidos assinalaram que a organização das salas de controle era um agente altamente estressante, e mais particularmente, no grave incidente de *Three Miles Islands*. A importância excessiva dos sistemas de alarme parece ser a origem da baixa atenção dos trabalhadores e engenheiros encarregados de seguir as operações" (Stora, 1990, p. 11).

Além dos estudos sobre as centrais nucleares, os trabalhos com pilotos de aviação aérea comercial, com enfermeiros e pessoal da saúde, que trabalham permanentemente em hospitais com a doença e com o risco de contaminação, os trabalhos em indústrias petrolíferas e de gás em plataformas submarinas e os estudos específicos com mulheres que equilibram encargos familiares, jornadas de trabalho e problemas específicos ligados à gravidez e amamentação, são, entre muitos, as novas possibilidades de compreender que o trabalho é fonte de vida e também poderosa fonte de adoecimento psicossomático e social.

Concluindo: quer pela via da impossibilidade de uma escolha livre e prazerosa, quer pela impossibilidade de uma sublimação,[2] o trabalho, como atividade central do fazer humano, continua, às vésperas do terceiro milênio, gerando novos e indissolúveis impasses.

Referências bibliográficas

Almeida, M. B.; Vasconcelos, N. Trabalho e qualidade total. *Rev. Princípios*, São Paulo, 1997.

Aulagnier, P. *Os destinos do prazer – alienação, amor, paixão*. Rio de Janeiro, Imago, 1985.

Carvalho, V. A. A questão do câncer. In: Ferraz, F. C. & Volich, R. M., (orgs.) *Psicossoma: Psicossomática psicanalítica*. São Paulo, Casa do Psicólogo, 1997.

Fernandes, L. Os mitos da globalização e os desafios do desenvolvimento. *Rev. Princípios*, São Paulo, 1997.

Ferraz, F. C. O mal-estar no trabalho. *Bol. Novidades Pulsional*, 10(100):72-80, 1997.

Foster, J. B. Trabalho e capital monopolista vinte anos depois. *Rev. Princípios*, São Paulo, 1997.

---

2. Ver capítulo 13 deste livro.

Freud, S. Reflexões para os tempos de guerra e morte. *In*: *Edição Standard Brasileira das Obras Psicológicas Completas*. Rio de Janeiro, Imago, v. 14, 1980.

Marx, K. Manuscritos econômico-filosóficos. *In*: *Os pensadores*. São Paulo, Abril Cultural, 1978.

Stora, J. B. *Le stress*. Paris, PUF, 1990.

O mal-estar no trabalho*

Flávio Carvalho Ferraz

O trabalho, enquanto atividade em si, não possui uma significação intrínseca para o homem (Mills, 1976). Assim sendo, ele tanto pode ser um mero ganha-pão como a parte mais significativa da vida interior de um ser humano. Seu valor encontra-se condicionado pelo significado que ele terá culturalmente, bem como pela relação que se estabelecerá entre a organização do trabalho vigente e a subjetividade do trabalhador.

O significado do trabalho variou enormemente no decorrer da história da humanidade. Mills (1976) demonstrou como, para os gregos antigos, o trabalho era encarado como um "mal físico" que embrutecia o espírito, ao qual os indivíduos de maior valor não deveriam submeter-se. Para os hebreus, tratava-se de uma "labuta penosa", à qual o homem estava condenado em função de sua condição de pecador; o reino de Deus, que refletia a condição de vida ideal, seria o do ócio abençoado. Para o cristianismo, além do caráter de expiação do pecado, o trabalho também significava a evitação do ócio, o que ajudava o homem a livrar-se dos maus pensamentos. Para Lutero, o trabalho passa a ser um modo de servir a Deus, tornando-se o caminho religioso da salvação. Já a idéia calvinista da predestinação culminou por arrastar o homem para o ritmo moderno de trabalho, visto que considerava a necessidade de uma ação racio-

---

* Este texto foi publicado no *Boletim de Novidades Pulsional*, ano X, n.º 100, agosto de 1997.

nal e metódica sobre o mundo. O economista John Locke via no trabalho a origem da prosperidade individual e a fonte de todo valor econômico. Sua teoria, desenvolvida posteriormente por Adam Smith, tornou-se o princípio básico do sistema econômico liberal: o trabalho passa a ser concebido como "elemento regulador da economia das nações".

Mas o significado da atividade do trabalho em si mesma, isto é, o seu sentido para a vida do homem que a ele se dedica, poucas vezes mereceu consideração, conforme se vê ao examinar a evolução de sua concepção no decorrer da história da humanidade. Apenas no século XIX observaram-se reações em relação ao significado utilitarista que se imprimia ao trabalho.

Ruskin (*apud* Mills, 1976), observando os rumos que tomava a organização capitalista do trabalho, denunciou o lucro sobre o capital como uma injustiça: procurar o lucro por si mesmo arruína a alma e leva o homem à loucura. Desta forma, ele pedia uma volta ao passado, o que queria dizer ao modelo de trabalho artesanal pré-capitalista. Ele considerava que o trabalho, além de ser um meio de se ganhar a vida, deveria ser também um ato artístico que traria a tranqüilidade interior.

Marx (1867-94), por sua vez, voltou-se para o futuro; concebendo o trabalho como atividade inseparável do próprio desenvolvimento humano, denunciou as distorções do capitalismo, cujo modo de produção conduzia à deformação do trabalhador, isto é, a uma espécie de despersonalização que reduzia o ser humano à condição de mercadoria. Ele falava, portanto, do fenômeno da alienação do homem.

Segundo Marx (1867), o trabalho propriamente dito teve seu início a partir da adoção da ferramenta pelo homem. A principal característica do trabalho seria o uso do instrumento, e o que o constitui uma atividade peculiar à espécie humana é essencialmente um processo psíquico: a antecipação de resultados, isto é, uma imagem mental do produto final que apenas o homem está habilitado a fazer. Em sua análise do trabalho, Marx (1867-94) apontou para a correlação entre trabalho e desenvolvimento humano, afirmando que a essência do ser humano está no trabalho. Sua essência coincide com aquilo que ele produz e com o modo como o produz. A natureza dos indivíduos depende, portanto, das condições materiais que determinaram sua produção. Assim, a distorção do trabalho na sociedade capitalista coincide com a própria deformação do homem, que ele chamou de alienação. A um modo de trabalho fragmentado corresponde um homem fragmentado.

Valendo-se do ideal humanista de uma personalidade harmoniosa, característico do idealismo clássico alemão, Marx viu no modo de produção da sociedade capitalista um sistema que resultava na deformação dos homens, tornando-os criaturas alienadas, especializadas, animalizadas e despersonalizadas (Fischer, 1959).

É curioso observar como, partindo de um campo predominantemente econômico, Marx acabou por tirar conclusões que se encontram já no domínio da psicologia, ao ligar o trabalho ao desenvolvimento humano e ao mostrar que, a partir de uma determinada forma de sua organização, poderiam resultar prejuízos tais como a despersonalização. Ao tratar das conseqüências da organização do trabalho sobre o homem, postulando a alienação, ele tocou de perto aquilo que, em psicanálise, poderíamos chamar de economia libidinal. Mas de que forma?

Se partirmos de outro ponto de vista – e de outra ciência – bastante diferente, que é a psicanálise de Freud, encontraremos alguns referenciais teóricos, e mesmo clínicos, que nos permitem pensar a atividade do trabalho à sua luz. Freud (1908; 1913; 1930), mais de uma vez, mostrou seu interesse pelo estudo da civilização, sua história e suas bases. Para ele, de modo muito sintético, a civilização passou a existir quando os homens resolveram fazer um pacto entre si, pelo qual trocavam uma parcela de liberdade pulsional por um pouco de segurança. Desta forma, a civilização e tudo o que ela leva consigo – a moralidade, a lei, a organização social, a ciência e a arte – se baseiam em um fato primordial: a renúncia à pulsão. E, principalmente, a seus aspectos agressivos e destrutivos.

Uma das exigências da vida em civilização, e das mais fundamentais, foi o aprofundamento dos laços comunitários. A própria energia pulsional do homem teve, deste modo, de operar modificações em seus objetivos para atender à necessidade de uma coesão social, através de um mecanismo psíquico a que Freud chamou deslocamento. Através do deslocamento, a libido pode ser inibida em sua finalidade, e, assim, dirigir-se a objetivos socialmente "nobres", como a solidariedade social, a construção do conhecimento e a busca do belo. Esta modalidade de deslocamento foi chamada por Freud de sublimação.

Quando se fala em sublimação, é muito comum que se imagine, em um primeiro momento, um deslocamento de impulsos psíquicos que conduz, principalmente, à criação artística. No entanto, a sublimação pode existir em qualquer atividade humana que comporte o mecanismo do deslocamento de impulsos destrutivos para uma ação construtiva. Desta forma, o uso do conceito de sublimação ajusta-se perfeitamente para a atividade do trabalho.

Se o homem civilizado é obrigado a abrir mão da satisfação direta de uma parcela de sua energia libidinal, é necessário que ele encontre uma satisfação deslocada na atividade substitutiva. Se pensarmos então que o trabalho é, em quase todas as culturas, uma atividade central na organização social e econômica, imaginamos que ele deva fornecer ao homem a oportunidade de tal satisfação. Mas ocorre que, devido a uma série de distorções que vamos encontrar na relação do homem com o seu trabalho, os canais que possibilitam a ocorrência da sublimação se acham, na maioria das vezes, total ou parcialmente bloqueados. Foi o próprio Freud (1930) quem afirmou:

> Nenhuma outra técnica para a conduta da vida prende o indivíduo tão firmemente à realidade quanto a ênfase concedida ao trabalho, pois este, pelo menos, fornece-lhe um lugar seguro numa parte da realidade, na comunidade humana. A possibilidade que esta técnica oferece de deslocar uma grande quantidade de componentes libidinais, sejam eles narcísicos, agressivos ou mesmo eróticos, para o trabalho profissional, e para os relacionamentos humanos a ele vinculados, empresta-lhe um valor que de maneira alguma está

em segundo plano quanto ao de que goza como algo indispensável à preservação e justificação da existência em sociedade. A atividade profissional constitui fonte de satisfação especial, se for livremente escolhida, isto é, se, por meio de sublimação, tornar possível o uso de inclinações existentes, de impulsos instintivos persistentes ou constitucionalmente reforçados. No entanto, como caminho para a felicidade, o trabalho não é altamente prezado pelos homens. Não se esforçam em relação a ele como o fazem em relação a outras possibilidades de satisfação. A grande maioria das pessoas só trabalha sob a pressão da necessidade, e essa natural aversão humana ao trabalho suscita problemas sociais extremamente difíceis *(p. 99n)*.

Está aí claramente colocado um problema capital que aflige o homem contemporâneo em seu afã de buscar um pouco de felicidade, que é a impossibilidade de sublimação que se verifica na maioria das situações de trabalho que conhecemos. Não se utiliza o potencial que o trabalho oferece enquanto um meio privilegiado de realização humana, "quer por uma dificuldade individual de desenvolvê-lo, quer por uma limitação ligada à sua configuração social, na qual nem todos podem escolher o que fazer" (Ferraz, 1994, p. 92). Ausência de sublimação, no corpo teórico psicanalítico, e alienação, na filosofia marxista, encontram-se aqui como conceitos correlatos, à medida que dão conta de uma insatisfação reinante no domínio do trabalho, que não permite ao homem desenvolver suas aptidões e, portanto, desenvolver-se enquanto ser humano. Ainda outro aspecto do trabalho nos é lembrado, além da atividade em si: as possibilidades que ele traz no campo das relações humanas, para as quais ele se torna o lugar propício por excelência. Tanto que, quando se fala em adaptação ou em não adaptação ao trabalho, incluem-se aí tanto a relação com a tarefa propriamente quanto a relação com o ambiente, isto é, com os outros.

Marx, no entanto, analisou mais detidamente o significado político da alienação e buscou na organização capitalista do trabalho, que pressupunha a divisão entre capital e trabalho, a causa central da alienação. Freud, por sua vez, enfatizou a economia libidinal em sua relação com o trabalho.

Podemos encontrar, na psicanálise pós-freudiana, alguns desdobramentos da aplicação do conceito de sublimação ao trabalho. Para Melanie Klein (1934), o brincar é fundamental ao desenvolvimento infantil. É através do brinquedo que a criança pode elaborar suas angústias, dramatizando-as e buscando soluções no mundo de fantasia a que são conduzidas pelo jogo. A angústia se instala fortemente na criança como resultante dos ataques destrutivos que ela desferiu, em fantasia, contra seus objetos bons, e deve agora encontrar uma forma de ser contida. É através do mecanismo de reparação que a criança pode reconstruir, em sua fantasia, o bom objeto que ela destruíra e que lhe trazia, agora, a experiência do sentimento de culpa. Falamos aqui do acesso àquilo que Klein chamou de posição depressiva, que propicia a experiência do sentimento de culpa e possibilita, então, a busca da reparação.

Pela reparação, busca-se reconstruir o bom objeto de forma perfeita, isto é, sem a deformação que o ataque sádico lhe impusera. Hanna Segal (1952), autora pertencente à escola kleiniana inglesa, viu nesta busca da restauração do objeto, tanto dentro como fora do ego, a origem do senso estético do homem. Mas é possível postularmos, também, que todo impulso ao trabalho construtivo encontre aí suas bases psíquicas.

Winnicott (1939) viu no significado psíquico do trabalho a mesma essência do brincar infantil: a assimilação dos impulsos instintivos, incluindo os agressivos, de modo a transformá-los, na vida real, em um bem que, em fantasia, era somente destruição. A preocupação com a preservação de si próprio, característica da posição esquizoparanóide, cede lugar à preocupação com o outro, essência da posição depressiva. Sentimentos altruístas aparecem no lugar de sentimentos exclusivamente egoístas. Desta forma, abre-se o caminho tanto para o aparecimento dos sentimentos éticos e estéticos do ser humano, que possuem, na verdade, uma mesma raiz e uma mesma essência.

Freud (1908) dizia que a sublimação é essencial para a vida do homem em civilização; mas advertia que não é possível que toda energia libidinal seja convertida, devendo restar sempre uma parcela de libido que se realize, isto é, encontre meios de descarga, através da sexualidade propriamente. Isto nos interessa do ponto de vista clínico, quando observamos as perturbações que podem aparecer na relação do homem com o seu trabalho, que podem ser inúmeras e situadas entre duas formas extremas. De um lado, podemos encontrar a dificuldade ou a incapacidade para trabalhar. A etiologia destes casos pode ser encontrada na impossibilidade de sublimação, que ocorre quando a energia libidinal somente pode satisfazer-se por meios diretos. Verificamos aí uma dificuldade de adaptação às situações de trabalho bem como uma inibição na capacidade de construir, tanto material como simbolicamente. Alguns casos de indivíduos com tendências anti-sociais ilustram bem esta situação, quando a tolerância à frustração parece ser muito baixa. De outro lado, encontramos a dificuldade, a incapacidade ou a impossibilidade de escoar livremente os afetos. Esta situação pode significar, inclusive, uma dificuldade para amar, para devanear ou para experienciar os estados subjetivos dentro de si próprio. Neste caso, a etiologia se encontra em um bloqueio da afetividade que se dá basicamente pela atuação do mecanismo de repressão, e o indivíduo se apega ao trabalho como uma espécie de tábua de salvação a fim de que possa se preservar de seus próprios desejos, que funcionam primordialmente como fonte de conflitos. Não se pode falar propriamente de sublimação neste caso, mas, antes, de um processo defensivo neurótico, como se observa contemporaneamente naquilo que se diagnosticou como um indivíduo *workaholic*, isto é, viciado em trabalho. Bollas (1992), tratando da doença normótica, descreveu este quadro como uma espécie de funcionamento psíquico à moda de um robô:

> *Floresce na estrutura da vida e constrói seu futuro consultando agendas. Muitas vezes sabe o que estará fazendo em cada hora de cada dia. Os intervalos são destinados aos rituais, prevenindo assim a possibilidade de uma escolha espontânea. Sabe onde irá almoçar, que nas tardes de quinta-feira estará jogando cartas, ou que todas as segundas-feiras jantará com sua mulher. Falta ao*

lazer aquele espírito de diversão, mas ele é perseguido com o mesmo zelo empregado em qualquer outra tarefa (p. 174).

De forma geral, como se pode ver, acabamos por nos aproximar de um conceito de saúde mental que pressupõe como requisitos básicos a capacidade para amar e a concomitante capacidade para trabalhar. Ou seja, há que se obter alguma satisfação direta para os impulsos afetivos e sexuais e, ao mesmo tempo, há que se conquistar a capacidade de deslocamento sublimatório. Estes fatos possuem uma enorme importância clínica, à medida que a resolução de um problema que se dá na esfera do trabalho pode alterar substancialmente a relação do paciente com sua sexualidade, e não apenas a recíproca.

O trabalho dá ao homem a possibilidade de afirmar-se perante a natureza, dominando-a e transformando-a de acordo com suas próprias necessidades e desejos. Sua capacidade psíquica para trabalhar, como já dissemos, advém de um deslocamento que se opera em sua energia libidinal. O erotismo anal exerce especial papel neste processo. Segundo Freud (1930), um recalcamento orgânico prepara o caminho para a civilização, e o erotismo anal deve ceder lugar para o culto à limpeza, à ordem e à beleza, através de um mecanismo de formação reativa, isto é, de transformação da pulsão em seu oposto. Muito já se falou sobre o significado das fezes para o homem, verificado nas chamadas equações simbólicas. Associam-se, deste modo, as fezes à produção humana, que, se revestida pelo simbolismo inerente ao deslocamento, permite-nos aproximar o ato de defecar ao ato de produzir. Não é à toa que o próprio costume lingüístico atribuiu ao vocábulo "obrar" (do latim *operare*, isto é, fazer, executar, realizar) o significado de defecar.

Mas, se nos voltarmos agora para a questão social concernente ao trabalho, constataremos que, na realidade, as situações de trabalho poucas chances oferecem aos homens de se realizarem, isto é, de obterem uma satisfação que seja inerente à sua tarefa. O trabalho passa a ser, então, apenas uma tarefa enfadonha executada meramente como ganha-pão, destituída completamente de uma significação intrínseca. Trabalho e lazer encontram-se como atividades opostas. O próprio cultivo de *hobbies* demonstra que algo está falido no dia-a-dia do trabalho. Pouquíssimos são aqueles profissionais privilegiados que podem usufruir de seu trabalho como atividade criativa e realizadora, pois, para que isto ocorra, é necessário que a organização do trabalho esteja conforme ao trabalhador. Como isso quase nunca acontece, podemos falar da instauração de uma patologia do trabalho.

Dejours (1988b) trata exatamente daquilo que chamou psicopatologia do trabalho, definida como o estudo dos fenômenos psíquicos que acontecem com o trabalhador destituído do uso de seu aparelho psíquico em conseqüência da organização do trabalho. A psicopatologia do trabalho tem como ponto básico de investigação as conseqüências psíquicas do trabalho, formulando a seguinte questão: como fazem os trabalhadores para se adaptar e para suportar as contrariedades que o trabalho impõe a seu psiquismo? (Dejours; Doppler, 1985). Assim, buscam-se essencialmente os mecanismos de defesa, quer individuais, quer coletivos, que os trabalhadores desenvolvem para subsistir à organização do trabalho que lhes é adversa.

Para tanto, ele se vale de um referencial genuinamente psicanalítico para a compreensão do trabalhador enquanto homem, integrado a uma abordagem marxista da organização do trabalho. Dejours (1985) fala tanto em alienação como em repressão do funcionamento psíquico (repressão, aqui, não no sentido de recalcamento, de Freud, mas no sentido que lhe empresta a Escola Psicossomática de Paris) e em clivagem do eu, como mecanismos defensivos contra a divisão de tarefas e a divisão dos homens (hierarquia), respectivamente. Estas duas formas de divisão concernem à essência da organização do trabalho.

Observando o modo de funcionamento mental exigido do trabalhador submetido à organização taylorista do trabalho, Dejours (1988a) pôde aí identificar a necessidade do abandono da vida fantasmática do sujeito, a fim de que ele pudesse adaptar-se ao próprio ritmo da tarefa. Curiosamente, esta exigência da repressão do funcionamento mental em seu extrato fantasmático – que concerne, em última instância, ao sonho – conduzia ao aparecimento, durante a situação de trabalho, de um pensamento predominantemente operatório, na exata acepção do termo dada por Marty e M. de M'Uzan (1963). Assim, certas formas de organização do trabalho – a taylorista de modo mais contundente – seriam uma espécie de produção *in vitro* de um funcionamento psíquico operatório ou desafetado, ou ainda, um estímulo ou uma exigência de um funcionamento nos moldes da doença normótica.

> *A repressão, cujo interesse teórico em psicossomática foi enfatizado por C. Parat, permanece bastante misteriosa. É a partir da observação clínica dos trabalhadores submetidos ao salário pela produção de peças que se pode abordar o mecanismo de ação da repressão. Com efeito, esse tipo de organização do trabalho suscita, de forma experimental, a repressão e a depressão essencial. O operário que trabalha por peça deve lutar contra seu funcionamento mental e contra toda forma de retorno do recalcado que entraria inevitavelmente em competição com a mobilização e o investimento sensório-motores que são, nesta situação, uma exigência contínua de cada instante, sem falha alguma. Assim pode-se demonstrar que o exercício excessivo e forçado de desempenhos sensório-motores pode fazer parar o funcionamento pré-consciente. Na verdade, não se trata de qualquer desempenho. A tarefa é repetitiva e estereotipada, e esse caráter é fundamental para que se inaugure a via da repressão do instinto* (Dejours, 1988a, p. 126).

Dejours (1988a) observa que um funcionamento muito parecido com este pode ser observado nos somatizadores, que se impõem, muitas vezes, uma atividade sensorial, motora ou cognitiva, repetitiva e estereotipada e, em seguida, procedem a uma aceleração do ritmo (por exemplo, recitar preces, fazer balanceios repetitivos e acelerados, rotações e barulhos repetitivos pseudomusicais, etc.). É então que sobrevém a crise somática. Para ele, aliás, o mecanismo da neurose de angústia em nada difere, estruturalmente, deste funcionamento. Muitas vezes, a descompensação representada pela neurose de angústia prefigura o futuro na ordem das somatizações (p. 126).

Joyce McDougall (1991), outra psicanalista interessada pela psicossomática, considera como fenômenos psicossomáticos "tudo aquilo que atinge a saúde ou a integridade física quando os fatores psicológicos desempenham algum papel" (p. 22). É assim que ela amplia o campo da psicossomática, nele incluindo tanto as falhas do sistema imunológico de um indivíduo como as predisposições aos acidentes corporais, podendo estes últimos ser entendidos como atos que visam a descarregar a sobrecarga afetiva e a dor mental que ultrapassam a capacidade de absorção do sujeito:

> *Ao invés de contermos nossas emoções e de refletirmos sobre elas para encontrarmos uma resposta adequada, somos levados a fazer alguma coisa: comer demais, beber demais, fumar demais, provocar uma briga com o namorado, destruir o automóvel... pegar uma gripe!* (p. 17).

Assim, esta autora inclui os acidentes de trabalho nesta categoria de significação, visto que a pesquisa industrial demonstra a existência de uma maior propensão para o adoecimento dos trabalhadores e para os acidentes de trabalho quando estes se encontram mais ansiosos, deprimidos ou estafados. A adicção também seria uma outra expressão possível para a mesma problemática.

Com base nos recursos terapêuticos que nos fornece a psicanálise, ampliados pelas pesquisas acerca da especificidade clínica decorrente da conceituação da mentalização e do pensamento operatório, cabe, evidentemente, tratar do trabalhador cujo aparelho psíquico foi lesado pela organização do trabalho. O que nos mostra Dejours, entretanto, é que, se o elemento patógeno se encontra na organização do trabalho, cabe à psicopatologia do trabalho criticá-la e propor alterações. Deste modo, impõe-se uma dupla tarefa à psicopatologia do trabalho, que é a atenção ao trabalhador e simultaneamente à organização do trabalho. Temos aí não só um caráter técnico de sua atuação, mas também um caráter eminentemente ético da intervenção na área da saúde mental do trabalhador: o compromisso com a construção de um trabalho que possa servir como instrumento colocado a serviço das aspirações e das realizações humanas, tarefa que, segundo Dejours e Doppler (1985), "não é uma utopia mas um projeto realista" (p. 13).

Para além das fronteiras do trabalho, é possível questionar ainda se a sua organização é um fator isolado da alienação que se produz em nossa sociedade, ou se, de modo mais amplo, ela não representaria apenas um elo em uma cadeia maior. A questão seria: será que a sociedade capitalista contemporânea, com seus valores supremos atrelados ao consumo, não estaria produzindo uma espécie de despersonalização que viria a reboque do fenômeno da massificação? Vivemos em uma cultura cujos imperativos favorecem o aparecimento da doença normótica? Fica aqui uma hipótese mais ampla, a ser trabalhada em outro momento, de que o estilo de vida fragmentário que nos oferece a sociedade contemporânea, afinal, em nada favorece aquilo que se pode chamar de uma boa mentalização.

Referências bibliográficas

Bollas, C. *A sombra do objeto*. Rio de Janeiro, Imago, 1992.

Dejours, C. Organisation du travail, clivage, aliénation. *In*: Dejours, C.; Veil, C.; Wisner, A., orgs. *Psychopathologie du travail*. Paris, Entreprise Moderne d'Édition, 1985.

_____. *O corpo entre a biologia e a psicanálise*. Porto Alegre, Artes Médicas, 1988a.

_____. *A loucura do trabalho*. São Paulo, Cortez, 1988b.

Dejours, C.; Doppler, F. Avant-propos. *In*: Dejours, C.; Veil, C.; Wisner, A., orgs. *Psychopathologie du travail*. Paris, Entreprise Moderne d'Édition, 1985.

Ferraz, F. C. *A eternidade da maçã – Freud e a ética*. São Paulo, Escuta, 1994.

Fischer, E. (1959) *A necessidade da arte*. Rio de Janeiro, Zahar, 1979.

Freud, S. (1908) Moral sexual 'civilizada' e doença nervosa moderna. *In*: *Edição Standard Brasileira das Obras Psicológicas Completas*. Rio de Janeiro, Imago, v. 9, 1980.

_____. (1913) Totem e tabu. *Op. cit.*, v. 13.

_____. (1930) O mal-estar na civilização. *Op. cit.*, v. 21.

Klein, M. (1934) Uma contribuição à psicogênese dos estados maníaco-depressivos. *In*: *Contribuições à psicanálise*. São Paulo, Mestre Jou, 1981.

Marty, P.; M'Uzan, M. La pensée opératoire. *Rev. Franc. Psychanal.*, 27:345-55, 1963.

Marx, K. (1867-94) *O capital*. Rio de Janeiro, Civilização Brasileira, 1971.

McDougall, J. *Teatros do corpo*. São Paulo, Martins Fontes, 1991.

Mills, W. *A nova classe média*. Rio de Janeiro, Zahar, 1976.

Segal, H. (1952) Uma abordagem psicanalítica da estética. *In*: *A obra de Hanna Segal*. Rio de Janeiro, Imago, 1982.

Winnicott, D. W. (1939) Agressão e suas raízes. *In*: *Privação e delinqüência*. São Paulo, Martins Fontes, 1987.

Trabalho como categoria explicativa dos problemas psicossomáticos e de saúde mental

Leny Sato

Este trabalho recorre a alguns dados produzidos em diversos estudos epidemiológicos que procuram estabelecer associações entre condições de trabalho e saúde do trabalhador. A partir daí, ele procura refletir sobre a relação trabalhador–trabalho, dentro de uma perspectiva psicossocial que nos dê elementos que possam explicar aqueles achados.

Por tomarmos as informações epidemiológicas como ponto de partida, alguns esclarecimentos se fazem necessários no que se refere à natureza mesma desse dado e, conseqüentemente, sobre limites e alcances das conclusões que dele possam ser extraídas. Ao nos possibilitar uma visão populacional – perfis e tendências do comportamento do processo saúde-doença, oferecendo o dimensionamento da distribuição relativa das doenças – as informações epidemiológicas restringem a aproximação individual que alcance a história particular – clínica – de cada caso estudado. Com isso, estamos sujeitos ao risco de termos escolhido como ponto de partida para a discussão sobre Psicossomática, Saúde Mental e Trabalho, uma âncora que tem limitações. Isto porque pinçaremos, desses estudos, aqueles diagnósticos para os quais possamos arriscar sejam explicados por uma dinâmica psicossomática. Em função dessas ponderações é que nos fixaremos naqueles diagnósticos classicamente identificados, inclusive pelo senso comum, como devidos a uma dinâmica psicossomática: distúrbios cardiovasculares e gastro–intestinais. Ao fazermos esta opção, corremos o risco de desprezar outros que possam ser explicados pela mesma dinâmica; porém, parece-nos mais seguro restringirmo-nos àqueles, evitando correr outro risco: ampliar demasiadamente esse leque e perder a especificidade do tema aqui proposto.

Mesmo considerando que esses problemas psicossomáticos são importantes na população adulta como um todo, o que merece apreciação cuidadosa quanto ao peso que o trabalho possa ter na explicação de sua ocorrência, o que pretendemos nessa comunicação é trazer ao debate o poder explicativo da categoria trabalho (García, 1989), no sentido de possibilitar a reflexão sobre o contexto de vida atual em sua relação com os problemas de saúde bem como a orientação de práticas de promoção da saúde.

Se optarmos por recorrer a todos os estudos epidemiológicos que delineiam os perfis de morbidade com diagnósticos de doenças e alterações cardiovasculares (hipertensão arterial, infarto do miocárdio, doença coronariana) e distúrbios gastrointestinais (gastrite, úlceras, colite), apresentaríamos uma extensa lista de achados que confluem para a mesma conclusão: a alta prevalência relativa desses problemas de saúde está associada a determinadas condições de trabalho. Se tomarmos apenas uma categoria profissional como a dos motoristas de ônibus urbano, veremos que os estudos de Gardell (1982b), Karasek et al. (1981), Ragland et al. (1987), Netterstrom & Laursen (1981), Netterstrom & Suadicani (1993), Alfredsson et al. (1993), Albright et al. (1992), Ahumada & Ramírez (1991), Betta & Costa (1985), apontam para essa relação.[1] Nesses estudos identificam-se sobretudo a organização do processo de trabalho, o ambiente urbano e o contato com o público como os aspectos que melhor explicam esses problemas de saúde.

As investigações têm buscado compreender qual ou quais dimensões do trabalho podem explicar diferenças de prevalência de problemas psicossomáticos e mentais em determinadas categorias

---

1. Vários são os desenhos empregados nesses estudos: coorte, transversal e caso-controle.

profissionais e têm sido extensamente desenvolvidas em países escandinavos. Embora não se observe exclusivamente nesses países o seu desenvolvimento, na Suécia conta-se com um grupo de pesquisa na Unidade de Pesquisa para a Psicologia Social do Trabalho (Universidade de Estocolmo) que, liderados por várias décadas pelo psicólogo Bertil Gardell, estruturou uma linha de pesquisa sobre estresse e trabalho. Avaliamos, baseados nos relatos de Gardell (1982a) e Johnson, Johanson e Hall (1988), que o mote inicial não fora o estresse e sim a organização do processo de trabalho como o foco que merecera ser não apenas investigado como explicativo de determinados efeitos à saúde, mas como o *locus* de intervenção visando prevenir a sua ocorrência. E isto se dá com o impulso do movimento social na Suécia – sindicatos e centrais de trabalhadores – e não apenas pelo interesse dos acadêmicos, a partir da década de 1970, quando o movimento de contracultura na Europa fazia-se sentir naquele país, questionando inclusive o poder, o controle e a desqualificação que o trabalho, organizado nos moldes taylorista-fordista, viera a conformar, uma realidade de trabalho cuja qualidade explicaria as condições de saúde consideradas desumanas. De fato, tais pesquisas tomaram como foco de interesse não as doenças e distúrbios de saúde e sim a organização do processo de trabalho. Se de um lado os trabalhadores expressavam o interesse em modificar essas condições, de outro, o segmento gerencial também o manifestava, mas agora devido às dificuldades em recrutar e reter os operários para realizarem atividades pouco qualificadas, repetitivas e monótonas, comprometendo a produtividade econômica (Gardell, 1982b; Orstman, 1984).

Gardell (1982a), Karasek (1979), Karasek *et al.* (1981), Aronsson (1989), Johnson (1989b) são alguns dos autores que identificaram a dimensão central para a compreensão da diversidade de situações criadas pela combinação da organização do processo de trabalho com o ambiente explicativa de problemas psicossomáticos e de saúde mental: o controle – a possibilidade de o trabalhador regular e interferir naquelas condições de modo a buscar a melhoria da sintonia trabalhador–trabalho (Ashby, 1960) nas atividades a serem realizadas. Hall (1989) identifica o controle como uma das dimensões mais exaustivamente estudadas na literatura do estresse ocupacional, sendo hoje consenso que quando as pessoas estão impossibilitadas de regular as condições nas quais as atividades são realizadas, doenças físicas e mentais poderão resultar.

Recorrendo agora a estudo qualitativo desenvolvido com motoristas de ônibus urbano (Sato, 1991, 1993), reconhece-se a dinâmica entre controle e saúde, verificando-se dois aspectos. Primeiro: ser o contexto de trabalho (conformação sistêmica da organização do processo de trabalho, natureza da atividade, equipamentos e organização do espaço urbano) e não os fatores isolados a tradução operacional da categoria de trabalho a ser estudada em relação aos efeitos psicossomáticos e mentais, pois se definem as atividades e os papéis de trabalho a serem desempenhados pelos trabalhadores em um dado tempo. Nesse sentido, são definidos, segundo uma lógica instrumental (Habermas, 1987), os tipos de comportamento e a autonomia que os trabalhadores terão no dia-a-dia. Segundo: reconhece-se que tais efeitos são explicados pela interface condições objetivas e disposições subjetivas, ambas dinâmicas e portanto variáveis, mutáveis. Isso porque o controle depende simultaneamente do poder atribuído ao cargo desempenhado; da intimidade gradativamente adquirida com o contexto de trabalho, principalmente quanto às suas exigências, aos imprevistos, o que possibilita construir o jeito próprio, mais cômodo de cada um realizar as atividades de trabalho. Por fim, depende do conhecimento e do respeito ao limite subjetivo, caracterizado pela variabilidade e não pela estabilidade, conforme proposição de Dejours (1986) para o conceito de saúde.

O sofrimento, o incômodo e os esforços sentidos como demasiados porque ultrapassam o limite subjetivo serão então explicativos dos problemas de saúde mental e psicossomáticos quando, ante contextos de trabalho que provocam essas sensações, os trabalhadores não têm controle. A ausência de controle também explica a construção e adoção de comportamentos adaptativos – os "jeitinhos" – que visam evitar a estruturação desses problemas de saúde, não significando, entretanto, que as pessoas estejam saudáveis (Sato, 1991, 1993). Os próprios motoristas constroem o que denominamos de "epidemiologia do senso comum" pois que delineiam perfis de morbidade e mapeiam o comportamento da rotatividade e do absenteísmo, fortes indicadores da qualidade do trabalho, embora sem instrumentos que sigam os rigores científicos, construídos a partir da observação e da comunicação com os seus companheiros, sendo a quantificação dada pela observação da repetição dos eventos nessa categoria profissional. Esse perfil coincide com os obtidos nos estudos acima citados.

Na dinâmica geradora do sofrimento, incômodo e esforço, as características particulares, o jeito de cada um e o contexto de trabalho (as condições objetivas) estão simultaneamente presentes. No entanto, ainda que o jeito de cada um influencie em quando e como se sente irritado, nervoso, cansado, tenso, observa-se que o contexto de trabalho tem uma importância nodal para explicar o sentimento de excesso de estimulações desprazerosas, como refere um dos motoristas: "existem aqueles operadores que são mais calmos e outros que são mais agitados, né. Toda classe tem esse tipo de gente, uns são mais irritados... então, mesmo aquele que não é tão irritado ele se sente irritado porque faz parte daquela profissão né, às vezes é o carro que não anda bem, é ruim, é pesado, os passageiros irritando, então você se sente mal" (Sato, 1991, p. 69). E, nesse sentido, a diversidade interindividual e a variabilidade intra-individual importam, mas no sentido de serem consideradas seriamente como reais, de modo a que sejam conformados contextos de trabalho flexíveis o suficiente para que o espaço de negociação cotidiana e contínua possa existir, o que viria a possibilitar o constante arranjo que leva à busca de sintonia trabalhador–contexto de trabalho.

É também pela via do limite subjetivo que se tem acesso à concepção dos motoristas de ônibus urbano sobre psicossomática.

O limite subjetivo é apreendido pelo emprego de determinadas expressões e palavras, tais como: irritar, cansaço, nervoso, desgaste, tensão, força muito. Tais expressões apontam tanto para uma estimulação difusa, como no caso de irritar, que remete a vivências não prazerosas tanto físicas como mentais, ou a outras que levam a uma precisão maior quanto ao espaço em que se detecta tal limite. "Distingue-se basicamente o emprego de três conjuntos de expressões. O primeiro em que o espaço da irritação está cirscunscrito à dimensão emocional, em que as expressões compostas ou derivadas dessa palavra-índice são utilizadas isoladamente ou com aquelas compostas ou derivadas de nervoso e tensão. O segundo, em que essa palavra-índice é utilizada encadeadamente com 'desgaste, cansaço, força muito mentalmente e fisicamente e esforço', indicando que o limite subjetivo é detectável simultaneamente no espaço físico e mental. Por fim, o terceiro em que a 'irritação' associada a 'incomoda muito' aponta para um excesso ou inconveniência de estímulos (Duarte, 1986) sensoriais e físicos, sinalizando que há desconforto" (Sato, 1991, p. 68-9). Além disso, expressões como "gastrite nervosa" são freqüentemente empregadas, bem como relatos de alguns eventos em situações de trabalho aos quais os trabalhadores associam sensações ruins no estômago, não havendo, portanto, dicotomia entre as dimensões física e mental, já que uma estimulação física sentida como excessiva pode redundar em uma sensação psicológica e vice-versa.

Diante das questões acima colocadas, em termos de atuação visando a promoção de saúde é que Gardell (1982a) identifica ser o replanejamento do trabalho a via mais adequada, pois que considera e busca interferir no conflito básico entre os interesses da produção e os de saúde e não "converter problemas sociais no ambiente de trabalho em problemas particulares" (p. 32), pressionando a adaptação do indivíduo à organização do processo produtivo, caso se adote apenas uma perspectiva assistencial.

Referências bibliográficas

Ahumada, H. T.; Ramírez, F. L. Las condiciones de salud de los conductores de autotransportes urbanos de pasajeros de la Ciudad de México. *Bol. Of. Sanit. Panam.*, 111(4): 324-31, 1991.

Albright, C. L. et al. Job strain and prevalence of hypertension in a biracial population of urban bus drivers. *Am. J. Public Health*, 82(7):984-9, 1992.

Alfredsson, L.; Hammar, N.; Hogstedt, C. Incidence of myocardial infarction and mortality from specific causes among bus drivers in Sweden. *Int. J. Epidemiol.*, 22(1):57-61, 1993.

Aronsson, G. (1989). Dimensions of control as related to work organization, stress, and health. *Int. J. Health Services*, 19(3):459-68, 1989.

Ashby, W. R. *Design for a brain – the origin of adaptative behavior.* Londres, Chapman & Hall, 1960.

Backman, A-L. (1983). Health survey of professional drivers. *Scand. J. Environ. Health*, 9:30-5, 1983.

Betta, A.; Costa, G. Condizioni di lavoro, stato di salute e performance psico-fisica in conducenti di autobus urbani ed extraurbani. *Medicina Lavoro*, 76(3):228-37, 1985.

Dejours, Ch. Por um novo conceito de saúde. *Rev. Bras. Saúde Ocup.*, 54(14):7-11, 1986.

Duarte, L. F. D. *Da vida nervosa nas classes trabalhadoras urbanas.* Rio de Janeiro: Zahar/CNPq, 1986.

García, J. C. A categoria trabalho na medicina. *In*: Nunes, E. D. (org.) *Juan César García: pensamento social em saúde na América Latina.* São Paulo, Cortez, 1989.

Gardell, B. Scandinavian research on stress in working life. *Int. J. Health Services*, 12(1):31-41, 1982a.

_____. Worker participation and autonomy: a multilevel approach to democracy at the workplace. *Int. J. Health Serv.*, 12(4):527-58, 1982b.

Habermas, J. *Teoria de la acción comunicativa*. Madri; Taurus, t. 1 e 2, 1987.

Hall, E. M. Gender, work control and psychological well-being. *Work Stress*, 6(4):347-53, 1992.

Johnson, J. V.; Johanson, G.; Hall, E. M. Collective control: strategies for survival in the workplace. *Int. J. Health Serv.*, 19(3):469-80, 1988.

Karasek, R. Job demands, job decision latitude, and mental strain: implications for job design. *Administrative Sci.*, 24:285-308, 1979.

Karasek, R. et al. Job decision latitude, job demands, and cardiovascular disease: a prospective study of Swedish men. *Am. J. Public Health*, 71(7):694-705, 1981.

Netterstrom, B.; Laursen, P. Incidence and prevalence of ischaemic heart disease among urban busdrivers in Copenhagen. *Scand. J. Social Med.*, 9:75-9, 1981.

Netterstrom, B.; Suadicani, P. Self-assessed job satisfaction and ischaemic heart disease mortality: a 10-year follow-up of urban bus drivers. *Int. J. Epidemiol.*, 22(1):51-6, 1993.

Orstman, O. *Mudar o trabalho – as experiências, os métodos, as condições de experimentação social*. Lisboa, Fundação Calouste Gulbekian, 1984.

Ragland, D. et al. Prevalence of hypertension in bus drivers. *Int. J. Epidemiol.*, 16(2):208-14, 1987.

Sato, L. *Abordagem psicossocial do trabalho penoso: estudo de caso de motoristas de ônibus urbano*. São Paulo, 1991. Dissertação (mestrado) – Pontifícia Universidade Católica de São Paulo.

_____. A representação social do trabalho penoso. *In*: Spink, M. J. (org.) *O conhecimento no cotidiano – as representações sociais na perspectiva da psicologia social*. São Paulo, Brasiliense, 1993.

O trabalho e o processo saúde-doença

Marcília de Araújo Medrado Faria

O tema "Psicossomática, Saúde Mental e Trabalho" é amplo e complexo, mas fundamental para a teoria e prática das várias especialidades e serviços de saúde no trabalho.

Abordarei duas ordens de problemas:

a. o universo de situações envolvendo saúde mental e trabalho com o qual médicos e profissionais de saúde defrontam-se nas suas práticas;

b. os principais conceitos e métodos que tentam articular o trabalho ao processo saúde–doença.

a. O médico e os demais profissionais de saúde defrontam-se, em diferentes contextos, com as mais variadas doenças mentais e quadros cerebrais orgânicos: psicoses, neuroses, doenças somáticas e/ou psicossomáticas.

As psicoses e as neuroses não têm feito parte do âmbito teórico e da prática de saúde do trabalhador. Contudo, estas patologias apresentam-se, com elevada freqüência, nas estatísticas do INSS/MPS de doenças que levam à aposentadoria e ao afastamento do trabalho. Os transtornos mentais, em 1979, eram a segunda causa de aposentadoria no Brasil e a primeira nas regiões Nordeste e Sul do país (Medina, 1986).

O diagnóstico das psicoses é realizado por especialistas psiquiatras que dão continuidade ao tratamento do paciente. Caso este seja controlado, no seguimento, o trabalhador poderá voltar a fazer parte da força viva do trabalho.

Neste grupo, encontramos doenças mentais que se manifestam sob diferentes formas e síndromes decorrentes da exposição ocupacional a agentes químicos neurotóxicos. As intoxicações neuropsíquicas crônicas reconhecidas pela legislação brasileira como fazendo parte da relação de "Doenças profissionais" são pouco registradas nas estatísticas específicas de acidentes e doenças ocupacionais do INSS.

O conceito legal de "Doenças profissionais" surgiu no fim do século passado e início deste século nos países europeus, dentro de situações de conflito entre trabalhadores organizados (sindicatos) e empresários, nos quais o Estado passou a intervir no sentido de que fossem adotadas medidas preventivas e coberturas sociais em relação aos danos e seqüelas ocorridos (Ramazzini, 1971; Faria, 1997 e Dejours, 1988).

No Brasil, sabe-se que há sub-registros das "Doenças profissionais" de diferentes etiologias. O profissional de saúde mental também não faz o diagnóstico do nexo entre as condições de trabalho e a doença mental (psicose ou neurose) e não preenche a Comunicação de Acidente de Trabalho (CAT) que deve ser encaminhada ao INSS e ao SUS. Como conseqüência, as doenças não aparecem nos sistemas de informações específicas de saúde e não se desencadeiam medidas de Vigilância Sanitária que levariam técnicos especializados a analisar e a visitar os locais de trabalho, assim como também não são acionadas as medidas de cobertura previdenciária às quais os trabalhadores têm direito.

Muitas substâncias tóxicas – conhecidas há muitos séculos por atingir os trabalhadores em processos de trabalho tradicionais e insalubres –, como os metais, ainda contaminam os trabalhadores brasileiros. Além disso, com o desenvolvimento acelerado das indústrias petroquímica, farmacêutica, plástica e outras, no século XX, surgiram novas substâncias neurotóxicas. Verifica-se que o conhecimento sobre o efeito destas substâncias no organismo humano não é proporcional ao número das novas substâncias produzidas e usadas no mercado.

O hidrargirismo (intoxicação pelo mercúrio), que atingia mineiros em seu trabalho na mineração de ouro e mercúrio, os artesões nos seus trabalhos de pintura de igrejas e castelos na era Medieval e os chapeleiros italianos no século XIX, é ainda hoje diagnosticado entre os nossos 600.000 garimpeiros da Amazônia (Câmara, 1994), assim como em operadores industriais de vários ramos da produção: cloro-alcalinos, lâmpadas fluorescentes e termômetros, além de determinados profissionais de saúde como os dentistas. O uso de mercúrio nos diferentes processos de trabalho, sob condições de insalubridade, tem causado problemas neuropsicológicos de diferentes gravidades.

Nas décadas de 80/90, tive a oportunidade de acompanhar, no Serviço de Saúde Ocupacional do Hospital das Clínicas (HC), dois trabalhadores de indústria cloro-alcales com constatação de exposição ocupacional ao mercúrio (elevado teor de mercúrio urinário), que desenvolveram quadros psiquiátricos graves, sendo um deles acompanhado no Serviço de Psiquiatria do HC/FMUSP e outro por um psiquiatra particular e pelo Serviço de Saúde Mental do ABC. Este último apresentou crise de descompensação, com manifestação de delírio, precisando ser internado (Laporte, 1988).

A Universidade Federal de Minas Gerais e a Faculdade de Ciências Médicas da Santa Casa realizaram um filme sobre intoxicação por manganês, que mostra um trabalhador siderúrgico intoxicado internado durante muitos anos no Hospital Psiquiátrico de Minas Gerais com o diagnóstico de psicose.

Constata-se, deste modo, que os médicos especialistas em saúde mental com freqüência não valorizam o nexo ocupacional, dificultando o acúmulo de conhecimentos sobre estas patologias, bem como impedindo que medidas preventivas e previdenciárias sejam adotadas.

As neuroses, síndrome com maior prevalência nas estatísticas de afastamento do trabalho (auxílio-doença) em decorrência de doenças não ocupacionais e de aposentadorias pelo INSS/MPS, não constam da relação oficial das "Doenças profissionais". De elevada freqüência no cotidiano do profissional, são diagnosticadas e controladas pelo médico clínico e do trabalho sem maiores indagações sobre o papel do trabalho em sua gênese e evolução.

As relações entre neuroses e organizações de trabalho são cada vez mais analisadas. As condições e a organização do trabalho moderno podem ser, direta ou indiretamente, desencadeantes, coadjuvantes e/ou determinantes de muitas síndromes neuróticas.

As neuroses de origem neurotóxica e decorrentes de seqüelas mentais pós-acidente de trabalho "Síndrome subjetiva por trauma" (Dejours, 1988) são consideradas como sendo diretamente relacionadas ao trabalho. Qualquer indivíduo submetido a tais danos pode desenvolver manifestações neuróticas não decorrentes de conflitos intrapsíquicos. A caracterização do nível de implicação do trabalho no desenvolvimento das patologias mentais do tipo neuroses não é bem definida.

As depressões e síndromes psiconeuróticas observadas entre os trabalhadores de turnos alternados são decorrentes de um "desgaste" suplementar devido à contradição entre os processos de adaptação do ritmo biopsíquico e uma organização do tempo de trabalho dessincronizada do ponto de vista sociobiopsíquico. Acreditamos que esta organização do trabalho, na dependência dos outros fatores (ergonômicos, culturais e pessoais), passa, em determinada situação, a ser determinante e em outra, desencadeante e coadjuvante.

A observação de casos clínicos de pacientes portadores de Lesões por Esforços Repetitivos (LER), ou recentemente chamadas de Doenças Osteomusculares Relacionadas ao Trabalho (DORT), tem demonstrado que estes trabalhadores apresentam certas dinâmicas comuns de estruturas de personalidade, como ansiedade, angústia, insegurança, baixa estima, medo, etc.

Neste último caso, as novas tecnologias associadas à organização do trabalho rígida, controladora e opressiva ao intensificar os conflitos preexistentes, contribuem para o desencadeamento da doença osteomuscular e, ao mesmo tempo, para o surgimento de quadros clínicos manifestos de neuroses e depressões.

Doenças Psicossomáticas – Neste grupo estão situadas as doenças somáticas crônicas de elevada prevalência nas estatísticas de aposentadoria e auxílio-doença do INSS, bem como de internações e mortalidade dos registros hospitalares (AIH) e de óbitos do Ministério da Saúde.

O atendimento destas doenças é feito pelo clínico geral e/ou por especialistas. Estes profissionais, na sua maioria, negam ou não aprofundam a pesquisa da interferência das instâncias psíquicas no seu desencadeamento e gênese. Contudo, com freqüência, são adotados tratamentos com drogas que atuam no sistema nervoso para diminuir a ansiedade e facilitar a adaptação do indivíduo na sua convivência com a doença.

Contudo, os clínicos e especialistas com formação pautada pela visão anglo-saxã e americana valorizam mecanismos de adaptação psiconeuroendócrinos sintetizados no conceito de "estresse". Os indivíduos submetidos a diferentes fatores de risco (físicos, químicos e psíquicos), freqüentes na sociedade moderna e no atual mundo do trabalho, teriam dificuldades na adaptação dos órgãos e sistemas à crescente demanda dos mecanismos de regulação neuroendócrinos (Selye, 1971; Levi, 1988 e Stora, 1991).

Estas mudanças seriam crescentes e terminariam com o passar do tempo, determinando o desequilíbrio da economia neurossomática e dos elementos patogênicos (cognitivos, afetivos, de conduta e fisiológicos). Tais mecanismos provocariam posteriormente o aumento da suscetibilidade à enfermidade de um modo geral e com alterações fisiopatogênicas e manifestações clínicas.

Levi (1988) (*apud* Rocha, 1996), assinala que "a relação causal entre exposição a fatores de estresse no trabalho e morbidade psicossomática e psiquiátrica compõe-se de muitos elementos complexos, relacionados entre si de forma não linear e condicionados por múltiplas influências que atuam no trabalho e fora dele com freqüência por período prolongado".

As doenças coronárias e a hipertensão arterial têm sido as mais discutidas e estudadas sob a ótica do estresse. Contudo, mesmo em relação a estas doenças, as tentativas de criação de uma tipologia de estrutura de personalidade não têm sido convincentes e pouco têm colaborado para explicar o nexo entre os fatores psicossociais e as manifestações somáticas e psíquicas (Levi, 1971).

Concomitantemente, avanços importantes do conhecimento têm ocorrido no campo da psiconeuroimunologia e psiconeuroendocrinologia, dos neurotransmissores e da memória, enriquecendo a ergonomia cognitiva (Stora, 1991).

Por um lado, a tentativa integradora do estudo das relações mente-corpo da medicina psicossomática de Franz Alexander (1950), do Chicago Institute of Psychoanalysis, não conseguiu se expandir e nem se aprofundar, mas se constitui ainda hoje ponto importante de referência do estudo das doenças psicossomáticas.

Por outro lado, o grupo francês reunido em torno de Pierre Marty, do Instituto de Psicossomática de Paris, desenvolveu uma teoria complexa mas bastante coerente e articulada sobre os processos evolutivos das doenças mentais, baseada na psicanálise, resumida por este autor como *"les phénomènes de fixations et de régressions dans le champ défini para l'action des Instincts de Vie et de Mort lors des organisations, désorganisations et des réorganisations fonctionnelles réprésentantes des mouvements évolutifs et contre-évolutifs complexes de chacun"* (Marty, 1976).[1]

A teoria de Marty (1976) assinala entre outros aspectos, que os indivíduos psicóticos e neuróticos bem mentalizados, diferentes dos neuróticos mal mentalizados (neuroses de comportamento e de caráter) estão mais protegidos de doenças psicossomáticas.

---

1. Fenômenos de fixações e regressões no campo definido pela ação dos Instintos de Vida e de Morte durante as organizações, desorganizações e reorganizações funcionais representantes dos movimentos e contra-evolutivos complexos de cada um.

Os dados clínicos e epidemiológicos têm confirmado esta assertiva. A partir desta constatação, Dejours (1988) levanta a hipótese de que a organização do trabalho do tipo taylorista, em que o controle do trabalho é rígido, particularmente na linha de montagem, favorece o desenvolvimento de características de personalidade próximas às neuroses de comportamento e de caráter. Modos operatórios decorrentes desta organização do trabalho levariam a comportamentos rígidos e estereotipados, dificultando e limitando o desenvolvimento de mecanismos de livre funcionamento mental que, normalmente, manifestam-se através de fantasias e representações.

Nesta perspectiva, o excesso de Doenças Psicossomáticas (doenças coronarianas, hipertensão arterial, úlceras, alergias, diabetes e mesmo câncer, etc.) poderia estar condicionado ou mesmo determinado por um mecanismo complexo do desequilíbrio psicossomático relacionado ao processo técnico-sociooccupacional da divisão atual do trabalho.[2]

b. O último aspecto a ser abordado é ainda mais complexo e fundamental para a compreensão das mudanças atuais do mundo do trabalho que vivemos neste fim de milênio.

Para analisar os conceitos e as metodologias que têm colaborado na articulação das relações entre biologia, psicossomática e trabalho, teremos de retornar, inevitavelmente, à teoria do estresse, à psicodinâmica do trabalho e acrescentar a medicina social latino-americana.

---

2. Segundo o Relatório Anual da OMS (Organização Mundial de Saúde), baseado em pesquisa realizada em 14 países, 1 em cada 4 adultos que procuraram clínicos gerais tinha algum tipo de desordem mental, 29 milhões de pessoas apresentam algum tipo de demência, e 340 milhões, distúrbios de humor. Casos de depressão custam, nos EUA, US$ 44 milhões, o mesmo valor gasto para tratar todos os tipos de doença cardiovasculares. Duas das enfermidades neurológicas e mentais mais prevalentes, a epilepsia e a esquizofrenia, atingem respectivamente 40 e 45 milhões de pessoas. O relatório diz que "a separação entre saúde física e mental tem produzido fragmentações do atendimento e prejuízo para os clientes" e recomenda que os médicos que cuidam da saúde física passem a trabalhar em maior sintonia com os especialistas de saúde mental (*Folha de S. Paulo*, São Paulo, mai., 1997. caderno 3, p.1-2).

Todas estas abordagens, de diferentes formas, destacam a importância do conceito de alienação reforçando a nossa própria concepção de que alienação constitui o ponto central do estudo da interação entre saúde mental e trabalho.

O termo estresse é conhecido como um conjunto de efeitos não específicos decorrentes de fatores estressores que atuam sobre o corpo. A bibliografia sobre o estudo do estresse é numerosa e diversificada. Alguns aspectos dos seus efeitos, em termos da doença psicossomática, já foram referidos anteriormente. Gostaríamos, contudo, de destacar que, de um modo geral, os fatores estressores se agrupam determinando uma fase preliminar de sobrecarga ou subcarga mental. Isto significa que os trabalhos que usam a alta tecnologia e que demandam controle e vigília, na sua maioria monótonos, levam também à fadiga e ao desgaste por subcarga.

A maioria das investigações sobre estresse tem visado analisar como os aspectos psicossociais do trabalho levam ao desequilíbrio dos mecanismos psiconeuroendócrinos. Para isso, observam os mecanismos de avaliação cognitiva primária referente ao bem-estar e à avaliação secundária, visando à compreensão dos mecanismos de controle de estresse. Tentando aglutinar os fatores estressores, Rocha (1996) considera que dois conceitos têm sido básicos na relação estresse e trabalho: controle sobre o trabalho e o trabalho alienado.

O controle sobre o trabalho é compreendido como a possibilidade de o trabalhador exercer influências sobre suas atividades e sobre as condições de desempenho dos seus atos.

O trabalho alienado seria aquele realizado sob uma forma de organização coercitiva, planejada e controlada de fora; seria destituído de criatividade, não tendo o trabalhador nenhuma forma de controle sobre o seu processo e o seu produto.

Supõe-se que mudanças das formas de controle e de aspectos deste trabalho alienado levariam à superação do próprio estresse, à medida que atuariam modificando os mecanismos de desequilíbrio e resgatando o equilíbrio e a normalidade. Como comenta Laurell (1989), nesta visão, a ausência da doença e do estresse será sinônimo de desalienação.

Numa visão diferente, Laurell (1989) tenta avançar na discussão sobre a determinação social das doenças, centrando sua abordagem no nexo biopsicossocialmente determinado. Historicamente, como a própria concepção da transição epidemiológica indica, ocorreriam formas de adaptação específicas que poderiam ser observadas através de indicadores de morbi-mortalidade e de desgaste no tempo e no espaço. A autora baseia-se no materialismo histórico e em suas categorias básicas: processo de trabalho e processo de valorização (mais-valia). Além disso, para o referencial teórico da análise particular deste nexo biopsíquico, usa as categorias desgaste e carga de trabalho.

A carga de trabalho (conceito proveniente da ergonomia francesa) e o desgaste (próximo às definições de fadiga) são assim caracterizados: "as cargas são elementos do processo de trabalho que interatuam entre si e com o corpo do trabalhador, gerando aqueles processos de adaptação que se traduzem em desgaste, entendido com perda de capacidade potencial e/ou afetiva corporal e psíquica".

A própria autora e outros pesquisadores que tentam utilizar esta abordagem não conseguiram avançar na articulação destas categorias e no maior delineamento de um quadro teórico-metodológico.

Todavia, a sua aproximação com o conceito de alienação se faz de modo evidente através da escolha do referencial teórico – materialismo histórico – e da ênfase dada a sua categoria valorização. O aprofundamento da teoria do valor realizado por Marx (1971), em *O capital* (1867-94), coloca em destaque o trabalho como valor de troca e, portanto mercadoria, base para o trabalho e processo produtivo alienado.

Neste sentido, a colaboração da Laurell (1989) tem sido importante para colocar no centro das reflexões sobre a relação saúde e trabalho um quadro teórico mais globalizante e de maior poder de compreensão destas relações.

Creio que a teoria de Dejours (1988) ficou conhecida em nosso país mais por sua análise dos mecanismos ideológicos de defesa do que pela discussão sobre as doenças psicossomáticas propriamente dita. A partir da sua formação psicanalítica e vivenciando as condições do mundo do trabalho, Dejours (1988) desenvolveu alguns conceitos que avançaram na compreensão da dinâmica da economia psicossomática no trabalho.

Para Dejours (1988), as situações reais, de riscos concretos e específicos para os indivíduos e coletividades trabalhadoras no âmbito do trabalho levariam a manifestações de angústia, sofrimento e medo de origem não intrapsíquicas, e que são enfrentadas pelos trabalhadores através de processos vitais, ideológicos e culturais de negação do risco vivenciado. Diferentemente do que ocorre na linha de montagem – que isola o trabalhador –, nesta situação não há uma rígida restrição de comunicação: o mecanismo é coletivo.

Freqüentemente, estes mecanismos, fundamentais de um lado, podem levar os trabalhadores a exagerar no enfrentamento dos riscos e, de outro, tornarem-se seus prisioneiros, mantendo-os além do horário do mundo do trabalho.

Estes mecanismos terminam colaborando para a alienação, porque não são percebidos e nem conscientes para os trabalhadores; são, portanto, incorporados e vivenciados por eles como estranhos à sua subjetividade.

Dejours (1988) analisa a importância e complexidade do conceito da alienação destacando:

> *A investigação que propomos, em psicopatologia do trabalho, traz de volta a questão, tão controvertida, da alienação. Alienação no sentido em que Marx a compreendia nos manuscritos de 1844, isto é, a tolerância graduada segundo os trabalhadores de uma organização do trabalho, que vai contra seus desejos, suas necessidades e sua saúde. Alienação no sentido psiquiátrico também, de substituição da vontade própria do Sujeito pela do Objeto. Neste caso, trata-se de uma alienação, que passa pelas ideologias defensivas, de modo que o trabalhador acaba por confundir com seus desejos próprios a injunção organizacional que substituiu seu livre-arbítrio.*

A fadiga, o esgotamento do corpo (mesmo sem considerar as fortes exigências físicas provenientes das regras da economia psicossomática) são uma peça necessária, embora insuficiente, da alienação pela organização do trabalho.

A alienação seria, talvez, a etapa necessária e primeira, da qual falamos, a propósito da sujeição do corpo. A organização do trabalho aí aparece como veículo da vontade de um outro, a tal ponto poderosa que, no fim, o trabalhador se sente habitado pelo estranho (p. 137).

Acreditamos que o conceito de alienação mencionado por Marx (1971) em *O capital* (1867-94) é fundamental para a compreensão do homem produtivo e das relações da produção na sociedade moderna. Marx, desde suas publicações de juventude, tem na alienação um conceito básico para a compreensão do modo de produção capitalista. A concepção marxista da religião ("é o homem que faz a religião, não a religião que faz o homem") já tem no seu âmago o conceito de alienação dirigida para repensar o modo de produção anterior, feudal. Em *A ideologia alemã* (1845-46) e particularmente em *O capital*, o conceito de alienação torna-se fundamental para a compreensão dos aspectos filosóficos, econômicos, sociais e psicoculturais da essência das relações econômicas no modo de produção capitalista.

Simões (1992) tenta fazer – o que nos parece bastante complicado – um contraponto entre os conceitos de alienação e a desordem mental nas teorias de Marx e Foucault. Destaca, contudo, alguns trechos de *O capital* (1867-94) que parecem bastante importantes para se entender os conceitos de valor (trabalho), alienação e fetichismo, fundamentais para a análise do modo de produção atual:

À medida que se valoriza o mundo das coisas, se desvaloriza em razão direta o mundo dos homens. O trabalho não produz apenas mercadorias, produz-se também a si mesmo e produz ao trabalhador como uma mercadoria, além disso, na mesma proporção em que produz mercadorias em geral" (...). Esta realização do trabalho como estado econômico se manifesta como a privação da realidade do trabalhador, a objetivação, como a perda e a escravização do objeto, a apropriação como estranhamento, como alienação (p. 28).

Se a flexibilização do trabalho em curso tem, de um lado, diminuído alguns aspectos do trabalho alienado com a aproximação do pensar, criar e executar as tarefas e, portanto, com menor controle dos dirigentes e maior auto-regulação e criatividade dos trabalhadores, por outro lado têm ocorrido proporcionalmente perdas de direitos sociais adquiridos e de formas de representação sindical e política. Apesar da flexibilização do trabalho, o trabalhador permanece econômico-psicossocialmente alienado. A flexibilização vem associada ao aumento sucessivo do não trabalho, o desemprego que é aceito em função da produtividade e da tecnologia colocados no altar do sistema financeiro, o que termina colaborando também para a manutenção da alienação.

Citando Gounet, o sociólogo Antunes (1995) caracteriza o processo de flexibilixação: "O toyotismo é uma resposta à crise fordista dos anos 70. Ao invés do trabalho desqualificado, o operário torna-se polivalente. Ao invés da linha individualizada, ela se integra em uma equipe. Ao invés de produzir veículos em massa para pessoas que não conhece, ele fabrica um elemento para a 'satisfação' da equipe que está na seqüência da sua linha...". Assim, Antunes conclui que "outro ponto essencial do toyotismo é que, para efetiva flexibilidade do aparato produtivo, é também imprescindível a flexibilização do trabalhador...".

Antunes (1995) comenta ainda que "Os sindicatos operam um intenso caminho de institucionalização e de crescente distanciamento dos movimentos autônomos de classe (...). Esta contextualidade, cujos problemas mais agudos aqui somente aludimos, repercute criticamente no mundo do trabalho, e mais particularmente no universo operário..." (p. 35).

Os teóricos atuais da Economia tentam e conseguem despolitizá-la, não adjetivá-la como Economia Política. Assim, a economia é coisa apenas do mundo material e do capital, não levando em consideração os interesses sociais. Ora, isto aumenta as contradições e a complexidade dos problemas das relações de produção e do trabalho do mundo contemporâneo.

A globalização tem criado a subordinação das "elites" dos vários países a esta lógica que facilita sobremaneira a aceitação e a banalização da série de problemas sociais e também da saúde do trabalhador.

No Brasil, avanços ocorreram nas duas décadas em termos dos princípios constitucionais: a saúde deve constituir-se como um direito inclusive no mundo do trabalho. Além disso, do ponto de vista pragmático, foram finalmente criados Serviços de Saúde do Trabalhador no SUS (Centro de Referência à Saúde do Trabalhador), assim como o Ministério do Trabalho tem incentivado acordos coletivos específicos na área da saúde e segurança do trabalho, envolvendo sindicatos e empresários.

Todavia, a falta de investimento adequado para a área de saúde – compatível com a ordem econômica vigente – tem propiciado a manutenção e a reprodução de vários aspectos adversos mencionados para a saúde mental: a ocultação e, ao mesmo tempo, a presença de doenças psiconeurotóxicas de fácil controle; ausência de diagnóstico precoce das neuroses e doenças crônico-degenerativas, dificultando a atuação efetiva dos programas de vigilância à saúde no trabalho, assim como recursos irrisórios para investir em pesquisas científicas e para o aprimoramento dos conhecimentos na área de saúde e trabalho.

Enfim, a realidade e a evolução da situação da saúde mental no trabalho no Brasil vão depender, em última instância, do processo de globalização mundial e da inserção econômica política e social do país neste contexto.

Referências bibliográficas

Alexander, F. (1950) *Medicina psicossomática: seus princípios e aplicações*. Porto Alegre, Artes Médicas, 1989.

Antunes, R. *Adeus ao trabalho?* São Paulo, Cortez/EDUNICAMP, 1995.

Câmara, V. M. O ciclo da intoxicação por mercúrio na agricultura: nascimento, vida, morte e reencarnação. *In*: Buschinelli, J. C. *et al. Isto é trabalho de gente?* Petrópolis, Vozes, 1994.

Dejours, C. *A loucura do trabalho*. São Paulo, Cortez, 1988.

Faria, M. A. M.; Silva, C. R. C. Benzenismo e leucopenia em trabalhos do Pólo Sidero-Petroquímico de Cubatão.

Kalino, R.; El Batawi, M. A.; Cooper, C. L. *Los factores psicosociales en el trabajo y su relation con la Salud*. Ginebra, Organization Mundial de la Salud, 1988. p. 1166-88.

Laporte, C. N. T.; Faria, M. A. M.; Zavarez, C.; Ricardo, G. V.; Puzone, O. W. *Hidrargirismo em trabalhos de indústria cloro-alcales, aspectos clínicos*. REUNIÃO ANUAL DA SBPC, 4, São Paulo, julho, 1988.

Laurell, A. C.; Moriega, M. *Processos de produção de saúde: trabalho e desgaste operário*. São Paulo, Hucitec, 1989.

Levi, L. Adaptations del trabajo a las capacidades y necessidades humanas: mejoras del contenido y la organizacion del trabajo. *In*: Kaluno, R.; El Batawi, M. A.; Cooper, C. L. *Los factores psicosociales en el trabajo y su relation con la salud*. Ginebra, Organization Mundial de la Salud, 1988. p.166-88.

Levi, L. *Society, stress and disease*. London, Oxford University Press, 1971.

Marty, P. *Les mouvements individuels de vie et de mort*: Essai d'économie psychosomatique. Paris, Payot, 1976.

Marx, K. (1867-94) *O capital*. Rio de Janeiro, Civilização Brasileira, 1971.

Marx, K.; Engels, F. (1845-46) *A ideologia alemã: Fuerbach*. São Paulo, Hucitec, 1993.

Medina, M. C. G. *A aposentadoria por invalidez no Brasil*. São Paulo, 1986. Tese – Faculdade de Medicina, Universidade de São Paulo.

Ramazzini, B. *As doenças dos trabalhadores*. Rio de Janeiro, Liga Brasileira contra os Acidentes de Trabalho, 1971.

Rocha, L. E. *Estresse ocupacional em profissionais de processamento de dados: condições de trabalho e repercussões na vida e saúde dos analistas de sistemas*. São Paulo, 1996. Tese (doutorado) – Faculdade de Medicina, Universidade de São Paulo.

Selye, H. The evolution of the stress concept – stress and cardiovascular disease. *In*: *Levil Society, Stress and disease*. Nova York, University Press, 1971.

Seve, L. *Análises, marxista da alienação*. Mandacaru, 1974

Simões, L. Sobre algumas relações possíveis entre alienação e desordem mental. As contribuições de Karl Marx e Michel Foucault. *Saúde em Debate* (34), março, 1992.

Stora, J. B. *Le stress*. Paris, PUF, 1991.

PARTE V
A PSICOSSOMÁTICA NA FORMAÇÃO E A FORMAÇÃO EM PSICOSSOMÁTICA

Introdução
Psicossomática: um percurso na formação

Bernardo Bitelman

Ao se iniciar a formação de um novo ser, a partir da constituição do "ovo", selou-se na espécie humana a união do espermatozóide e do óvulo, duas células com os seus respectivos genomas já estabelecidos, isto é, células que trazem em si predeterminações genéticas tais como a cor da pele, dos olhos, forma das mãos, dos pés.

O que está se formando a partir daí? Com certeza, o soma ou o biológico. Dessa união vão se diferenciando as diversas células, os tecidos, os órgãos, cada qual com suas funções específicas na constituição do corpo somático.

E o psíquico? Teria também uma predeterminação genética? A psicologia e a psicanálise nos dirão que a "psique" vai se estruturar a partir do nascimento (e não da fecundação), quando então se inicia a relação do novo ser (o bebê) com a mãe. O que teria ocorrido antes do nascimento, durante a vida intra-uterina entre o feto e sua mãe?

Certamente ocorreram interferências físicas, pois a dependência biológica do ser em formação se dá através da nutrição, das influências hormonais e imunológicas nesse período. Qualquer distúrbio biológico ocorrido com a mãe nesse período pode determinar alterações somáticas no feto, que vão repercutir até mais tarde no bebê, e durante todo o seu crescimento. Isto fica evidente quando o bebê já apresenta alguma malformação logo ao nascer.

E quanto às relações do psicossoma? Distúrbios psíquicos da mãe, ocorridos durante a gestação, afetariam o soma do futuro bebê?

Bem, isto parece bastante discutível se partirmos de conceituações psicossomáticas estritamente psicanalíticas como as de Marty (1984, 1993). Como supor e confirmar essas interferências?

A psicossomática psicanalítica traz contribuições para a compreensão da formação da mente a partir da estruturação e do desenvolvimento do sistema psíquico. Isto se dá, de acordo com os conceitos clássicos da psicanálise (Freud, 1916-17), a partir da constituição da primeira e da segunda tópicas, assumindo particular importância o nível pré-consciente, que, intercomunicando o consciente com o inconsciente, possibilita a articulação representativa de coisas e palavras.

Se dermos um pequeno salto na história da psicanálise e da psicossomática e nos fixarmos no desenvolvimento de uma criança a partir dos momentos em que começa a elaborar sua vida mental, confirmaremos, na prática, observações já feitas anteriormente por vários estudiosos (Spitz, 1988; Kreisler, 1981).

A criança vai refletir, na constituição de seu psiquismo, a vida mental de quem dela cuida (mãe ou outra pessoa), a maneira como esta manifesta as suas angústias, seja num toque, num gesto, no choro de tristeza ou alegria. A reação da criança poderá ser manifestada através da dor, da cólica, de insônia ou soluço.

A criança estará se organizando psicossomaticamente. A cada minuto, as transformações vão ocorrendo, expressando-se em todos os seus movimentos, através de um simples sorriso, chegando a um ponto de individualização. Ela refletirá também manifestações de todo o meio familiar e social, dos afetos, das agressões, através de seus impulsos de vida e morte. Estas representações, inscritas na sua formação, farão parte da estruturação da sua vida mental, que lhe possibilitará reagir de formas diferentes (bem ou mal), aos confrontos que viverá.

O que estou querendo dizer com confrontos da vida? Eles englobam desde as coisas mais elementares, como tentar entender o significado das coisas, das pessoas, o que representa para si o alimento, o ver, o tocar as coisas, ouvir o som. Compreender a família, a sociedade, as relações com o mundo em que vive, a natureza, o universo...

Finalmente, a criança se confrontará com o momento de direcionar o próprio caminho, com a escolha de uma profissão, de um trabalho, de uma forma de viver. Neste instante, estou pensando nos caminhos que cada um de nós escolheu na vida, alguns os seguindo de formas mais ou menos complexas que outros.

Voltando-nos agora para a questão da formação em psicossomática, fica a pergunta: o que cada um de nós está procurando quando, ao terminar sua formação acadêmica, busca um curso específico de psicossomática? Qual terá sido o percurso de cada um?

O médico que trouxe da sua vida universitária conhecimentos de anatomia, fisiopatologia, microbiologia, clínica, terapêutica farmacológica, laboratório, toda a tecnologia moderna que lhe possibilita diagnosticar doenças físicas, desde as mais simples até as mais complexas, vai se deparar com o desconhecimento da estrutura em função da "psique" e o seu papel na gênese dos processos físicos; terá que assimilar através do curso o significado da função do inconsciente na vida dos seus pacientes, o significado deste mundo inconsciente no desencadeamento dos sintomas e das doenças.

Mais do que isso, irá conhecer o seu próprio inconsciente, suas resistências e as de seus pacientes, os processos transferenciais e contratransferenciais; vai se abrir para a escuta deste mundo psíquico, com as emoções, os conflitos e as angústias precedendo o desencadeamento das somatizações. Descobrirá a existência de um universo abstrato, que não pode ser registrado nas máquinas com as quais se acostumou a visualizar gráficos, imagens, transformações das células, identificação das bactérias, fungos, as modificações biomoleculares, a intimidade do DNA, dos genes. Suportará uma análise pessoal? Admitirá o processo contratransferencial? Saberá utilizar estas novas noções com seus pacientes?

Terá o médico condições de, abruptamente, modificar a forma da anamnese orgânico-funcional para transformá-la em uma anamnese que vai em busca do abstrato, das metáforas, dos lapsos e símbolos do inconsciente e avaliar a vitalidade do pré-consciente, para olhar não mais apenas o soma, mas enxergar o psicossoma? Quantas transformações estarão ocorrendo com este profissional? Quanto tempo necessitará para assimilar tudo isto? Serão suficientes dois ou três anos de duração de um curso, ou necessitará dez anos, ou a vida toda?

Se nós formos conhecer o percurso que cada um desses médicos seguiu, ouviremos as histórias mais variadas: do clínico que ouvia, mas não tinha recursos para interpretar; do cirurgião que ficou intrigado com as evoluções inesperadas das cirurgias que praticou; do pediatra que quis aprender sobre o papel do psiquismo da mãe na constituição do psicossoma dos seus pequenos pacientes; do ortopedista que suspeitou da interferência de conflitos emocionais nas dores e deformidades da coluna, e assim por diante.

No extremo oposto do médico encontra-se o psicólogo, que, conhecendo o sistema psíquico, quase nada aprendeu sobre o corpo. Ao buscar a formação em psicossomática, tomará contato com a doença física, conhecerá a anatomia do cérebro, do coração, dos pulmões, dos aparelhos digestivo, urinário, endócrino e genital, entendendo suas funções e suas inter-relações. Aprenderá sobre a homeostase, a saúde, a perda da homeostase e a doença.

Ele terá que saber o que são uma malformação, uma infecção, uma inflamação e o que são os processos vasculares, degenerativos e tumorais. Deverá compreender como se processam as ligações através dos neurotransmissores, dos hormônios e dos imunocomplexos. Perceberá que o corpo pode ser atacado por agentes externos, mas que pode agredir a si próprio num processo de autodestruição e que pode conter em si proteínas, como certos oncogenes que o predispõem a doenças mais ou menos graves.

Penso que é bastante complicado para psicólogos e psicanalistas assimilar em pouco tempo um grande número de novos conceitos, quase sempre estranhos ao seu vocabulário psicanalítico. Para a formação em psicossomática, deverá haver ajustes, para que os psicólogos, psicanalistas, e médicos comecem a falar a mesma linguagem que a moderna psicossomática propõe: a de que todas as doenças são potencialmente psicossomáticas.

É importante que, no contexto de um curso de formação em psicossomática, os profissionais envolvidos identifiquem a história da psicossomática, sua evolução a partir da psicanálise e a influência que esta teve para a compreensão e para as elaborações teóricas da psicossomática psicanalítica.

É fundamental a idéia de que a aplicabilidade destes conceitos não se limite a um plano individual da clínica particular, mas que se estenda principalmente às instituições de saúde, aos hospitais, às unidades básicas, às escolas de medicina e de psicologia, e também ao campo da pesquisa, incentivando a pesquisa sobre o papel da interação mente–corpo.

Não nos esqueçamos de que a formação em psicossomática se estende ao processo terapêutico, ao tratamento dos quadros clínicos através dos recursos medicamentosos e psicoterápicos. E que os psicoterapeutas psicossomatistas devem conhecer técnicas que lhes possibilitem abordar, além do paciente, seus familiares, as mães no caso de crianças.

As psicoterapias fundamentadas nas noções de organização, desorganização, regressão e pontos de fixação são imprescindíveis para que os psicoterapeutas estejam realmente aptos a ajudar o paciente, sem correr o risco de provocar uma somatização maior durante um processo psicoterápico.

Para terminar, penso que, quando estamos falando de formação em psicossomática, deve estar sempre presente a idéia de uma instituição, isto é, de um grupo em constante troca de novos conhecimentos.

Referências bibliográficas

Freud, S.(1916-17) Conferências introdutórias sobre psicanálise (Conferência 23: Os caminhos da formação do sintoma). *Edição standard brasileira das obras completas.* Rio de Janeiro, Imago, v. 16, 1976.

Kreisler, L.; Fain, M.; Soulé, M. *A criança e seu corpo*. Rio de Janeiro, Zahar, 1981.

Marty, P. *A psicossomática do adulto*. Porto Alegre, Artes Médicas Sul, 1993.

_____. *Los movimentos individuales de vida y de muerte*. Barcelona, Toray, 1984.

Spitz, R. *O primeiro ano de vida*. Porto Alegre, Martins Fontes, 1993.

Reflexões sobre a formação do médico

Milton de Arruda Martins

Não sou um estudioso da psicossomática. Sou um não-especialista entre especialistas, e quando um não-especialista vai falar sobre um assunto para especialistas neste assunto, ele corre uma série de riscos quanto às possibilidades de ser bem compreendido.
  Seria interessante apresentar-me rapidamente para facilitar o entendimento do que vou dizer. Sou um professor de Clínica Médica, um professor universitário que se dedica em tempo integral ao ensino dos alunos de medicina, à pesquisa e ao atendimento de pacientes do Hospital das Clínicas da Faculdade de Medicina da USP. Portanto, passo um tempo razoável de minha atividade profissional ensinando medicina e refletindo sobre como o ensino é ministrado aos alunos. Tenho inclusive participado de reuniões de uma comissão da faculdade, nos quais realizamos uma discussão intensa sobre a reformulação do nosso currículo, e uma reflexão sobre os problemas e os limites da formação que está sendo oferecida.
  Pretendo então, neste trabalho, levantar algumas reflexões sobre a formação atual do médico, que possam servir de base para uma discussão sobre o futuro dessa formação, e suas possibilidades de transformação e enriquecimento, pensando numa visão global do ser humano.
  Antes de entrar propriamente no tema, gostaria de realizar uma reflexão rápida sobre como eu, professor de medicina, encaro o futu-

ro do entendimento das doenças e do adoecer. Talvez seja muita pretensão minha falar sobre isso, mas existem algumas coisas que são interessantes de serem lembradas como "pano de fundo" para esta discussão. Hoje nós abrimos os jornais e toda hora constatamos a enorme revolução dos conhecimentos médicos. Esta revolução vem sendo realizada graças a investimentos maciços, principalmente nos países do primeiro mundo, na biologia molecular. Atualmente, existem testes que, pela módica quantia de quatrocentos reais indicam se a pessoa vai ter câncer de mama, se vai morrer de infarto, se vai ter depressão, talvez até se vai ser violenta, como se o ser humano pudesse ser reduzido a este tipo de explicação.

Este grande avanço é inevitável, e as fascinantes descobertas oriundas desta área estão ajudando a entender melhor muitas doenças. Mas, por trás destas descobertas, existe uma enorme pretensão que, a meu ver, dará rapidamente lugar a uma grande decepção: estas descobertas não vão conseguir explicar o comportamento humano e o adoecer e, na verdade, a medicina do século XXI não vai ser só a medicina da biologia molecular: ela será a medicina da multicausalidade e do diálogo entre todas as áreas. Ela vai ser a medicina em que a pesquisa básica, a epidemiologia, a psicologia, a antropologia vão começar – tomara – a conversar. É dessa conversa que poderá surgir um entendimento mais claro da doença e do adoecer.

Para isso, é importante que os preconceitos, os medos e as resistências de cada área de pesquisa sejam superados, e que o diálogo comece a acontecer em todo o mundo. Eu, por exemplo, sou um pesquisador. Na minha atividade, estudo muito as doenças de vias aéreas: asma e bronquite crônica. Quando vou a um encontro de pesquisadores básicos ou a um encontro em que se discutem os aspectos psicológicos e psiquiátricos ou sociais dessas doenças, parece que ouço falar de doenças completamente diferentes. Tenho a impressão de que cada um está falando sobre partes distintas de um mesmo assunto e que falta uma integração entre elas.

O modelo que considero importante para a formação médica é aquele em que a fragmentação do ser humano seja superada, e a divisão das diversas áreas de investigação seguida da busca de uma integração cada vez maior.

Dentro desta perspectiva, como acontece atualmente o ensino de medicina? O que assistimos nas últimas décadas é um ensino em que cada vez mais o ser humano é fragmentado. Esta fragmentação aparece, inicialmente, nos conhecimentos básicos e, depois, nos conhecimentos clínicos e terapêuticos. Fragmenta-se o ser humano em aspectos psicológicos e aspectos biológicos e, principalmente, em diferentes pedaços. Então, o ser humano é um coração, é um cérebro. O paciente é um "rim doente". Na enfermaria, às vezes o aluno diz: "no leito 20 está aquele paciente da insuficiência cardíaca"; ele não fala que é o "João". Essa fragmentação tem várias origens, mas uma delas foi a grande revolução em todas as áreas de conhecimento sem que, muitas vezes, os pesquisadores dessas áreas parassem para conversar entre si.

Quando se discute a psicossomática, ou abordagens dessa ordem, no ensino médico, temos que buscar discutir a superação da fragmentação do ser humano, inclusive a fragmentação que está na nossa cabeça. Certa vez, eu estava participando de uma discussão sobre a reformulação do curso de medicina, e conversava com um colega, o professor de Psiquiatria Dr. Valentim Gentil. Eu lhe contava do livro que estávamos escrevendo para os estudantes de medicina sobre diagnósticos, falando de nossas tentativas de mudar alguns detalhes da prática tradicional, como o ensino do exame físico do paciente. Nesse momento, ele me perguntou por que nós ainda falávamos exame físico: "Vocês ainda são cartesianos. Por que nós não falávamos exame do paciente? No próprio título do livro, vocês estão mantendo uma separação artificial, uma vez que vocês buscam ensinar não somente o que é físico." Mas, o que é o físico? Existe então toda uma tradição que tem que ser revista e superada.

Quando discutimos o ensino de medicina, há um outro aspecto que deve ser lembrado: quem é o estudante de medicina? O que ele escolhe, quando resolve entrar em uma faculdade de medicina?

Esse é um aspecto muito pouco estudado, mas que merece uma reflexão profunda. Se observarmos a segunda fase da Fuvest, constataremos que o estudante de medicina faz exames de português, de física, de química e de biologia. Eles definem o perfil do que estamos exigindo, o que tradicionalmente se exige como pré-requisitos para o aluno entrar em uma faculdade de medicina. Como as notas mínimas para ser aceito nessas faculdades estão entre as mais altas, percebemos que o que se exige de um estudante de medicina é, sobretudo, um excelente desempenho escolar, principalmente naquelas áreas do segundo grau. Nesse processo, não existe nenhum tipo de seleção baseada em componentes emocionais, de maturidade, de responsabilidade, ou que leve em conta o quanto esta decisão foi baseada apenas no desafio de entrar em uma faculdade difícil ou, ainda, o quanto esta decisão foi baseada em uma disposição de realmente exercer uma profissão em que o ser humano seja o elemento central na sua atividade do dia-a-dia. A medicina está definida claramente como uma especialidade biológica e não humana, e eu acho que esta é uma das questões centrais para que entendamos a formação médica.

Será que existe uma solução para a transformação desse quadro? Às vezes, é mais fácil fazer o diagnóstico do que propor a terapêutica, usando o "jargão" da minha área.

Mas este é um aspecto que merece uma reflexão. É claro que, com esta reflexão, estou colocando uma posição em relação à medicina. Sou daqueles que acreditam, como os próprios gregos diziam, que uma parte da medicina é arte e outra parte é ciência. É claro que quanto maior a ciência do médico, melhor ele vai ser; mas a medicina transcende muito isso, e na falta de uma melhor denominação, nós chamaríamos de arte a parte em que existem fatores que são extremamente importantes, como reconhecer o paciente e relacionar-se com ele. Isso envolve conhecimentos de antropologia e de psicologia que, na verdade, colocam a prática da medicina no meio deste pêndulo, e não puxada apenas para o lado da ciência biológica.

E, ao sair da faculdade, quem é o estudante de medicina? O que fazemos com o aluno ao longo do curso? No Brasil, e praticamente em todos os demais países, quando o aluno conclui o curso de medicina e forma-se médico, os conhecimentos que ele adquiriu na faculdade revelam-se insuficientes para sua prática profissional. Ele busca, então, uma especialização que vai lhe propiciar condições para que depois ele exerça sua profissão. Esta especialização é, na maior parte das vezes, feita através do que chamamos de "residência". O médico recém-formado vai se tornar psiquiatra, gastroenterologista, hematologista, pediatra, radiologista, dermatologista, e assim por diante, fazendo a residência dessas áreas.

Para que possamos entender um pouco a "cabeça" do médico recém-formado, depois de seis anos de estudo, observemos quais são as especialidades que ele mais procura em uma cidade como São Paulo. Se verificarmos os exames de residência, que na verdade são um novo vestibular ao qual ele se submete, constatamos que as especialidades que ele mais procura (em termos de número de candidatos por vaga) são a radiologia, a endoscopia, a dermatologia, a oftalmologia e a otorrinolaringologia. E o que ele procura cada vez menos? A pediatria geral, a clínica médica geral e a medicina de família. Existe, então, uma decisão por parte do médico recém-formado na nossa sociedade, que também merece uma reflexão, de buscar uma especialidade em que ele não tem, ou não precisa ter, um grande contato com o paciente enquanto um ser humano integral, com seu sofrimento, suas angústias.

Quais os motivos dessa escolha?

É difícil entender esses motivos, não havendo um fator único que possa explicar esse fato. Aqueles que estudam este assunto levantam algumas hipóteses. É claro que se trata de uma questão extremamente complexa. Correndo o risco de ser superficial ou de fazer uma simplificação excessiva, penso que um dos motivos dessas escolhas é o mercado de trabalho. Existe um raciocínio pragmático que conduz à busca da atividade que garanta uma subsistência adequada. E, em uma sociedade como a nossa, o pediatra, o clínico e o médico de família ganham, em média, muito menos do que o cirurgião plástico, o endoscopista, o dermatologista ou o radiologista. O segundo motivo é, talvez, uma questão de facilidade. Diante do medo transmitido durante a faculdade e da avalanche dos conhecimentos médicos, o médico recém-formado, muitas vezes, prefere ser um superespecialista, acreditando que, assim, ele possa conseguir manter-se atualizado: é mais fácil ler todas as revistas e estudar uma área muito específica do que uma área muito geral, que, como já disse, implica conhecimentos não só biológicos, como psicológicos, etc. O terceiro motivo levantado, que também merece reflexão, é o fascínio que a tecnologia exerce sobre as pessoas em nossa sociedade atual. Exercer uma atividade por trás de um aparelho sofisticado, usando uma tecnologia de ponta, muitas vezes parece uma coisa mais moderna do que sentar em um consultório e usar apenas os seus sentidos para fazer um diagnóstico e propor um tratamento ao seu paciente. Outro aspecto levantado em muitas das pesquisas é a vontade do médico recém-formado de exercer uma atividade em que ele não seja só médico, em que ele possa ter tempo livre para sua família, por exemplo, sendo que as especialidades mais gerais são realmente mais sacrificadas para ele.

O último fator, que gostaria de discutir melhor aqui, mais diretamente relacionado com a formação, são os modelos que o aluno tem durante a faculdade, e que, talvez, junto com a pressão do mercado de trabalho, seja o fator mais importante nas suas opções profissionais.

A formação do médico é uma formação em que existe um convívio intenso com profissionais mais experientes. Ele vê como estes profissionais atuam, discute casos, ele os vê atender, atende sob sua supervisão e elege os seus modelos. Muitas vezes, ele acaba tomando decisões profissionais em função de tais modelos. Quando pensamos em reformular o ensino médico, uma das coisa que consideramos é exatamente o modelo de docente que estamos oferecendo aos nossos alunos. É claro que existem várias coisas que são independentes da universidade, quer dizer, o professor universitário, muitas vezes é dedicado, adorado pelos alunos, mas ele ganha muito pouco, é muito sacrificado, os alunos o homenageiam, mas não querem ser como ele.

Nesse sentido, uma das coisas que têm sido discutidas, e que poderia ser uma forma de ajudar o aluno a superar a fragmentação, propiciando uma visão mais integrada do ser humano, seria conseguir, em sua formação, concentrar uma série de ensinamentos na mesma pessoa, ou seja, que o professor conseguisse transmitir essa visão integral. No modelo clássico, os temas psicossomáticos são passados através de um curso formal de psicologia médica, assim como os conteúdos de ética médica são transmitidos através de um curso formal de ética. Os conteúdos ligados à relação médico–paciente muitas vezes são ensinados de uma forma específica através de um grupo de especialistas, como se isso pudesse ser ensinado teoricamente. Mas, na verdade, depois de completar estes cursos, o aluno vai para o hospital nos seus últimos anos de estudo e começa a ter dúvidas éticas, dúvidas acerca de como se relacionar com o paciente que está morrendo, como encarar a morte, coisas que são extremamente fortes em sua vida. Muitas vezes, nesses momentos, quem está ali presente não são aqueles professores que ensinaram estas coisas, mas o clínico que cuida do paciente. Então, na nossa visão, é esse clínico que poderia tentar ajudar o aluno a superar esta fragmentação transmitindo uma visão mais integral do paciente.

No quinto ano da faculdade, os alunos ficam três meses conosco no Departamento de Clínica Médica, na enfermaria e no ambulatório. Nós iniciamos com eles uma experiência, instituindo para cada grupo de alunos a figura do tutor. Esse tutor é um professor que, além de estar atendendo os pacientes e assessorando os alunos no seu atendimento duas ou três vezes por semana, reúne-se com este grupo para discutir com os alunos todos os aspectos da prática profissional, desde os aspectos práticos do diagnóstico e da terapêutica, até as angústias do paciente, as dificuldades em lidar com a família e as influências da dinâmica familiar naquela doença. O tutor ouve também as angústias, as dúvidas e os problemas dos alunos. Criam-se, então, um espaço e um clima para que isso possa ser discutido. É óbvio que isso exige um docente preparado e a promoção de um vínculo para que o trabalho possa seguir por um tempo mais prolongado.

Quando nós pensamos na reformulação do currículo, uma das idéias que temos é que muitos dos conteúdos do ensino, em vez de serem transmitidos através de exposições teóricas, começariam a ser passados através de supervisões que os profissionais das áreas fariam com os tutores, que, por sua vez, passariam esses conhecimentos para os alunos. Com isso, o aluno não veria o paciente ser "picado" em corpo e mente, à medida que quem está discutindo as duas coisas com ele é o mesmo profissional, aquele que vê o paciente como um todo.

A implantação desta proposta não é uma coisa fácil, é um desafio. Mas nossa experiência tem sido muito positiva. Após aproximadamente três anos desta experiência no quinto ano, estamos, em 1997, estendendo a proposta de trabalho através do tutor também para os nossos residentes de clínica médica, os médicos jovens que fazem especialização conosco.

Existe também a idéia de estender esta experiência para a faculdade inteira, através da reformulação do currículo que vem sendo feita. Esta reformulação parte de algumas premissas, e uma delas é que, em vez de fazer o ensino médico tradicional, com um currículo igual para todos, em que o aluno é submetido a uma carga massacrante de conhecimentos, ficando sem tempo para nada devido a aulas e plantões, propomos substituir esta situação por uma em que haveria um núcleo de conhecimentos transmitidos, em que se daria ênfase muito maior a atividades que concentrassem seus objetivos em uma formação mais global do aluno.

É nessa parte do programa, que não corresponde ao currículo nuclear, que estamos considerando a idéia de também instituir tutores que possam acompanhar grupos de alunos e com eles discutir e tentar motivar a busca de conhecimentos, de uma forma crítica e autônoma, promover uma visão mais global do ser humano, da doença e do adoecer.

Na verdade, isto é um grande desafio, e talvez a minha idéia, ao aceitar o desafio de participar dessas reflexões sobre a formação, seja justamente a de levantar estas questões, para que elas possam ser discutidas mais profundamente a partir de agora.

A psicossomática na formação do psicólogo

Sidnei José Cazeto

Desde 1988 venho trabalhando na disciplina de "Introdução à Psicossomática" do Núcleo de Psicologia Hospitalar da Faculdade de Psicologia da PUC/SP. É a partir desta experiência que gostaria de refletir sobre a introdução da psicossomática na formação do psicólogo. Na minha graduação, ocorrida entre 1978 e 1982, no Instituto de Psicologia da USP, praticamente não houve referências sobre o tema, de modo que foi com certa hesitação que propus a criação desta disciplina na PUC:[1] embora a julgasse importante, não estava seguro quanto à legitimidade de sua inclusão naquele contexto. Colegas me perguntavam, por exemplo, sobre a relação entre psicossomática e psicologia hospitalar. Não que tenha havido qualquer resistência institucional à sua implantação; mas aparentemente não sabíamos ainda como nos situar com relação a esta área de conhecimentos. Talvez isto ainda não seja muito claro hoje, mas o que pretendo desenvolver a seguir é uma tentativa de localizar a psicossomática na formação em psicologia.

Meus maiores mestres neste trabalho foram os alunos. Pois o fato é que eles não chegavam na disciplina *tabula rasa* sobre o

---

1. Esta disciplina é uma das três que compõem o Núcleo de Psicologia Hospitalar, que é um dos Núcleos oferecidos no 5.º ano da Faculdade à escolha dos alunos, sendo, portanto, optativo. Posteriormente, a Profa. Denise Ramos começou a oferecer uma disciplina optativa de psicossomática, numa abordagem junguiana, para o 3.º ano.

assunto, mas, ao contrário, traziam concepções mais ou menos desenvolvidas com as quais eu tinha – e tenho – que me haver nesta tarefa. A psicossomática hoje faz parte do nosso imaginário social: freqüenta a mídia com certa constância e habita boa parte dos nossos comentários cotidianos sobre doenças. A conseqüência é que constituímos crenças a respeito deste fenômeno, mesmo que nem percebamos isso. Por exemplo, em geral, damos como evidente que o fenômeno psicossomático existe; nunca fui questionado pelos alunos ou pelos colegas quanto a este ponto.

Fui percebendo, assim, uma série de idéias que serviam aos alunos como ponto de partida para a recepção das teorias que lhes apresentava. E, se respondiam nas provas ao conhecimento oficial requisitado, quando podiam expressar a sua opinião mais livremente, deixavam aparecer um pouco das suas convicções iniciais, via de regra inalteradas. Quais são estas idéias? Não realizei um estudo sistemático a respeito, de modo que vou me arriscar a falar a partir de dados coletados empiricamente. Assim, cheguei a identificar quatro concepções – ou crenças – mais freqüentes, presentes em variadas combinações:

1. "O homem deve ser visto como um todo", entendendo-se por isso que não deveria haver separação entre corpo e mente; toda concepção dualista (que distingue psique e soma) é percebida como estando na herança de uma tradição que, remontando a Descartes, tende a fraturar artificialmente a unidade básica humana.

2. Doenças psicossomáticas seriam determinadas por moções inconscientes, principalmente aquelas de natureza autodestrutiva. Por exemplo, uma doença auto-imune é compreendida como um processo de agressão voltado para si mesmo. Esta crença tende a aceitar interpretações do acontecimento somático que o signifique a partir de um movimento ativo do sujeito, subjacente à passividade que pareceria caracterizar o processo: não é um agente externo que realiza o ataque, mas uma espécie de "eu profundo".

3. Sentimentos "negativos", como a depressão, teriam relação direta com o adoecimento, donde a relação inversa entre sentimentos "positivos" e saúde. Todos os métodos de auto-ajuda para doentes parecem divulgar esta sorte de psicossomática básica: alegria e distensão curam, tristeza e preocupações matam. O sofrimento psíquico, portanto, estaria na base das somatizações.

4. Doenças psicossomáticas seriam aquelas que não teriam etiologia orgânica, não sendo possível explicá-las nem tratá-las medicamente. Uma dor, por exemplo, seria psicossomática se não houvesse motivos fisiológicos para justificá-la. Assim, poderíamos configurar uma nova categoria de doenças, sem "realidade orgânica", a se situar na fronteira da medicina com a psicologia, provavelmente a exigir uma nova especialidade: a psicossomática.

Vemos que, com estas idéias, é possível fazer uma teoria psicossomática de manejo cotidiano, a ser utilizada *ad hoc*, conforme a conveniência e necessidade. Entretanto, em vez de reafirmar estas concepções, via-me na tarefa de colocá-las em questão. Assim, mostrava meus argumentos em relação a estas "evidências":

- A psicossomática contemporânea seria tributária da distinção entre corpo e mente. Não teria sido senão a partir do momento em que se caracterizou suficientemente a especificidade do psíquico em relação ao somático que foi possível configurar o campo da psicossomática. Nesse sentido, este campo dependeria do dualismo ocidental muito mais do que estaríamos dispostos a admitir, não porque reage a ele procurando reunir o que foi separado (embora também o faça), mas porque dependeu dos avanços da biologia/medicina e da psicologia na caracterização irredutível dos processos fisiológicos e psíquicos.[2]

---

2. A apresentação dos argumentos que sustentam esta tese implicaria um longo desvio do objetivo deste artigo. Porém, a título de indicativo, chamaria a atenção para o fato de este "campo" ter se configurado somente a partir do século XIX; as referências a concepções "psicossomáticas" anteriores a este século freqüentemente deixam de levar em conta a não equivalência histórica do que se entendia por corpo e alma, carne e espírito, psique e soma.

- A determinação inconsciente dos danos somáticos parece uma tentativa de recuperar, em nível "profundo", uma suposta hierarquia subvertida com a doença: "se a mente comanda o corpo, e se o corpo adoece, é porque houve algum comando nesse sentido por parte da mente". Não seria a nossa dificuldade em tolerar a falta de controle voluntário de processos fisiológicos que mais nos atrai nas teorias sobre supostos desejos inconscientes a determiná-los? E além disso: por que, quando queremos "pensar o homem como um todo", achamos imprescindível pensá-lo segundo um modelo harmônico?

- Relacionar de forma tão direta o sofrimento psíquico e o adoecimento não é difícil de entender. Mesmo do ponto de vista psicológico, a associação entre bem-estar psicológico e saúde mental tende a ser imediata. Mas sabemos que um maior grau de percepção e desenvolvimento psíquicos implicam também maiores angústias, de modo que, num certo sentido, um estado psíquico de maior sofrimento pode ser mais saudável do que outro que esteja mais defendido do desprazer. Assim, deveríamos examinar com cuidado a participação do sofrimento psíquico nas condições do adoecimento, de modo a não dar por certo e simples algo que se anuncia complexo.

- A idéia de que somente doenças de etiologia orgânica desconhecida deveriam ser consideradas psicossomáticas apresenta a dificuldade de supor um funcionamento separado do psique-soma, o que, provavelmente, se pretenderia refutar. Da mesma forma, a proposição da psicossomática como uma especialidade facilitaria a manutenção da incomunicabilidade dos campos, já que cada um deles poderia prosseguir isoladamente sem prejuízos.

Trata-se, portanto, de um trabalho de desconstrução desta psicossomática irrefletida. Mas poderíamos perguntar: a partir de que proposta? E, conseqüentemente: qual seria a função de uma disciplina como esta na graduação de psicologia?

Por um lado, poderíamos indicar uma função de crítica teórica e do senso comum: ela deveria questionar os pré-conceitos, flexibilizar as crenças estabelecidas sobre o tema. Este objetivo estaria na contramão da idéia de que o mais importante no trabalho de ensino seria o conteúdo ministrado. De fato, quando encontramos ex-alunos e perguntamos a eles o que "ficou" dos cursos que freqüentaram, é comum depararmos com respostas que não correspondem ao que foram as nossas principais metas.

Por outro lado, talvez pudéssemos levar ainda mais adiante este questionamento: seria o caso de a psicossomática ocupar o lugar de uma disciplina dentro do currículo? Nesta posição não estaríamos inevitavelmente associando-a a uma especialidade, ou a de uma área que pode ser tratada à parte, por quem se interessar? Ou o ideal seria que a psicossomática se inserisse pela nossa psicologia do desenvolvimento, pela nossa psicopatologia, pela nossa terapêutica, etc., espraiando-se pelo currículo?[3] Nesta segunda hipótese, consideraríamos a sua presença no corpo das disciplinas uma situação estratégica momentânea para favorecer a sua visibilidade e o seu fortalecimento?

Somos, então, remetidos a questões de ordem ainda mais geral: qual é o lugar que pretendemos que a psicossomática tenha em relação à Psicologia, à Medicina, à Psicanálise? Trabalhamos para que ela se constitua uma sólida área – mas independente – de conhecimentos, ao lado destas outras, ou para que ela gradativamente possa desaparecer, uma vez que o seu desenvolvimento representaria a sua assimilação pelas diversas ciências sobre o homem?[4]

---

3. Esta idéia foi-me apresentada por Vera Sônia Mincoff Menegon. A ela e a Nathalie Bardini agradeço pela disposição para responder às minhas questões no momento em que estava em busca de subsídios para a elaboração deste texto.

4. Comentando esta alternativa na mesa do II Simpósio de Psicossomática Psicanalítica (São Paulo, 09 e 10 de maio de 1997), Rubens Marcelo Volich chamou-a de "ciência transitória", o que me pareceu uma denominação precisa para a idéia que tentava expressar. A seguir, em uma intervenção sobre este ponto, Decio Gurfinkel propôs a noção de uma "ciência transicional", para indicar sua característica de campo intermediário, favorecedor do encontro e diálogo de diversas ciências independentes mas afins, idéia que também esteve presente na exposição de Volich (ver capítulo 19 deste livro).

Voltando agora à formação do psicólogo, e procurando pensá-la com relação à psicossomática, seria o caso de nos perguntarmos se deveríamos abraçar a meta da formação de um profissional completo, que talvez no limite representasse a fusão do médico e do psicólogo/psicoterapeuta, em suma, alguém capaz de considerar todo o conjunto dos aspectos humanos e tratá-los, ou, se o ensino de psicossomática para psicólogos (e para médicos, enfermeiros, fisioterapeutas, etc.), ainda que ampliando o seu espectro de ação, deveria servir também para formar um profissional consciente da necessidade do trabalho interdisciplinar. Nosso ideal é a concretização de um superprofissional independente ou do trabalho em equipe?

O esclarecimento destas questões é hoje, a meu ver, o principal desafio com que nos deparamos ao pensar a psicossomática na formação do psicólogo.

Uma voz no fim do túnel: reflexões sobre a formação em psicossomática

Rubens Marcelo Volich

Tia, fale alguma coisa. Tenho medo de estar em um quarto tão escuro.
Que diferença faz se eu falar? – responde a tia – De qualquer forma você não pode me ver.
Não importa – respondeu a criança – Quando alguém fala, a luz aparece.[1]

A partir deste diálogo de uma criança de três anos, Freud pôde compreender a origem da angústia infantil. Não é a escuridão que assusta a criança, mas a insegurança pela falta da pessoa amada, daquela que pode protegê-la. Mesmo sem poder vê-la, a voz desta pessoa, sinal de sua presença, é suficiente para dissipar as mais profundas trevas. A voz, o calor, o toque, o imperceptível arfar de sua respiração, do corpo que se move, são sinais sutis de uma presença invisível que significam para a criança que ela não está só diante de seu desamparo, de sua fragilidade, de sua sensação de incapacidade para lidar com as ameaças que ela percebe ou imagina à sua volta.

A criança cresce, adquirindo neste processo alguns recursos para lidar com essas situações. A ausência física do ser amado, protetor, torna-se mais suportável, pois uma imagem deste foi construída no interior do sujeito. A experiência, a convivência com outras pessoas

---

1. Freud, S. *Três ensaios sobre a teoria da sexualidade* (1905).

vão aos poucos tornando o mundo mais conhecido, familiar, menos ameaçador. A noção de perigo adquire um caráter mais real e concreto. A educação, o conhecimento permitem gradativamente a este ser em crescimento desenvolver estratégias para compreender os fenômenos que ele observa ou experimenta, para defender-se das ameaças, para controlar o mundo em que vive.

Apesar de todos esses progressos, as primeiras experiências infantis inevitavelmente acompanham o homem ao longo de toda a sua existência. Diante do novo, do desconhecido, do ameaçador e, principalmente, diante da dor e do sofrimento, dentro de cada um de nós – jovens ou velhos, ignorantes ou intelectuais, ricos ou pobres – são mobilizadas aquelas experiências primitivas de solidão, de desamparo, a sensação de impotência ao lidar com o desconhecido. Quem compreende o significado da escuridão em que nos encontramos nesses momentos?

Adultos, civilizados, educados, cada vez mais mundializados, temos à nossa disposição toda uma gama de conhecimentos e de técnicas que nos são oferecidos pela ciência, pela cultura, vindos de todo o planeta. A sociedade assim nos oferece, permanentemente, elementos de consumo material e intelectual imediato que podem ser utilizados para aplacar nossa angústia diante do desconhecido, para evitar o contato com o desamparo fundamental que nos constitui. Ligar-se durante horas a fio com os *sites* dos quatro cantos do mundo pode fazer com que o cibernauta prescinda realmente de um amigo ou de um amor, ali, ao seu lado. Acompanhar todas as redes de comunicação por cabo pode nos tornar poliglotas e conhecedores de realidades longínquas, e evitar que tomemos contato com nossas Diademas e Brasílias. É possível estar só, desamparado, mesmo quando o quarto nos ofusca de tantas luzes... Falta a voz. A presença.

Reencontrando um amigo de longa data, ele me contou como, na adolescência, ele percorreu vários de institutos especializados em orientação vocacional, buscando resolver suas hesitações sobre sua escolha profissional, cheio de dúvidas. Locais bem arrumados, profissionais simpáticas, os mais diversos testes, dos engraçados aos desafiadores... Por duas ou três vezes, ele viveu a mesma experiência: algumas indicações de carreiras possíveis, a escuta ávida de um adolescente confuso, mas que, apesar da opinião especializada, saía desses encontros frustrado.

Um dia, bem empregado depois de um curso de engenharia completado de forma hesitante, ele percebeu o fundo de sua insatisfação com aquelas experiências vocacionais. Depois de tantos desafios, testes e entrevistas, todos se esmeraram em lhe indicar os caminhos possíveis para sua futura profissão, mas ninguém lhe dissera sequer uma palavra sobre suas capacidades ou suas deficiências. Nada lhe foi dito sobre quem ele era...

Essas imagens da infância e da adolescência surgiram quando comecei a refletir sobre a formação em psicossomática. Elas sugerem que nossas escolhas profissionais e os caminhos que percorremos para concretizá-las não se restringem aos seus aspectos técnicos ou curriculares. A escolha de uma profissão, a busca de recursos para exercê-la em cursos de diferentes níveis, mobilizam intensamente nossos desejos e as dinâmicas estruturantes de nossa identidade. Através desses processos, concretiza-se um projeto pessoal, histórico, resultado de intensos conflitos entre o que somos, o que queremos ser, e o que outros quiseram e querem que sejamos.

A formação profissional é talvez uma das últimas grandes etapas da constituição de nosso projeto identificatório. Um processo no qual são mobilizados nossa personalidade, nossa identidade, as projeções familiares e sociais sobre nosso destino, nossa ambição e nossa melancolia, nosso narcisismo e nosso altruísmo, nossa capacidade de suportar frustrações, mas também sucessos.

Neste sentido, uma formação profissional, qualquer que seja ela, deveria não apenas propiciar a aquisição de uma competência específica, mas também possibilitar ao aluno uma reflexão sobre sua identidade e sobre o significado pessoal do ofício que escolheu.

Alguns princípios

Neste trabalho, gostaria de focalizar minha apresentação sobre a concepção de um curso de psicossomática pós-universitário, ou seja, orientado para profissionais já formados em outras disciplinas. Entretanto, os princípios que norteiam um curso como este, oriundos do campo da psicossomática, tal como o compreendo, podem também ser aplicados em cursos de graduação ou pós-graduação que ofereçam a seus alunos a possibilidade de conhecerem esta abordagem, ou que apresentem uma abertura para a reflexão sobre seus próprios princípios diretores.

Assim, na elaboração de um curso de psicossomática, é necessário que consideremos inicialmente as características deste campo de conhecimentos, bem como as motivações das pessoas que se interessam por esta prática.

A concepção de psicossomática da qual partimos é aquela desenvolvida a partir da psicanálise pela equipe do Instituto de Psicossomática de Paris. Esta concepção nos permite pensar a psicossomática como um campo operador para refletir sobre alguns avatares da existência do Homem: suas origens, seu desenvolvimento, seus males, suas produções individuais, sociais e culturais, frutos de seu desenvolvimento através do embate permanente entre as instâncias pulsionais de vida e de morte.

A visão da psicossomática psicanalítica pode alimentar a reflexão de outros campos de conhecimento, ampliando a compreensão dos objetos de estudo de cada um deles e de si mesma, introduzindo uma perspectiva de interlocução entre esses campos. Ela pode alimentar a medicina ampliando sua compreensão da etiologia, do papel do infantil, das primeiras relações entre a mãe e o bebê, da sexualidade no desenvolvimento e na patologia, propiciando ainda conceber de outra forma a função terapêutica da relação médico–paciente.

Ela pode alimentar a psicologia, e a psicanálise em particular, oferecendo outras perspectivas para se pensar o sintoma somático, as indicações de análise, a técnica terapêutica, bem como contribuindo com a ampliação da teoria, da metapsicologia e mesmo da nosografia psicanalíticas. Ela pode também alimentar as ciências sociais, oferecendo um modelo que permite compreender como as dinâmicas internas do sujeito determinam suas produções sociais e culturais, e como estas mesmas produções determinam as direções do desenvolvimento e do adoecer do sujeito.

Mas, naturalmente, a psicossomática psicanalítica também se enriquece e se transforma se considerar em seus desenvolvimentos as descobertas produzidas em todos esses campos. No campo médico, principalmente, é necessário elaborar e assimilar na teoria psicossomática as descobertas mais recentes da biologia molecular, da neuroimunologia, e das mudanças algumas vezes radicais constatadas nos últimos anos em todas as técnicas terapêuticas.

Apesar do interesse natural que as hipóteses psicossomáticas podem suscitar em médicos e psicólogos, elas podem também orientar a atuação profissional em outros contextos, como, por exemplo, na educação ou mesmo no mundo do trabalho. Percebemos assim que um curso de psicossomática deveria estar aberto a todos aqueles que, em função de sua atividade, se deparam com a questão do desenvolvimento humano, da saúde e do adoecer.

Desta forma, este curso se propõe como um lugar de convergência de discursos e práticas oriundos de diferentes campos de saber. Neste encontro, cada um pode ser confrontado a dimensões do funcionamento humano geralmente colocadas em segundo plano pela organização de seus estudos de origem: o médico pode se confrontar com as dinâmicas do funcionamento mental, com o Inconsciente, com o infantil e com o desenvolvimento psicossexual do homem. O psicólogo pode se encontrar com a biologia, com a fisiologia e com as manifestações orgânicas da patologia. Ambos poderiam também entrar em contato com a reflexão sobre o contexto sociocultural de suas práticas, bem como com a função educacional.

O simples fato de propiciar esses encontros já seria um mérito desta formação. Encontros que são sobretudo experiências da alteridade, da abertura para o desconhecido, e, muitas vezes, a vivência de um saber recalcado. Experiências complexas, para alguns insuportáveis, por insinuar a dúvida, o não saber, ali onde a especialização da ciência buscou consolidar todas as certezas. Como romper com os automatismos adquiridos durante seus estudos, e muitas vezes cristalizados ao longo da própria prática profissional?

As linhas mestras do curso

Partindo desses princípios, seria importante que considerássemos agora as principais orientações da formação. Sem entrar nos detalhes destas orientações, buscarei descrever as linhas principais de seu programa, inspirando-me na estrutura de nosso curso no Instituto Sedes Sapientiae, sugerindo também outras dimensões que poderiam ser desenvolvidas no trabalho em psicossomática.

A psicanálise é, como dissemos, uma referência fundamental na orientação deste curso. Não se trata absolutamente de estabelecer uma prioridade dos processos psíquicos sobre os orgânicos para a abordagem dos fenômenos psicossomáticos. Enquanto referência, a psicanálise exerce aqui a função de operador teórico e clínico para esta abordagem.

Enquanto operador teórico, ela introduz um aparato conceitual para a compreensão das relações entre o psíquico e o somático. Enquanto operador clínico, ela propicia uma referência de escuta e de leitura que pode ampliar as possibilidades da consulta médica e da própria consulta psicológica, ou ainda, ampliar a análise de observações de processos educacionais, sociais ou do trabalho.

Uma outra referência é a consideração da função estruturante essencial das relações interpessoais no desenvolvimento de cada ser humano, e, conseqüentemente, em todo processo terapêutico, educacional, social ou profissional. É essencialmente no contexto destas relações que qualquer desenvolvimento, transformação, ou processo terapêutico é possível. Propiciar a compreensão desta dimensão deve ser um objetivo central de um curso como este.

Estas linhas mestras devem permear o currículo a ser desenvolvido. Neste, encontramos, inicialmente, disciplinas que permitam ao aluno conhecer os fundamentos e se situar no campo da psicossomática.

Através da história da psicossomática é possível compreender as transformações operadas ao longo dos tempos, na reflexão sobre as relações mente–corpo, bem como sobrevoar as principais teorias psicossomáticas.

As disciplinas psicanalíticas se propõem a fornecer as noções psicanalíticas, suportes dos conceitos psicossomáticos: a teoria dos sonhos, o desenvolvimento da libido, teorias do aparelho psíquico e das pulsões, a teoria das neuroses, a nosografia psicanalítica e estudos sobre a técnica psicanalítica

As disciplinas médicas visam oferecer, principalmente para aqueles que não possuem esta formação, subsídios para compreender a patologia segundo a perspectiva da medicina, introduzindo ao mesmo tempo uma visão psicossomática dos temas estudados. Apesar de baseada na medicina clássica, seria interessante que houvesse também uma abertura para outros discursos médicos como o da homeopatia, acupuntura, e outros na tentativa de encontrar, no próprio campo médico a diversidade de enfoques possíveis sobre a patologia. Ao mesmo tempo, seria também necessário introduzir noções de psiconeuroimunologia, bem como suscitar reflexões sobre a ordem médica, a ética social e a ética médica.

As disciplinas psicossomáticas são naturalmente o eixo principal do currículo. O estudo aprofundado do desenvolvimento infantil deve permitir uma sólida compreensão das manifestações psicossomáticas da infância. Da mesma forma, o estudo das manifestações das dinâmicas da adolescência e do adulto deve possibilitar a compreensão das dinâmicas dessas épocas da vida, das patologias, bem como das teorizações específicas e da técnica psicossomática.

As instituições, de saúde sem dúvida, mas também educacionais e de trabalho, constituem um campo de atuação privilegiado para a psicossomática. Neste sentido, uma atenção particular deve ser dada no curso ao estudo das especificidades das dinâmicas institucionais.

A psicossomática deve também estar voltada para a profilaxia. A função profilática, de proteger e desenvolver a saúde não está inscrita na formação, nem do médico, nem do psicólogo. A medicina preventiva, por exemplo, é considerada uma medicina "menos nobre" do que as especialidades de ponta, como a cardiologia ou a neurocirurgia. Da mesma forma, o trabalho educacional, com crianças ou mesmo adultos, relativo à promoção da saúde e aos hábitos de vida raramente é visto como uma atribuição de médicos ou psicólogos. Uma parte da organização do curso poderia então orientar-se para a promoção da função profilática da psicossomática. Neste sentido, poder-se-iam também pensar intervenções específicas a serem desenvolvidas no âmbito de programas na comunidade, iniciando, quem sabe, o que poderíamos chamar de uma psicossomática comunitária.

Uma atenção especial do curso deve ser voltada para o estudo de técnicas de intervenção em psicossomática. A clínica individual, particular ou institucional, já é bastante discutida atualmente, mas o estudo de outros campos de atuação poderia ser aprofundado, como o trabalho com grupos de pacientes e em equipes multiprofissionais, bem como intervenções na família.

O trabalho com grupos de pacientes somáticos é uma área pouco explorada. Apesar de existente em alguns hospitais, esta prática tem geralmente sido fruto de uma iniciativa espontânea, empírica, visando sobretudo dar conta do grande número de pessoas a ser atendido. Falta, sem dúvida, um trabalho sistemático de reflexão sobre a especificidade deste tipo de intervenção. Seria ela adequada a todos os tipos de pacientes? Como definir, segundo os critérios de mentalização, a adequação de um paciente ao grupo? Existiriam dinâmicas específicas suscitadas pelo fato de os grupos serem compostos por pacientes com doenças orgânicas? Qual a especificidade da função de paraexcitações em um grupo?

O curso deveria também promover o estudo da prática multidisciplinar. Como trabalhar em uma equipe médica, educacional, ou qualquer outra composta por profissionais de diferentes formações? Que contribuição um profissional formado em psicossomática pode trazer ao funcionamento desta equipe? Como promover um efeito multiplicador de sua prática? Como propiciar aos outros profissionais a sensibilização a uma outra escuta ou outra leitura para o que é latente em uma dada situação, e não exclusivamente a escuta do sintoma ou do problema manifesto?

Nós sabemos o quanto a relação dos pais com a atividade erótica e fantasmática da criança é determinante dos destinos de seu aparelho mental e de seu funcionamento psicossomático. É no âmbito de uma rede de relações que a criança se desenvolve, e é neste mesmo contexto que se manifesta diante de perturbações do funcionamento a patologia. A família é um contexto privilegiado na modelagem do funcionamento psicossomático. Diversos autores, como Sami Ali (1995) e Dejours (1989) assinalam a função da dimensão relacional de qualquer patologia.[2] Geralmente nós também adoecemos para alguém. Porém, apesar da importância atribuída à compreensão das relações precoces da criança com seus pais, a dimensão do funcionamento familiar no processo de adoecimento é bem menos considerada. A observação nos mostra que nas famílias, alguns membros adoecem mais que outros, mesmo quando da exposição aos mesmos fatores virais. Não seria o caso de nos voltarmos para uma melhor compreensão das dinâmicas familiares na etiologia e no tratamento das patologias?

A formação em psicossomática deve também permitir aos alunos o contato com novas teorias em psicossomática, bem como propiciar uma reflexão sobre as relações entre a cultura, o desenvolvimento humano e o adoecer, convergindo assim para um encontro com o que vem se constituindo como o campo da antropologia médica.

---

2. "Nos pacientes que somatizam, bem como nos psicopatas e nos toxicômanos, e mesmo em alguns perversos, que usam de forma maciça a satisfação pela percepção, existe em geral a violência atuada na família. O ataque parental não visa apenas à manipulação do pensamento da criança, mas também à destruição do pensamento, eventualmente por ataque físico contra a criança (ou contra outros membros da família). (...) Em muitos casos, a violência se manifesta quando a criança se abandona por pouco que seja à distração, à *revêrie*, ou ao fantasma. Os pais não suportam isso e batem na criança." (Dejours, 1989, p. 95).

Finalmente, lembrando o que dissemos no início, este curso deve promover entre seus alunos a oportunidade de uma reflexão sobre seu percurso pessoal e sobre sua prática. As supervisões são a oportunidade de discutir tanto a clínica individual, como a atuação institucional de cada profissional. Ao mesmo tempo, um trabalho escrito pode também permitir a elaboração dos conhecimentos adquiridos durante o curso, bem como das transformações experimentadas pelo aluno ao longo deste. O desejo de aprofundar e sistematizar esta elaboração pode motivar alguns a enveredarem pelo campo da pesquisa em psicossomática, um terreno ainda bastante inexplorado.

Neste contexto, existe ainda uma dimensão da formação em psicossomática que não pode ser ministrada por qualquer instituição. Reconhecendo a importância da dimensão interpessoal como elemento essencial de qualquer processo de transformação, fica evidente que a questão do autoconhecimento do profissional é incontornável. O principal instrumento da relação terapêutica é a capacidade de percepção do terapeuta daquilo que se passa com o outro, sua capacidade de escuta e a abertura do profissional para os fenômenos que ele observa. A necessidade de conhecer seu próprio funcionamento psíquico, seus pontos de fragilidade, as tendências que podem obstruir sua escuta ou seu raciocínio clínico necessita ser trabalhada e conhecida pelo profissional. Assim, mesmo que a obrigatoriedade deste procedimento seja uma questão controvertida, é bastante recomendável que, através do curso, ele possa perceber a importância desta elaboração pessoal através de uma psicoterapia ou de uma análise.

Da função da dúvida

Seria ilusório pensar que ao final de todo este programa o aluno concluísse sua formação com uma bagagem definitiva de conhecimentos sobre o campo psicossomático. Na verdade, quem sabe, ele concluísse seu curso com mais questões do que quando o iniciou. Segundo os princípios que descrevi, a ampliação do campo de incertezas do aluno talvez devesse se constituir como o principal critério de coerência de nosso curso.

Esta afirmação, talvez surpreendente tendo em vista o objetivo de formação do curso, se sintoniza com o que desenvolve Valabrega (1979) quando discute a formação em psicanálise. Ele defende a necessidade de "reabilitar a função metodológica da dúvida" na psicanálise, como elemento que possa sustentar a sua teoria e seu método. Esta função é necessária não apenas na psicanálise mas em todo processo de construção de conhecimento, bem como no próprio processo clínico.

A dúvida introduz um intervalo de reflexão, de elaboração no comportamento do sujeito. A dúvida é estruturante do funcionamento mental. Ela permite a emergência do pensamento, evitando descargas automáticas pelo comportamento (o que é freqüente nos procedimentos médicos, mas também na atuação contratransferencial do analista). No intervalo, no espaço da dúvida, o outro pode ser reconhecido. Segundo Valabrega (1979): "a dúvida ocupa o lugar entre a interpretação exata e a inexata, mas também entre as diversas interpretações possíveis. (...) Ela coloca o problema da escolha da interpretação (...) e permite reduzir tanto quanto possível a margem do intempestivo e do arbitrário". A dúvida é também um "antídoto contra o dogmatismo e suas conseqüências, o conformismo, a alienação, o fanatismo que conduzem mais cedo ou mais tarde ao terror. (...) Ela deveria ter um lugar privilegiado na higiene mental dos indivíduos e da sociedade (p. 27).

Qual o sentido de concluir estas reflexões, e incidentemente, este último trabalho desta coletânea sob o signo da dúvida?

Dejours (1989) descreve a função subversiva do corpo erógeno sobre o corpo biológico. A noção de subversão descreve a luta do sujeito para construir uma ordem psíquica através da qual ele tenta se libertar da ordem fisiológica. A noção de subversão designa o processo através do qual o determinismo biológico pode, ao menos parcialmente, ser conjurado pelo sujeito.[3]

É necessário compreender a importância para a criança de brincar com seu corpo, brincadeira que introduz a fantasia, o sonho, a erogeneidade. Permitindo esta brincadeira, o experimentar de um corpo que não é apenas um conjunto de funções orgânicas, fisiológicas, a mãe e o pai, qualquer adulto, permitem à criança constituir seu corpo e sua subjetividade. Ao impedir essa brincadeira em função da dificuldade de suportar a atividade erótica e fantasmática que a acompanha, o adulto perturba a constituição do corpo libidinal e da subjetividade que ele sustenta.

O processo educativo reatualiza no aluno a experiência do encontro com novas realidades externas e internas e com novos conhecimentos que ele tem de assimilar. Mesmo adolescentes ou adultos, sentados desajeitamente diante de nós em suas carteiras muitas vezes exíguas, na faculdade, ou nos cursos de pós-graduação, eles ainda pedem pela possibilidade de ter, na construção de sua identidade profissional, a possibilidade de brincar, de viver este processo de maneira lúdica, fantasiosa, erótica. Que oportunidade lhes damos para realizá-lo? Permitimos que sonhem a teoria, que reconheçam a dúvida, que hesitem em suas paixões? Ou, buscando aliviar suas angústias, exigimos que se concentrem sobre a massa colossal de informações de um certo campo de conhecimentos, que repitam até o automatismo a técnica clínica, até o ponto de dessubjetivizá-la, isentá-la de qualquer paixão?

É através da função lúdica da relação que o homem se humaniza, transcendendo a natureza e passando a ser um ser desejante, social, da cultura.

---

3. "A ordem psicológica não é absolutamente independente da ordem biológica. As relações entre elas é da ordem da subversão. (...) Esta subversão pressupõe uma estreita proximidade entre essas duas lógicas. A lógica psicológica, na concepção da subversão, não se liberta nunca da lógica biológica. Ao contrário, ela se alimentaria da mesma e se renovaria através desta. Entre a ordem fisiológica e a ordem psicológica a relação seria de tipo diabólica (...) no sentido etimológico do termo, por oposição a simbólica, ou seja destinada a uma tarefa de separação, de descolamento" (Dejours, 1989, p. 11).

Poderíamos então considerar, de forma semelhante, que talvez a psicossomática possa exercer, nos diferentes campos com os quais se relaciona, esta mesma função lúdica, subversiva. Na interação com esses campos, com a medicina, com a psicologia, com as ciências sociais, ela poderia propiciar o rompimento dos automatismos de funcionamento destes campos propondo outras perspectivas para compreender e interagir com o homem que no, escuro e no silêncio, há muito não sabe mais como brincar.

Referências bibliográficas

Dejours, C. Transfert et subversion libidinale. *In*: *Recherches psychanalytiques sur le corps*. Paris, Payot, 1989.

Freud, S. (1905) Três ensaios sobre a teoria da sexualidade. *In*: *Edição Standard Brasileira das obras psicológicas completas*. Rio de Janeiro, Imago, v. 7, 1978.

Marty, P. *A psicossomática do adulto*. Porto Alegre, Artes Médicas, 1993.

Sami Ali, M. *Pensar o somático*. São Paulo, Casa do Psicólogo, 1995.

Valabrega, J.-P. *La formation du psychanalyste*. Paris, Payot, 1979.

Sobre os autores

Ângela Figueiredo de Camargo Penteado – psicóloga, especialista em Psicologia Clínica pelo CRP, e psicanalista; professora do Curso de Psicossomática do Instituto Sedes Sapientiae; atua em instituições de saúde desde 1986, especialmente em maternidade, pediatria, Unidades Básicas de Saúde e Programa de Saúde da Família em São Paulo.

Bernardo Bitelman – gastroenterologista e mestre em gastroenterologia pela FMUSP; professor do Curso de Psicossomática do Instituto Sedes Sapientiae; médico-assistente do HC-FMUSP.

Christophe Dejours – psiquiatra e psicanalista francês; autor de diversos trabalhos e livros, alguns deles publicados no Brasil: *O corpo entre a biologia e a psicanálise* (Porto Alegre, Artes Médicas, 1988); *A loucura do trabalho* (São Paulo, Cortez, 1988); *Repressão e subversão libidinal* (Rio de Janeiro, Jorge Zahar, 1991), entre outros livros.

Decio Gurfinkel – psicólogo e psicanalista; doutor em Psicologia pelo IPUSP; membro e professor do Departamento de Psicanálise do Instituto Sedes Sapientiae e professor dos Cursos de Psicanálise e de Psicossomática deste Instituto; autor dos livros *A pulsão e seu objeto-droga – Estudo psicanalítico sobre a toxicomania* (Petrópolis, Vozes, 1996), e *Do sonho ao trauma: psicossoma e adicções* (São Paulo, Casa do Psicólogo, 2001)

Domingos Paulo Infante – psiquiatra e psicanalista; membro da Seção de São Paulo da Escola Brasileira de Psicanálise; diretor do Serviço de Higiene Mental do Instituto da Criança do HC-FMUSP; presidente do Departamento de Saúde Mental da Sociedade Paulista de Pediatria.

Fernando Rocha – psicanalista; membro efetivo e analista didata da Sociedade Brasileira de Psicanálise do Rio de Janeiro; membro afiliado da Sociedade Psicanalítica de Paris.

Flávio Carvalho Ferraz - psicólogo e psicanalista; livre-docente em Psicologia pelo IPUSP; membro do Departamento de Psicanálise do Instituto Sedes Sapientiae e professor dos Cursos de Psicanálise e de Psicossomática deste Instituto; autor do livro *A eternidade da maçã - Freud e a ética* (São Paulo, Escuta, 1994), *Perversão* (São Paulo, Casa do Psicólogo, 2000) e *Normopatia: sobreadaptação e pseudonormalidade* (São Paulo, Casa do Psicólogo, 2002). e co-organizador de *Saúde Mental, Crime e Justiça* (São Paulo, Edusp, 1996) e da série *Psicossoma* (São Paulo, Casa do Psicólogo, 1997, 1998, 2003), entre outros.

Leny Sato – psicóloga, mestre em psicologia pela PUC-SP e doutoranda pelo IPUSP; professora do Departamento de Psicologia Social e do Trabalho do IPUSP; coordenadora do Centro de Psicologia Aplicada ao Trabalho (CEPAT) do Departamento de Psicologia Social e do Trabalho do IPUSP.

Lídia Rosalina Folgueira de Castro – psicóloga, doutora em psicologia pelo IPUSP; supervisora da Clínica Psicológica da Universidade São Marcos.

Márcia de Mello Franco – Psicóloga e psicanalista; membro do Departamento de Psicanálise do Instituto Sedes Sapientiae e professora dos Cursos de Psicossomática e Psicanalítica e Clínica Contemporânea deste Instituto.

Sobre os autores

Marcília de Araújo Medrado Faria – médica do trabalho; professora assistente-doutora do Departamento de Medicina Legal, Ética Médica e Medicina Social e do Trabalho da FMUSP, responsável pela disciplina de Medicina Social e do Trabalho; chefe do Serviço de Saúde Ocupacional (S.S.O.) do HC-FMUSP.

Maria Auxiliadora de Almeida Cunha Arantes – psicóloga e psicanalista; mestre e doutoranda em psicologia pela PUC-SP; membro do Departamento de Psicanálise do Instituto Sedes Sapientiae e professora do Curso de Psicossomática deste Instituto; autora do livro *Pacto re-velado - Psicanálise e clandestinidade política* (São Paulo, Escuta, 1994) e de *Estresse* (São Paulo, Casa do Psicólogo, 2002).

Milton de Arruda Martins – médico; professor titular do Departamento de Clínica Médica da FMUSP.

Otelo Correa dos Santos Filho – psicanalista, membro efetivo e analista didata da Sociedade Psicanalítica do Rio de Janeiro;

Paulo Roberto Ceccarelli – psicanalista; doutor pela Universidade de Paris VII; pesquisador do Laboratório de Psicopatologia Fundamental do Núcleo de Psicanálise da PUC-SP; professor do Departamento de Psicologia Médica e Psiquiatria da UNICAMP.

Rubens Marcelo Volich – psicólogo e psicanalista; doutor em psicanálise e psicossomática pela Universidade de Paris VII; professor do Curso de Psicossomática do Instituto Sedes Sapientiae; autor de *Psicossomática: de Hipócrates à Psicanálise* (São Paulo, Casa do Psicólogo, 2000), *Hipocondria: impasses da alma, desafios do corpo* (São Paulo, Casa do Psicólogo, 2002) e co-organizador da série *Psicossoma* (São Paulo, Casa do Psicólogo, 1997, 1998, 2003).

Sidnei José Cazeto – psicólogo, doutor em psicologia pela PUC-SP; professor da Faculdade de Psicologia da PUC-SP e do Curso de Psicossomática do Instituto Sedes Sapientiae, autor de *A constituição do inconsciente em práticas clínicas na França do século XIX* (São Paulo, Escuta, 2001).

Sônia Maria Rio Neves – psicóloga e psicanalista, especialista em Psicologia Clínica pelo CRP; membro do Departamento do Psicanálise do Instituto Sedes Sapientiae, e professora do Curso de Psicossomática deste Instituto.

Wagner Ranña – pediatra e psicoterapeuta; mestre em pediatria pela FMUSP; professor do Curso de Psicossomática do Instituto Sedes Sapientiae; médico assistente do Serviço de Psiquiatria e Psicologia Infantil do Instituto da Criança do HC-FMUSP, co- organizador de *Psicossoma III – Interfaces da psicossomática* (São Paulo, Casa do Psicólogo, 2003).

Wilson de Campos Vieira – psicólogo e psicanalista; doutor em filosofia pela Unicamp; membro do Departamento de Psicanálise do Instituto Sedes Sapientiae.

Impresso por :

gráfica e editora
Tel.:11 2769-9056